영화 속
범죄 코드를
찾아라

일러두기

이 책에 나오는 영화의 연도는 자국 내에서 개봉한 연도를 표기한 것이다.

―――――

이 책이 나오기까지 저자의 얄팍한 상상의 세계를 넓혀주고

그것도 모자라 최고의 일러스트까지 그려준 평생 내 편인 아내 박진숙 작가,

언제나 곁에 있어줘서 내 편이라고 믿고 있는 두 아들 창욱과 승욱,

원고 작업에 큰 도움을 주었던 전용재, 박시영 두 대학원생,

끝으로 도도의 헌신에 진심으로 감사드립니다.

―――――

CONTENTS

PROLOGUE
영화와 범죄의 모순적 경계를 찾다   10

CHAPTER

01

비뚤어지다
–
어긋난 우쭐함이 빚은 젊은 날의 영웅적 허상

황무지 Badlands, 1973   23

스프링 브레이커스 Spring Breakers, 2012   35

블링 링 The Bling Ring, 2013   48

CHAPTER

02

거짓말하다
–
위작과 위조의 경계

거짓의 F F for Fake, 1973   61

캐치 미 이프 유 캔 Catch me if you can, 2002   74

더 울프 오브 월 스트리트 The Wolf of Wall Street, 2013   88

CHAPTER

03

흐트러지다
–
나도 나를 모르는 분열

폴링 다운 Falling Down, 1993   101

살인의 해부 Anatomy Of A Murder, 1959   **111**

양들의 침묵 The Silence of the Lambs, 1991   **120**

CHAPTER
04

파헤치다
–
묻어버리기엔 너무 무거운 잔혹한 진실

스포트라이트 Spotlight, 2015   **139**

모두가 대통령의 사람들 All The President's Men, 1976   **149**

조디악 Zodiac, 2007   **160**

썸머 오브 샘 Summer of Sam, 1999   **171**

CHAPTER
05

오르고 싶었다
–
주체할 수 없는 욕망과 끝이 없는 추락

원스 어폰 어 타임 인 아메리카
Once Upon A Time In America, 1984   **185**

좋은 친구들 Goodfellas, 1990   **196**

LA 컨피덴셜 L.A. Confidential, 1997   **208**

아메리칸 허슬 American Hustle, 2013   **218**

갱스 오브 뉴욕 Gangs Of New York, 2002   **229**

시티 오브 갓 City Of God, 2002   **239**

CHAPTER 06

훔치다
_
내 것이 아닌 것엔 손대지 말아야

인셉션 Inception, 2010   **253**

오션스 일레븐 Ocean's Eleven, 2001   **264**

내일을 향해 쏴라 Butch Cassidy And The Sundance Kid, 1969 **275**

뜨거운 오후 Dog Day Afternoon, 1975   **285**

저수지의 개들 Reservoir Dogs, 1992   **296**

CHAPTER 07

뒤집어쓰다
_
혼자서 감당하기엔 너무도 억울한

도망자 The Fugitive, 1993   **307**

쇼생크 탈출 The Shawshank Redemption, 1994   **318**

메멘토 Memento, 2000   **329**

CHAPTER 08

멈추지 못하다
_
숨길 수 없는 본능의 실체

텍사스 전기톱 연쇄살인사건
The Texas Chainsaw Massacre, 1974   **343**

올리버 스톤의 킬러 Natural Born Killers, 1994   353

트래픽 Traffic, 2000   366

CHAPTER
09

아무도 모른다
익명성과 무관심 속 고독

콜래트럴 Collateral, 2004   379

예언자 Un Prophete, 2009   390

노인을 위한 나라는 없다
No Country for Old Men, 2014   402

CHAPTER
10

되갚다
당한 자만이 되갚아줄 수 있는

씬 시티 Sin City, 2014   417

몬스터 Monster, 2003   427

뮌헨 Munich, 2005   438

델마와 루이스 Thelma & Louise, 1991   449

영화와 범죄의
모순적 경계를 찾다

대중매체와 사회는 그것이 영화이든 TV 쇼든 뉴스든 떼려야 뗄 수 없는 불가분의 관계다. 언론 정보가 범람하고 그것에 예속되듯이 의존하거나 의지하고 살아야 하는 정보 시대로 규정되는 현대사회에서는 더더욱 그렇다. 더욱이 영화, 쇼, 뉴스가 보여주는 실상이 적절하거나 적절하지 않든 그것과 상관없이 대중매체와 사회는 불가분의 관계에 있다.

여기서 문제는 대중매체에 비춰진 현실에 대한 적정성 여부다. 대중매체의 영상, 언어, 소통 방법을 통해 시청자들이 현실을 어떻게 경험하느냐가 중요하다. 특히 영화는 매우 역동적이어서 때때로 실화를 바탕으로 만들어지는데 그저 단순히 범죄에 관한 흥미로운 이야기만을 다루는 것이 아니라 가공의 이야기를 통해 더 과장되게 이야기를 이끌어 나갈 수 있다. 그래서 아마도 미국의 급진범죄학자인 리차드 퀴니Richard Quinney, 1934~는 '범죄의 사회적 현실'이나 '범죄의 재구성'이라고 주장했을 것이다.

현대사회는 범죄의 이미지로 가득하다. 하루도 빠짐없이 신문과 방송은 각종 범죄 사건을 앞다투어 보도하고 있다. 그렇기 때문에 대중매체의 한 축이라고 할 수 있는 영화에 그려진 범죄의 표상과 표현이 대중의 범죄는 물론이고 범죄와 관련된 공공정책, 즉 형사정책에 관한 우리의 생각을 형성시키고 그것을 형식화하면서 공식화까지 하게 된다.

범죄에 관한 사람들의 생각은 대중문화가 표출하고 표현하는 이미지와 밀접하게 관련되어 있다. 우리는 영화를 통해 범죄 피해자와 가해자의 감정을 이해하게 되고, 범죄행위의 감정적 상황이나 가치에 대한 통찰과 직감을 얻을 수 있다.

사실 영화제작자들은 언론인이나 인권단체의 대변인들보다 권력과 당국자들의 행동에 의문을 제기할 수 있는 더 많은 자유를 가지고 있어서 더욱 그렇다. 특히 범죄에 대한 정보를 언론 보도에 의해서만 접할 수 있는 대중은 사실보다 더 사실처럼 만드는 영화에 비친 범죄를 진실로 받아들이기 쉽다. 그래서 범죄학자들은 대중들의 범죄 정보를 왜곡된 것이라고 지적한다.

대중문화와 범죄를 연계시키는
문화범죄학의 등장

사람들은 언론 보도나 영화를 통해서 본 범죄, 어쩌면 과장되고 각색된 것임에도 마치 사실처럼 받아들여서 평생 범죄 피해를 겪지 않았고 또 앞으로 그럴 가능성이 매우 희박함에도 마치 곧 범죄 피해를 당할 것처럼 두려워하곤 한다.

특히 청소년범죄나 비행의 경우는 물론 성인범죄에 대한 범죄 학습과 그로 인한 모방범죄의 문제는 언론의 범죄 보도가 불러일으키는 부정적 영향이자 범죄의 원인이 될 수 있다.

물론 언론이 범죄의 원인으로서 부정적 역할과 영향만 미치는 것은 아니다. 때론 범죄 문제의 해결책이 될 수 있다. 과거 다수의 청소년 범죄자들이 범행을 어디서 배웠냐는 물음에 당시 유행하던 「수사반장」을 보고 모방했다고 밝혔던 것이 좋은 예일 것이다. 이처럼 대중들은 범죄 관련 정보를 매스컴을 통해 간접적으로 취득하기 때문에 언론에 비친 범죄를 그대로 사실로 받아들인다. 따라서 대중매체와 범죄는 상당한 연관성이 있다고 할 수 있다.

이와 같은 관점에서 최근 일부 범죄학자들은 대중문화와 범죄를 연계시키는 소위 문화범죄학cultural criminology을 새롭게 등장시키고 있다. 처음 이 학문은 언론의 폭력성이 미치는 범죄의 관계, 언론의 폭력성 노출이 시청자의 폭력 행위를 유발하는가에 관심을 가졌던 언론학자들의 노력에서 시작되었다.

최근 들어 이런 노력들이 결집되면서 대중매체에 비친 범죄 이미지, 특히 시각적 표현을 통해 범죄, 일탈 그리고 형벌에 대한 대중적 이해와 사회적 구성을 형성하는 도구로 활용하기 시작했다. 그리고 범죄와 사법을 에워싸고 있는 쟁점들을 이해하는 것에서 멈추지 않고 저항과 권력의 도구로도 이용해오고 있다.

특히 현대 정보 시대를 주도하는 시각 정보의 활용이 강조된다는 점에서, 대중매체가 시각 정보의 중요 전달매체가 된다는 점에서, 지난 수십 년 동안 범죄학자들은 영화에서의 범죄 표현을 연구해왔다. 이를 '시각범죄학Visual criminology'이라고 한다.

이와 같은 범죄학 내부에서 일어나고 있는 새로운 진전은 곧 영화가 범죄의 이해에 기여한다는 인식의 증대와 그 결과 범죄영화를 분석하는 연구의 집적이라고 할 수 있다. 이러한 추세의 배경에는 영화가 제공하는 경찰, 마약, 수형자, 연쇄살인범, 강도, 성폭력범, 피해자 등의 관점에 통해 범죄를 깊이 연구할 수 있을 것이라는, 영화의 잠재력 때문일 것이다.

그것이 사실이라면 응당 우리는 범죄영화를 통해 알게 되거나 배우게 되는 범죄, 범죄자, 형사정책, 형사사법기관과 제도 그리고 이들을 종합한 범죄학은 어떤 모습인지, 무엇을 배울 수 있을 것인지 살펴보는 것은 큰 의미가 있을 것이다. 범죄영화가 학술범죄학Academic Criminology과

어깨를 나란히 하고 그만큼 사회적 중요성도 있다는 담론, 즉 일종의 대중범죄학Popular Criminology을 구성하고 성립시킨다는 주장은 바로 범죄영화가 범죄에 대한 우리의 생각을 형성하기 때문일 것이다.

범죄영화를 대중범죄학의 한 관점으로, 대중범죄학을 범죄학의 한 관점으로

그렇다면 범죄학 측면에서 바라보는 범죄영화란 어떤 모습이고 어떤 의미를 가질까? 만약에 범죄학을 범죄와 범죄자를 이해하기 위한 과학적 노력이라고 정의한다면, 영화는 주제에 초점을 맞춘 표본이라고 할 수 있다.

다만 범죄영화는 학술범죄학의 주제와 겹칠 수가 있다. 범죄영화는 스스로 자신만의 형태의 진실과 제약을 가지는, 그래서 학술범죄학과는 상이한 형태의 담론을 형성한다. 예를 들어 범죄를 문화 충돌의 산물로 이해하거나 아동학대범을 바로 옆집 남자 정도로 표현하는 식 등이다.

물론 범죄영화는 학술범죄학의 범주 그 이상을 다루기도 한다. 심리학적으로 살펴보면 범죄영화는 관객에게 성性, 취약성 그리고 도덕성 측면에서 매우 낯선 피해자와 가해자 심지어 연쇄살인범에 감정을 이입하거나 동일시하도록 강요하기도 한다. 윤리적으로 살펴보면 학술적 분석에서 입지를 찾을 수 없는 열정적인 도덕적 입장을 요구하기도 한다.

바로 이런 유형의 담론은 그에 상응한 명명이 필요한데, 학자들은 이를 대중범죄학Popular Criminology이라고 명하고, 영화뿐만 아니라 인터넷, 텔레비전, 신문, 소설 그리고 랩 등에서 발견되는 범죄에 관한 담론도 이 범주로 규정하고 있다. 대중범죄학은 이론적 타당성이나 경험적 정확성을 꾀하지 않는다는 점에서 학술범죄학과 차이가 있지만, 그 범주나 범위에 있어서 영화에서 제기된 윤리적이고 철학적인 쟁점들까지 고려한다면 아마도 학술범죄학만큼 또는 그 이상을 다루고 있다고 할 수 있다.

학술범죄학이 광범위한 범죄학적 상품을 제공하지 못하기 때문에 대중범죄학은 학술범죄학보다 전파력의 규모가 크며 사회적 중요성 또한 증대된다. 반면 대중범죄학은 학술범죄학에 비해 깊다고 할 수는 없다.

범죄학은 '다학제적multi-disciplinary 학문'이라고 할 수 있다. 범죄심리학, 범죄사회학, 범죄생물학과 같은 하위 분야를 가진 것처럼 범죄학이라는 큰 우산 속에 '학술범죄학', '대중범죄학'이 자리하고 있는 형국이다.

이런 분류는 상반된 것이라고 이해하기보단 학술범죄학은 이성에, 대중범죄학은 감정에 관심을 갖기 때문에 상호 보완적이라고 이해하는 것이 더 타당하다.

범죄학에선 범죄영화를 대중범죄학의 한 관점으로 인식하며, 대중범죄학을 범죄학 자체의 한 관점으로 받아들인다. 만약 우리가 범죄와 범죄자에 대한 연구로 범죄학을 규정한다면, 영화는 대중에게 범죄의 특성에 대한 자신만의 생각을 얻게 되는 1차적 주요 근원의 하나가 될 수 있다. 이런 사고의 일부는 학술범죄학에 반영하기도 한다. 그러나 대중범죄학이 진전시킨 일부 다른 생각과 사상은 학술 연구의 범위를 넘어서는 윤리적, 철학적 그리고 심리적 관점을 끄집어내기도 한다. 이처럼 대중범죄학이 범죄학의 중요 부분이라는 인식이 범죄영화의 연구는 물론이고 범죄학 그 자체도 활성화시킬 수 있을 것이다.

문화범죄학의 발전은 다수의 범죄학자들이 범죄와 범죄 통제에 대한 대중문화, 특히 대중언론의 구성에 점점 더 많은 분석적 관심을 보이고 있다는 것을 의미한다. 범죄학 내에선 상대적으로 구분되는 영역이지만 언론과 문화적 탐구에 대한 일반적 분야의 출현을 강화하는 것이기도 하다.

여기서 가장 중요한 것은 범죄와 일탈, 사법과 형벌에 대한 집합적이고 사회적으로 공유된 이해가 생성되고 유지되는 방식이다. 이러한 지향성이 다양하고 폭넓은 범주의 언론 지향적 범죄학적 학문을 자극하여, 범죄와 범죄 통제에 대한 신문보도, 범죄와 범죄성 그리고 경찰 활동에 대한 매스컴의 영상, 음악, 만화, 비디오 게임, 인터넷 그리고 기타 현대의 다양한 미디어 채널을 다양하게 검토하거나 분석할 수 있다.

범죄학 내에서 점점 영역을 넓히고 있는 영화 속 범죄 이야기

영화라고 하는 소위 '움직이는 화면moving image'은 20세기 이후 사회를 전형적으로 지배하는 하나의 문화 형태가 되었다. 공유된 의미, 사회 변화와 도전, 휴먼드라마와 사회 현실, 이상향과 같은 꿈과 지옥을 넘나드는 악몽, 두려움과 환상에 대한 이야기들이 영화 기술이라는 렌즈를 통하여 투영되어왔던 것이다. 특히 영화가 만들어진 이래 범죄, 질서, 법, 갈등, 일탈과 형벌에 대한 쟁점들은 영화 속에서 중심적으로 자리했다.

반면 최근까지도 범죄학의 절대적 관심은 범죄행위와 그 결과에 대한 역사적, 통계적, 이론적 연구 등에 몰려 있었기 때문에 범죄와 영화의 교차에 대한 연구는 미비했다고 할 수 있다. 더구나 언론보도와 비교하면 영화에 대한 분석은 많이 뒤처진 상태다.

영화가 이처럼 뒤처진 이유는 공론과 추론의 문제에 기인할 수도 있다. 뉴스 보도가 사실에 기초하는 반면 영화는 허구적 특성으로 범죄학자들의 관심을 끌지 못한 것으로 추정할 수 있다. 영화에 대한 이러한 주변화는 계속 유지되기 어려울 것이라고 한다.

먼저 영화 속 허구적, 가공적 표현은 범죄와 범죄성에 대한 사회적 감수성을 형성하고 밝히는 데 별로 큰 역할을 하지 못할 것이라고 가정할 만한 원천적 기초가 있는 것은 아니다. 하지만 '사실적factual'인 것과 '허구적, 가공적fictional'인 것 사이의 구분 자체가 인식론적 근거로는 기반이 약하다고 할 수 있다. 그럼에도 지난 수십 년에 걸쳐 영화는 관객들에게 범죄를 대리 경험하게 만들고, 그것을 반영하고 반응하는 통로로 범죄학적 분석의 가치 있는 대상이 되었다.

특히, 최근의 문화범죄학을 중심으로 하는 대중범죄학에 대한 관심의 증대로 범죄영화의 분석이 범죄학이라는 학문 내 주변부에 머물러 있다가 점점 중심적인 자리를 잡아가고 있다.

범죄학과 세계를 재형성하기 위해
시작된 시각범죄학

시각범죄학은 영상image이 하나의 연구 과제project로서 범죄학과 세계를 재형성하는 방식을 재고하라는 요청에서 시작되었다고 할 수 있다. 영상의 유동성, 순응성, 평범성, 속도 그리고 규모를 분배하는 데 있어 과거와 현재에 적용할 수 있는 이론과 방법을 모두 도입하도록 요구받고 있는 것이다.

시각범죄학자들은 범죄와 그 통제를 그들이 표현하는 방법과 분리해서 이해할 수 없기 때문에 범죄, 해악, 문화 그리고 통제에 대한 의문들을 다룰 수 있는 혁신적인 새로운 개념과 도구를 재규정하려고 했다. 그 결과 보고서, 과제 그리고 연구의 서술적 또는 계량적 분석 그 이상으로 범죄와 범죄 통제의 힘을 이해하는 것이 필요하다. 시각범죄학의 관심사는 다양하다. 그렇기 때문에 시각범죄학자들은 범죄학의 역사적 기초에 대한 시각적 볼거리에 관심을 가진다.

그렇다면 범죄학에선 왜 시각적인 측면을 중요하게 생각할까? 우선 현대사회에선 보이는 것에 큰 가치를 두고 있는데 범죄와 형벌은 가장 지배적인 대중매체의 대상이 되었다. 이런 상황에서 범죄와 범죄 통제의 영상은 범죄와 형사사법 그 자체만큼이나 '진실'이 되고 '사실'이 되어버렸다.

대중의 경우 범죄와 사법에 대한 지식과 정보를 언론에 의존하기 때문에 언론의 힘은 막강하다고 할 수 있다. 대중은 언론에서 얻은 지식을 이용하여 세상에 대한 그림, 자신의 행동을 기초하는 현실을 구성한다. 이를 '현실의 사회적 구성social construction of reality'이라고 부른다. 이는 범죄와 언론 그리고 형사사법의 영역에서 매우 중요하다. 범죄학에서 바로 '현실'과 '현실의 사회적 구성' 사이의 간극을 연구하는 데 주력했다면 시각범죄학은 그 이상을 추구한다고 할 수 있다.

참고 자료

- https://www.filminquiry.com/criminology-movie-combine
- http://oxfordre.com/criminology/view/10.1093/acrefore/
  9780190264079.001.0001/acrefore-9780190264079-e-206?print

- Manon de Reeper, 'How did I combine Criminology and Movie?', Film
  Inquiry
- Rafter, N., 'Crime, film and criminology', Theoretical Criminology, 2007,
  11(3): 403-420
- J. Farrell, 'Cultural Criminology', Annual Review of Sociology, 1999, 25:
  395-418
- Majid Yar, 'Screening crime: Cultural Criminology goes to the movies,'
  pp. 68-82 in K.J. Hyward and M. Presdee(eds.), Framing Crime: Cultural
  Criminology and the Image, London: Rouletge, 2010

CHAPTER
01

비뚤어지다
–
어긋난 우쭐함이 빚은
젊은 날의
영웅적 허상

황무지

Badlands, 1973
지루한 일상을 벗어나기 위해 살인을 반복하는 젊은 커플

특별해지고 싶은 욕구는 누구에게나 있다. 가슴을 진동시키는 음악에 맞춰 경쾌하게 움직이는 삶은 누구나 그리워하지만 우리에겐 이성이라는 것이 존재하기에 억누른다. 하지만 누군가는 그것을 억누르지 못해 가지 말아야 할 강을 넘어 허우적댄다.

영화 「황무지」는 테렌스 맬릭Terrence Malick, 1943~ 감독의 데뷔작으로, 마틴 쉰Martin Sheen, 1940~과 씨씨 스페이식Sissy Spacek, 1949~이 주연한 1973년도 작품이다. 영화에서 직접적으로 언급되진 않았지만 이야기의 상당 부분은 1958년에 일어난 찰스 스타크웨서Charles Starkweather, 1938~1959와 그의 여자친구 카릴 앤 푸게이트Caril Ann Fugate, 1943~의 연속살인 행각에 기초한 것으로 범죄와 낭만주의 그리고 신화 만들기myths-making가 만나는 일종의 교차점을 대변하는 영화다.

이 영화가 만들어진 구체적인 이유는 '지극히 정상적인 남녀가 여러 장소를 옮겨 다니며 다수의 사람을 살해한 이유는 무엇일까?'라는 의문에 답하기 위해서다. 물론 영화는 실제적으로 확실한 대답을 내놓지는 못한 것 같다.

다만 두 사람의 깊이 있고 관조적인 초상을 그리면서 그들이 연쇄살인범으로 변모한 특별한 이유가 무엇일까에 대한 물음을 관객으로 하여금 스스로 생각하게 만든다. 많은 사람들과 평론가들은 이 영화를 연속살인 killing spree과 관련된 하나의 억제된 서정적 걸작이라고 평하고 있다.

일상의 지루함을 이기지 못한
홀리와 키트

영화는 15살 소녀 홀리의 시적이지만 아무 감정이 내포되지 않은 내레이션으로 시작한다. 그녀의 아버지는 한때 로맨틱한 동반자였던 아내가 죽자 딸의 양육을 등한시하며 멀어진다. 어린 소녀가 부모의 사랑을 받지 못하면 자신의 정체성과 감정이 결여되기 마련이다. 그녀 또한 평범한 소녀처럼 물고기와 강아지를 키우지만 잡지 속 영화배우의 화려한 생활을 동경하며 자신도 특별해지고 싶다는 욕망을 가지게 된다. 그럴 때쯤 키트가 다가온다.

키트는 청소부로 일하는데 거리에 죽은 개를 만지면서 농담을 하고, 어떤 일에서든 무표정으로 대한다. 그리고 청소하는 일이 싫어졌다며 일을 그만두고 거리를 헤매다 마당에서 운동하고 있는 홀리를 보고 다가간다.

영화 시작 부분에서 청소부를 그만둔 키트가 담배를 피며 걷다가 길거리의 깡통을 발로 밟아 찌그러뜨린 후 던지는 장면이 나오는데 그 이유는 짧은 순간 무언가에 대한 충동을 행할 수 있는 기회가 주어졌다는 의미일 수 있다.

동서양을 막론하고 젊은 날의 반항적 이미지는 인기를 끌 만한 요소였다. 홀리는 흰 티셔츠에 청바지, 입에 담배를 반쯤 물고 세상사에 초연한 키트라는 청년에게 첫눈에 반한다. 홀리가 키트에게 반한 이유는 두 가지였다. 첫째는 그가 좋아하는 배우인 제임스 딘을 닮았다는 것이고, 둘째는 그런 그가 자신에게 관심을 보였다는 것이다.

그러나 영화에선 둘의 사랑스러운 분위기는 보여주지 않는다. 이런 점이 두 사람의 공허가 담긴 진정한 감정적 수준을 말해준다. 홀리와 키트는 일반적인 관계 외엔 더 이상의 발전을 시키지 못하는 무능력을 공유하고 있었던 것이다.

홀리의 아버지는 홀리와 키트의 관계를 인정하지 않는다. 하지만 홀리가 아버지의 뜻에 따르지 않고 키트와 함께 시간을 보내자 그에 대한 처벌로 딸의 애완견을 살해한다. 그 사실을 안 키트는 홀리의 집으로 찾아와 그녀의 아버지를 살해한다. 그 뒤 키트와 홀리는 집에 불을 지르고 자살로 위장한 뒤 몬태나의 배드랜즈로 도망을 간다.

젊은 커플은 나무 위에 집을 짓고 물고기를 잡고 닭을 훔쳐 생계를 유지하며 총 쏘는 법을 배우며 행복한 시간을 보내나 그 사이 그들의 범죄는 경찰에 알려졌고, 그들은 현상금이 걸린 수배자가 되어 있었다. 현상금 사냥꾼에게 자신들의 삶이 발각되자 키트와 홀리는 그들을 살해한 후 다시 도주한다. 친구 집을 찾아가 도움을 청하지만 친구가 그들을 속이고 신고하려는 것을 눈치 채고는 친구까지 살해하고, 친구를 찾아온 10대의 커플도 죽인다. 결국 그들은 중서부 지방 전역의 법집행기관으로부터 추적을 당한다.

홀리는 도망자의 삶과 키트의 관계에 싫증이 나서 그와 함께 도주하기를 거절하고 경찰에 자수한다. 그러자 키트는 훔친 캐딜락으로 도주하지만 곧 경찰에 붙잡히고 만다. 경찰에 잡힌 키트는 사람의 관심을 즐기다가 사형이 집행되고, 홀리는 자신을 변호해준 변호사의 아들과 결혼한다.

영화 속 범죄 코드 1 :
어떤 계기로 극명하게 갈리는 연쇄살인범들의 성향

영화의 초반부에서 키트는 예의가 바르다. 천부적인 친절함인지 아니면 우리 사회가 요구하는 방식으로 사는 누군가를 따라하는 것인지는 분명하지 않지만 그는 예의를 어느 정도 존중했으나 홀리의 아버지를 살해한 후 조금은 다른 양상을 띤다. 이 영화에서 엿볼 수 있는 범죄 코드는 우선 주인공들의 성격, 흔히 연쇄살인범들의 공통점이라고 할 수 있는 '반사회적 인격 장애antisocial personality disorder'를 가진 사이코패스Psychopath나 소시오패스Sociopath로서의 성향을 일부 엿볼 수 있다는 점이다.

키트는 여자친구의 아버지를 아무 생각 없이 죽이고, 홀리는 아버지가 남자친구에 의해 죽임을 당하는데도 말리지 않았고, 감정의 동요도 없이 태연하게 집을 불사른다. 특히 키트가 아무렇지 않게 깡통을 짓밟아 뭉개고, 죽은 개를 아무렇지 않게 만지고 버려두고 가는 장면이 나오는데 이는 다른 사람에 대한 공감과 동정이 결여되어 있는 전형적인 사이코패스 성향의 일부라고 할 수 있다. 실제로 키트는 살인에 대해 아무런 흥분이나 전율을 느끼지 못하고 인간 생명을 파괴하는 데 후회나 양심의 가책을 보이지 않는다.

또한 영화에서 키트는 일종의 가치관의 표류와 그로 인한 중화neutralization를 보이기도 한다. 그는 자신의 행동을 확신하면서도 전념하지 못하고, 쓰레기를 함부로 버리는 사람을 증오하면서도 누군가를 살해하는 것에는 죄의식을 느끼지 않는다. 그가 현상금 사냥꾼을 살해하는 것은 그들이 탐욕적이기 때문에 죽여도 상관없지만 경찰관은 자신의 직무를 수행하는 사람이기 때문에 죽여서는 안 된다고 생각하면서도 나중엔 경찰관에게도 무차별 사격을 가한다. 자신뿐만 아니라 그는 홀리에게도 자신의 행동을 정당화하는 이유를 대기도 한다.

이처럼 그는 자신의 행동에 대하여 상황과 때에 따라 입장을 바꾸면서 표류하고 그것을 정당화하는, 사회학자인 그레샴 사익스Gresham Sykes, 1922~2010와 데이비드 마차David Matza, 1930~2018의 '중화이론Neutralization Theory'⊛의 관점을 보이기도 한다. 이를 입증이라도 하듯 영화는 키트와

⊛ 범죄행위는 나쁘지만 범죄자들이 자신의 죄의식을 피할 수 있도록 그 행동을 정당화하는 것을 말한다. 중화의 기술은 5가지로 나뉘며 책임 부인, 가해 부인, 피해 부인, 비난자에 대한 비난, 상위의 충성심 호소 등이 있다.

홀리가 저지른 범죄가 그들에게 문제가 있다기보다는 제대로 자아가 형성되지 못한 아이가 어른의 역할을 잘못 받아들여 범죄를 저지른 것으로 묘사하고 있다.

영화 속 범죄 코드 2 :
부모의 부재에도 어떤 감정을 느끼지 않는 애착의 결여

이 영화에서 홀리가 키트에게 빠질 수밖에 없는 원인은 청소년범죄의 주요 요인으로 지적된 사회적 통제, 특히 결손가정과 부모에 대한 애착의 결여라고 말하고 있다. 홀리가 키트에게 아무 근거도 없이 크게 느끼는 호의는 어머니의 죽음으로 인한 여성으로서 성역할모형의 부재와 아버지의 관심 부족으로 인한 정체성 혼란에서 비롯되었음을 암시하기도 한다. 영화에서 홀리는 키트가 자신과 같이 죽기를 원하고, 자신도 그의 팔에 안겨서 영원히 잊혀지기를 꿈꾸었다고 말한다.

이를 통해 우리는 어머니의 죽음이 어린 딸에게 어떤 영향을 줄 수 있는지를 가늠해볼 수 있다. 실제로 영화에서 홀리는 내레이션으로 많은 것을 자문한다. 자신의 삶에서 그 어떤 모성애도 받아보지 못한 홀리는 다른 사람에게 자신의 모성애를 주기로 결심한다. 그리고 그 대상은 바로 어머니로부터 방치된 키트였을 것이다. 홀리가 키트에게 느끼는 가족, 부모 그리고 성적 역할의 결합은 그녀의 감정적 질식에 기여했을 것으로 해석된다. 그러한 것들은 그녀에게 목표라기보다 오히려 환상으로 비춰지는데, 이는 그녀가 가정과 가족에 대한 감정이 그리 강하지 않으며 이는 아버지의 살해에 대하여 그녀가 아무런 감정도 없는 반응을 보인 장면에서 증명된다.

이런 장면들이 바로 범죄학에서 중요하게 여기는 사회통제이론의 하나인 사회유대이론, 그중에서도 특히 부모에 대한 애착의 결여를 엿볼 수 있다.

영화 속 범죄 코드 3 :
여성범죄와 그들의 특성

우리는 이 영화를 통해 여성범죄와 그들의 특성에 대해서도 생각해볼 수 있다. 흔히 여성범죄는 그 수법이 잔인하지만 눈에 잘 띄지 않는 유형의 범죄를 주로 저지르고, 자신이 주범이기보단 남성의 공범인 경우가 많고 남성의 지시, 사주 등에 의한 교사와 범인 은닉 등의 역할이 많다. 이 영화에서도 홀리는 직접 범행에 가담하기보단 방조하거나 묵인하거나 약간의 도움을 제공하는 데 그치고 있다. 여기서도 여성 공범과 남성 주범의 관계나 역할에 대해서 엿볼 수 있다.

한편, 영화에 비춰진 키트는 가끔씩 폭력을 행사하는 정신적으로 만족하지 못하는 소유자로, 현재 하나의 큰 사회적 문제로 등장하고 있는 증오범죄hate crime를 연상케 한다.

불우한 과거와 현재 위치의 상대적 박탈감은 사회에 대한 불만과 증오를 갖게 하고 방아쇠 역할을 할 수 있는 상황이나 사건에 마주치게 되면 자신의 증오를 불특정 다수인에 대한 폭력으로 표출시키는 소위 '묻지마 범죄' 식 증오범죄를 일으키고도 남는다.

영화의 마지막 부분에서 키트는 아무런 죄의식을 갖지 않았으며 오히려 살인 행각을 통해 자신이 유명인의 지위를 얻고 그것을 누리는 모습을 보여준다. 또한 그는 "죽은 사람은 모두가 같은 배를 타고 있다"라는 대사를 남긴다.

그래서일까? 이 영화를 감독한 테렌스 맬릭은 키트와 홀리의 범죄에서 특별한 의미를 찾지 못하고, 아무런 심리적 설명도 하지 않는다. 그저 키트는 홀리가 말한 대로 제임스 딘을 닮은 잘생긴 사이코패스며, 홀리는 순진무구하고 단순하며 아직 완성하지 못한 소외된 아이로 묘사된다. 그들은 자신들이 사람을 죽였다는 것, 심지어 자신의 아버지이자 여자친구의 아버지의 죽음조차 감정적으로 반응하지 않는다. 영화에서 이런 묘사가 그들, 특히 키트의 반사회적 인격장애로 인한 범죄성의 형성이라고 말하고 있다.

영화 속 범죄 코드 4 :
세상의 폭력에 물들지 않았던 한 소녀가 폭력이 얼룩진 세상의 일부가 되다

영화 「황무지」는 우리에게 몇 가지 흥미로운 질문을 던진다. 영화는 둘의 만남보다 교제를 반대하던 홀리의 아버지를 죽인 후 도주하는 것에서 시작한다. 특히 그들이 집에 불을 지르고 무너뜨리는 것에서 어떤 상징성을 나타내고 있다.

당연히 그 의도는 살인을 자살이나 화재사고로 위장하기 위한 시도

이지만 영화는 홀리의 방이 불타고, 그 안에 있는 인형과 인형의 집이 불타는 장면을 보여주면서 홀리의 천진난만이나 순진함 등의 종말을 상징하는 것이라고 설명한다. 불타버린 집과 함께 사라진 것은 세상의 폭력에 물들지 않았던 한 소녀의 시절이었으며, 이제는 그녀도 폭력이 얼룩진 세상의 일부가 되었고, 그래서 그녀의 무고함이나 순수함의 시절은 끝났다는 것을 말해주고 있다.

그리고 키트의 경우 제임스 딘과 닮았다고 하는 것에도 어떤 중요한 의미가 있다. 이 영화에선 도주 중인 범죄자를 비판하기보단 유명한 영화배우처럼 묘사했고, 한 시민은 아이들을 데리고 나와 키트를 보게 한다. 심지어 시민의 일부는 그의 사인을 받기 위해 기다리기도 한다. 이는 살인범을 영웅으로 만드는 미국인들의 폭력성에 대한 무감각을 표현한 것이다. 이는 언론의 역기능이다.

이러한 설명은 곧 범죄와 영상매체의 관계, 즉 범죄 원인으로서의 영상매체를 통한 범죄의 학습과 죄의식의 약화로 인한 폭력에의 무감각화 등을 초래한다는 우려를 낳는다. 더불어 대중매체에서 내보내는 폭력적 영상은 시청자나 관객의 폭력성을 높일 수 있다는 주장과 함께 오늘날 문화범죄학, 즉 범죄로서의 문화와 문화로서의 범죄라는 새로운 범죄학적 하위 영역을 만들었다. 최근에는 이런 유형의 연구를 과거 전통적 순수 범죄학이라고 할 수 있는 학문범죄학Academic Criminology에 대비되는 대중범죄학으로 명명하고 있다.

영화 속 범죄 코드 5 :
청소년의 범죄는 항상 면책되어야 하는가에 대한 의문

영화는 홀리가 경찰에 자수하면서 조사에 협조하고, 결국엔 자신을 변호했던 변호사의 아들과 결혼하는 것으로 끝을 맺는다. 이는 홀리가 제2의 기회를 얻었음을 보여주는 장면이다.

이는 청소년 범죄자의 절대다수가 비행이나 범죄를 중단하고 건전한 성인으로 성장하고 발전하는 이면을 밝히는 것이다. 청소년의 성장은 생애과정을 걸쳐 이루어지고 그 과정에서 중요한 사건, 예를 들어 입학이나 졸업, 취업, 결혼 등이 중대한 분기점으로 작용한다고 주장하는 발달-생애과정범죄학으로 설명될 수 있다. 청소년은 아직 합리적, 이성적 판단 능력이 결여되어 비행을 일삼는 것이 일종의 통과의례라는 것을 영화는 직설적으로 보여주고 있다. 현재 문제시되고 있는 청소년범죄의 심각성과 그들의 범죄 면책도 이와 같은 맥락에서 진행되고 있는데 이는 또 다른 피해를 낳기도 한다.

다만 우리가 심도 깊게 짚어봐야 할 것은 홀리가 키트와 공범인지 아니면 인질인지를 분별해야 한다는 점이다. 키트가 순진하고 어린 홀리를 악용했거나 아니면 인질로 잡아 자신의 범행에 이용했거나 적어도 공범으로 가담시킨 것은 아닌지 의문을 갖게 된다.

자신의 자유의지가 아니라 강제로 인질로 잡혔다면 왜 공범이라는 인식이 깔리는지, 혹시 그녀에게도 인질이 범죄자를 이해하고 동조하게 되는 증상인 스톡홀름 증후군Stockholm syndrome의 결과인지 아니면 합리적, 이성적 판단 능력이 결여된 어린 소녀의 자발적인 공동 범행인지에 대한 궁금증은 영화를 보는 내내 남게 된다.

청소년들은 다양한 이유와 동기로 동급생의 범행에 공범으로 가담한다고 하는데 홀리의 경우는 이 영화를 보는 관객들의 판단에 맡겨야 할 것 같다.

참고 자료

- https://www.theguardian.com/film/2008/aug/22/drama
- https://en.wikiPedia.org/wiki/Badlands_(film)
- https://www.criterion.com/current/posts/2697-badlands-misfits
- http://emanuellevy.com/review/badlands-8
- https://www.rogerebert.com/reviews/great-movie-badlands-1973
- https://www.dailymail.co.uk/news/article-2386213/Caril-Ann-
  Fugate-Badlands-murderess-critically-injured-car-crash-left-
  husband-dead.html

스프링 브레이커스

Spring Breakers, 2012
일탈과 범죄의 모순적 경계를 넘나들다

무료한 일상을 탈피해 자극적인 감각을 느끼는 것은 젊은 날의 특권
이라 하지만 그 안에서 무엇을 느낄 수 있는지는 아무도 모른다. 그
것이 무엇을 뜻하는지도 아무로 모른다. 모른 채 흘러가다 보면 어느
새 나쁨이 온몸에 덕지덕지 묻는다. 그것에 판단은 각자의 몫.

「스프링 브레이커스」는 감독인 하모니 코
린Harmony Korine, 1973~이 각본까지 쓴 미국의 범죄영화다. 총을 든 비키니
차림의 여자 아이들, 그들이 바로 영화 「스프링 브레이커스」의 주인공
들이다. 이 영화는 69회 베네치아 국제영화제에서 황금사자상을 수상
하기도 했다.

착한 소녀가 나쁜 계집애로 바뀌는 순간,
세상은 폭악해진다

사실 영화는 매우 간단한 구조를 가지고 있다. 착한 소녀들이 나쁜 계집애가 되는 것이다. 무료한 일상을 보내던 여대생인 브릿Brit, 애슐리 벤슨과 캔디Candy, 바네스 허진스 그리고 코티Cotty, 레이첼 코린와 페이스Faith, 셀레나 고메즈는 다른 동급생들 처럼 어디론가 떠나서 화려한 봄방학을 보내고 싶지만 여행 경비가 부족하자 하지 말아야 할 행동을 하게 된다. 교수의 차를 훔쳐 스키 마스크를 쓰고 장난감 물딱총을 들고 식당을 강탈한다.

그렇게 마련한 돈으로 그들은 원하던 플로리다로 가서 술과 마약과 섹스가 범람하는 해변의 파티를 즐긴다. 하지만 파티가 너무 과했는지 경찰서 유치장에서 하룻밤을 보내게 되는데 자칭 래퍼이자 전 조직폭력배이자 괴짜 마약 거래상인 에일리언Alien, 제임스 프랭코의 도움을 받아 보석으로 풀려나게 된다.

돈으로 여대생들의 관심을 끈 에일리언은 자신의 조직원들이 단골로 자주 찾는 클럽으로 그녀들을 데리고 가는데, 이런 생활과 환경이 불편했던 페이스는 에일리언의 설득에도 불구하고 친구들에게 그곳을 떠나자고 애원하지만 듣지 않자 자신만 고향으로 되돌아간다. 나머지 세 명의 여대생은 에일리언의 맨션으로 가는데, 그곳에서 그는 자신의 마약 자금과 각종 무기들을 자랑하며 자신의 생활을 '아메리칸 드림American Dream'이라고 설명한다.

갑자기 그녀들은 그의 총기 중 하나를 붙잡고 에일리언을 죽이겠노라고 위협하는데 그 모습에 흥분한 그는 마치 구강성교를 하듯이 총구를 입으로 핥으며 그녀들과 사랑에 빠졌노라고 선언한다. 그와 브릿, 캔디, 코티는 스키 마스크와 소총으로 무장하고 여러 차례 무장 강도를 저지른다.

이때 경쟁 조직의 두목인 빅 아크Big Arch의 조직원들이 에일리언과 그녀들이 타고 있는 자동차를 향해 기습적으로 총격을 가해 코티가 부상을 당하자 에일리언은 보복하겠다고 다짐하지만 이 상황에 놀란 코티는 집으로 돌아간다.

남은 브릿과 캔디는 에일리언과 더욱 친밀해지면서 빅 아크에게 보복하기로 결심한다. 그럼에도 브릿과 캔디는 집에 전화를 걸어 공부를 더 열심히 해 훌륭한 사람이 되겠다고 전한다.

세 사람은 빅 아크에게 보복하기 위해 모터 보트를 타고 그의 맨션으로 찾아가지만 총격전을 벌이던 중 에일리언이 사망한다. 그러나 브릿과 캔디는 싸움을 계속하면서 빅 아크의 조직원들을 전원 살해하고 빅 아크마저 사살한다.

죽은 시신을 곁에 두고 무언가를 성취했다는 표정을 내보인 브릿과 캔디는 자신들이 진정한 누구인지 찾게 되었다는 독백을 내뱉으며 빅 아크의 롬브르기니를 타고 집으로 돌아간다. 영화는 그녀들이 에일리언의 시체에 키스하는 장면으로 끝을 맺는다.

영화 속 범죄 코드 1:
소외되고 싶지 않아 나쁜 짓이라도 해서 끼고 싶은 마음

「스프링 브레이커스」가 주는 범죄 코드는 다양하다. 먼저 청소년범죄에 대해 우리에게 시사하는 바가 크다. 영화에서 네 명의 대학생이 마약과 범죄의 구렁텅이에 빠지게 된 기점은 청년 문화로부터 소외되지 않기 위해 유흥비를 마련하기 위한 동기에서 시작되었다.

예전에는 청소년범죄가 사실 특별한 동기가 없고 비공리적인 성향인 것이 많은 것에 반해 최근 청년 문화와 소속감이라는 관념으로 인하여 유흥비 마련이라는 동기를 가진 청소년범죄가 증가하고 있다.

또한 청소년범죄의 특성 중 가장 중요한 요소인 집단성을 잘 보여주고 있다. 대부분의 청소년범죄나 비행은 청소년 단독범행이 거의 없고, 공범이라는 집단적 특징을 가지고 있다. 이 영화에서도 어김없이 네 명이 함께 일을 벌이지만 세 명으로 줄어들었고, 끝에는 두 명만 범행에 가담하게 되는 것이 이를 잘 대변하고 있다.

그리고 청소년범죄의 원인으로 단기 쾌락주의Sort-term Hedonism도 한 몫을 하는데, 이 영화에서도 주인공들은 내일보다는 오늘을 즐기는 데 혈안이 되어 있어서 단기 쾌락적 면모를 보이고 있다.

단기 쾌락주의를 비롯한 청소년들의 부문화가 그들의 관심의 초점이 되면서 이런 것들은 때론 중상류층 기성세대의 관점에서 보면 그 자체가 일탈일 수도 있다는 청소년비행의 원인이라고 하는 것에 설득력이 생긴다.

물론 청소년뿐만 아니라 성인범죄에 있어서도 부문화 또는 하위문화 subculture가 범죄의 원인으로 지적되고 있는 경우가 있다. 그중에서도 가장 대표적인 것이 '폭력의 문화 또는 부문화Subculture/Culture of violence'라고 할 수 있을 것이다. 이런 부문화 속에서 범죄적 가치의 학습은 물론이고 그로 인한 폭력에 대한 둔감화와 궁극적인 폭력을 수용하고 용인하는 수준을 높이게 되어 더 쉽게 범행을 저지를 수 있다.

더불어 이런 문화 속에서는 아마도 '중화이론'도 더 쉽게 작동한다. 예를 들어 자기만이 아니라 모든 청소년들이 다 그러는 보편적 현상이지 자기만 잘못된 것이 아니라고 합리화하기도 쉬워지는 것이다.

영화 속 범죄 코드 2 :
합법적 수단과 불법적 수단 사이에서의 괴리가 범죄로 이끌다

또 다른 청소년범죄의 원인으로 빈번하게 지적되고 있는 것이 '청소년의 긴장'이다. 이 영화에서도 봄방학을 맞아 휴가를 떠나고 싶은 소녀의 목적과 여행을 가기 위한 합법적인 수단돈의 괴리에서 오는 긴장과 그 긴장을 해소하기 위한 방식으로서 불법적 수단에라도 호소하여 목표를 성취하려는 것이 바로 범죄였다. 영화 속 네 주인공이 식당을 강탈하는 장면이 이를 잘 보여주고 있다.

뿐만 아니라 유일한 흑인인 남자 주인공 에일리언도 자신의 부富와 생활을 '아메리칸 드림'으로 미화했지만 실제로 그것도 '긴장이론Strain Theory, 緊張理論', 즉 금전적 성공과 성공을 위한 수단의 괴리에서 긴장이 발생하며 그 긴장을 해소 또는 극복하기 위한 방식의 하나가 범죄라고 설명하고 있다.

영화 속 범죄 코드 3 :
성차별이냐? 인종차별이냐? 어느 것도 맞지 않는 아리송함

「스프링 브레이커스」는 성별과 인종차별과의 갈등을 내보이기도 한다. 영화에서 대부분은 백인으로만 구성되고, 끝부분에 흑인 래퍼인 에일리언이 소수인종으로 등장한다. 그러면서도 전형적으로 흑인으로 묘사되었던 범인이 백인으로 바꾸고, 남성 전유물처럼 그려졌던 여성이 주범으로 그려진 것은 이 영화가 무엇을 말하는 것인지 살짝 표현하기도 한다.

하지만 이 부분에서도 여러 의견으로 나뉜다. 여성을 객관화, 대상화objectification하고 있어서 여성운동을 40년 이상 후퇴시켰다며 성차별주의가 만연한 영화라고 비판하는 쪽이 있는가 하면 다른 한쪽에선 여성에게 주연으로서 능력과 자격을 강화시켜주는 여성주의 영화라고 반박하기도 한다.

그리고 영화에 등장하는 주요인물 중에 유일한 비백인Non-White은 에일리언뿐이라는 점에서 일부에서는 인종적 편견을 지적하기도 한다. 특히 영화에서는 여러 장면에서 흑인들을 구별하거나 가정하는 등의 장면들이 자주 등장하는데, 인종차별 또는 인종적 분류Racial Profiling라는 지적도 나오고 있다. 그럼에도 흑인들의 생활을 그들의 일상이요 조직

폭력의 주범으로 그리는 것이 이 영화의 아리송함이라고 할 수 있다.

이 영화의 또 다른 흥미로운 주제는 폭력에 대한 여성의 인식, 더 나아가서는 여성 범죄자에 대한 인식의 차이를 보여준다는 것이다. 전통적으로 여성 범죄자는 대부분 남성 범죄자가 주범이고 여성은 기껏 그의 범행을 돕는 조력자로서 공범이거나 종범에 지나지 않는다는 인식이 지배적이었다. 그러나 이 영화에서는 여성이 식당 강도를 시작으로 맨 마지막 경쟁 조직의 두목을 살해하는 등 주도적으로 행동하고 있으며, 그 수법도 전통적으로 독살이나 수면 중 살해 등이 아니라 남성 범죄자들의 전유물처럼 여겨온 총기를 과감하게 사용하고 있다.

영화 속 범죄 코드 4 :
강간문화의 재강화_피해를 당한 사람이 피해를 받다

여기서 이와 관련하여 이 영화가 우리에게 주는 메시지의 하나는 여성을 술 취한 비키니 차림으로 그리는 단기 쾌락주의의 극단으로 몰고 가는, 그래서 여성을 성性의 대상으로 여기게 하는 그야말로 소위 '강간문화Rape culture' 또는 '강간의 통념Rape Myths'을 재강화한다는 것이다. 강간의 통념은 피해자의 책임 내지는 역할이 오히려 피해자에게 피해를 초래하거나 촉발하거나 유발 또는 적어도 유인했다는, 피해자를 비난하는 것에 대한 정당성이다.

실제로 영화에서는 술에 취해 강간을 당하는 것이 스스로 자초한 상황이라는 점을 내포하고 있으며, 가해 남성들이 그런 그녀들과 그런 상황을 이용하면서 소녀들의 '의문스러운 명성questionable reputation'이 지속적으로 표현되고 있다.

그와 같은 관점이 잘못된 이유는 살인에는 자기방어self-defense가 있지만 강간에는 자기방어의 개념이 있을 수 없기 때문이다. 자신이 죽지 않기 위해서, 자신을 가해자로부터 방어하기 위해서 어쩔 수 없이 가해자를 살해하는 경우는 있을 수 있어도 자신을 방어하기 위하여 여성을 강간하는 일은 있을 수 없다. 강간은 어떤 경우라도 전적으로 가해자의 책임이어야 한다.

최근 세계적으로 번진 '미투Me Too' 운동과도 관련되지만 성폭력은 어디까지나 여성의 'NO'는 잠재적 'YES'가 아니라 'NO'는 'NO'이어야 하며, 오히려 남녀의 성관계에 있어서는 '절대적인 YES' 또는 '긍정적인 YES'가 반드시 있어야 하는, 그래서 여성이 술에 만취해 동의나 합의할 수 없다면 절대로 그 여성과 잠을 자서는 안 된다는 것이 최근의 현실이다.

불행하게도 이런 영화가 잘못된 강간 문화와 통념에 맞서거나 해소하는 것을 더욱 어렵게 하고 있다. 그리고 이런 영화로 대부분의 여대생들은 그렇지 않음에도 사람들의 논리에는 '여대생은 곧 거친 소녀wild girls'라고 등식화하고 있다.

영화 속 범죄 코드 5 :
짧은 휴가를 최대한 즐기기 위한 짧은 일탈

무엇보다도 「스프링 브레이커스」는 봄방학만 되면 지루한 일상을 탈출하여 마치 최면에 걸린 것처럼 무작정 남동쪽으로 대이동하는 21세기 미국 10대의 자화상을 그리고 있다. 영화의 주인공들도 예외 없이 자신을 잃어버리고 대학생이 아닌 전혀 다른 사람이 되어버렸다. 그들의 변화 과정에 에일리언이라는 약물과 폭력과 성性으로 가득한 성인 남성의 존재가 주인공들의 돌변에 큰 영향을 미친 것도 사실이다.

결국, 소녀들도 문란한 성관계에서 멈추지 않고 마약과 강도를 일삼다 총기를 들고 살인전을 벌이는 상황까지 가고 만다. 「스프링 브레이커스」는 봄방학이 원래 취지와는 전혀 다른 무서운 현실이 될 수 있다고 경고한다. 그래서 '아메리칸 드림'이라는 긴장이론의 관점보다는 오히려 '청년문화에 대한 비판'의 성격이 더 강하다는 의견도 있다.

여기서 흥미로운 궁금증이 생긴다. 젊은이들이 파티를 좋아하고 술에 취하면 모두 통제 불능이 되는지에 대한 의문이 그 하나이고, 청소년들의 부문화는 모두 부정적 영향을 미치는 것인지, 예를 들어 종교활동을 하는 청소년들은 착하고, 파티 문화를 좋아하면 나쁜 것인가 하는 이분법적 사고에 대한 의문이 그 다음이다.

즉, 젊은이는 봄방학에 술을 마시며 파티를 즐기면서도 건전한 휴가를 보내는 것이 불가능한 것인가? 아마도 대다수의 청소년들은 영화 속의 페이스라고 할 수 있을 것이다. 종교생활을 하며 봄방학을 건전하게 보내는 것이 가장 바람직한 청소년인가에 대해 우리는 좀더 자유롭게 생각해볼 필요가 있다. 정당한 일탈의 허용 범위 안에서 다소 느슨함을 즐기면서 봄방학을 즐기는 것은 나쁜 것인가? 이런 논의에서 찾을 수 있는 범죄 코드가 있다면 아마도 범죄학습, 부문화 그리고 차별적 접촉의 영향은 개인에 따라 차이가 있음을 여실하게 보여준다고 할 수 있다.

영화 속 범죄 코드 6 :
범죄를 저지르고도 아무 일 없는 듯 일상으로 돌아가는 아이러니

또 다른 범죄 코드는 네 명의 소녀들 중에서 가장 크게 피해를 본 사람은 누구며, 가장 크게 가해를 한 사람은 누구인지에 대한 의문이다. 사실 네 명 중 가장 먼저 집단을 떠난 사람은 페이스고, 그 다음이 코티다. 브릿과 캔디는 마지막까지 남아 온갖 범행, 심지어 다중살인을 저지른다. 이 상황으로 인해 가장 큰 피해를 겪은 사람은 다름 아닌 가장 먼저 집단을 떠난 페이스라고 할 수 있다. 그녀는 심각한 '외상 후 스트레스 장애post traumatic stress disorder, PTSD'에 시달릴 수도 있으며, 범행 가담 정도가 가장 가볍다고 할 수 있는 코티는 총상을 당하는 큰 피해를 입었지만 끝까지 범행을 한 캔디와 브릿은 아무런 피해도 받지 않았다.

이 영화에선 범죄자에 대한 상응한 처벌과 그로 인한 잠재적 범죄 동기의 억제라는 공리적 형벌은 물론이고 범죄에 대한 처벌은 당연하다는 인과적 공과론이나 범죄자에 대한 처벌을 통한 사법 정의의 실현이라는

사법제도의 기본이 흔들리고 있다.

　더불어 영화에서 얻을 수 있는 중요한 범죄 코드의 하나는 바로 범죄행위는 소위 '개인의 선택'이라는 것이다. 흔히 개인의 삶은 그 사람의 선택이라고 한다. 물론 최근 들면서 이런 주장이 조금 힘이 약해지기는 했지만 여전히 살아 있는 가설이다. 이 영화는 그야말로 우리의 인생에서 우리가 하는 선택을 다루었다고 할 수 있다.

　누구는 순간적 쾌감을 위해 약물이나 술에 의존하며 인생을 살고, 누구는 쾌감을 얻지만 약물이나 술에 의존하지 않는 이유는 무엇일까? 페이스가 집단을 떠난 것도, 봄방학을 즐기기 위해 강도를 결심한 것도, 캔디와 브릿과 끝까지 남아 에일리언의 범행에 가담하는 것도 다 그들의 선택이다.

　이와 유사한 관점에서 현대 범죄학은 범죄행위에 대한 경제학적 접근에 기반한 '합리적 선택Rational Choice'이론을 애용하고 있다. 물론 고전주의 학파Classical School가 그 기초이지만 범행의 이익이 범행의 비용을 능가하기 때문에 범죄행위를 선택한다는 것이다. 물론 이런 합리적 선택은 이 영화에서 주인공 네 명의 선택과는 상당한 거리가 있지만 말이다.

참고 자료

- https://www.dailymail.co.uk/tvshowbiz/article-2304236/Spring-Breakers-movie-review-Bad-behaviour-looked-boring,html
- https://en.wikipedia.org/wiki/Spring_Breakers
- http://filmconnoisseur.blogspot.com/2013/11/spring-breakers-2012.html
- http://collider.com/selena-gomez-spring-breakers-getaway-interview
- http://www.mtv.com/news/2106270/spring-breakers-right-spring-break
- https://www.eyeforfilm.co.uk/review/spring-breakers-2012-film-review-by-neil-mitchell
- https://filmgrimoire.com/2013/12/18/spring-breakers-2012-act-like-youre-in-a-movie-or-something
- https://www.nytimes.com/2013/03/15/movies/spring-breakers-directed-by-harmony-korine.html
- https://www.newyorker.com/culture/richard-brody/the-life-lessons-of-spring-breakers
- https://www.billboard.com/articles/columns/pop/8247403/spring-breakers-britney-spears-everytime
- https://www.theguardian.com/commentisfree/2013/mar/28/spring-breakers-movie-wild-girls-rape-culture
- https://www.quora.com/What-is-your-review-of-Spring-Breakers-2012-movie

- https://www.quora.com/What-is-your-review-of-Spring-Breakers-
  2012-movie
- https://www.flickeringmyth.com/2013/04/movie-review-spring-
  breakers
- https://www.myfilmviews.com/2013/05/09/spring-breakers-2012

블링 링

The Bling Ring, 2013
SNS에 난무하는 화려한 삶의 진실

갈망은 우리에게 새로운 도전을 주기도 하지만 새로운 범죄를 주기도 한다. 정정당당하게 성공하는 삶을 꿈꾸는 이들에게 바른 길을 인도하겠지만 요행을 바라는 화려한 삶을 꿈꾸는 이들에게 넘지 말아야 할 길로 인도하기도 한다.

우리는 온갖 범죄로 가득한 세상을 살고 있지만 대부분의 범죄는 우리에게 무언가를 각성시키거나 전하는 바가 거의 없다. 그저 단순히 바보스럽거나 잔인하거나 탐욕스러운 범죄들이기 때문이다. 그러나 어쩌다 한번쯤은 우리가 살고 있는 사회와 그 속의 숨은 문화에 관해 많은 생각을 하게 만드는 범죄가 발생하곤 한다.

예를 들어 대구지하철 방화 사건, 나영이 사건, 강남역 묻지마 살인사건, 세월호 사건, 막가파 사건 등이다. 이런 사건들은 무언가 상징적인 것을 내포하고 있다. 물론 모든 상징적인 범죄가 강력범죄인 것은 아니다. 아마도 미국 캘리포니아 주 로스앤젤레스의 가장 부유한 지역에서 유명인들의 빈집을 털어 온 10대들의 이야기를 담은 「블링 링」이 바로 그런 대표적인 영화라고 할 수 있다. 실화를 바탕으로 만들어진 이 영화에서 주인공들의 죄는 빈 집을 골라서 도둑질을 한 야간주거침입절도죄였지만 그들의 범행이 우리에게 주는 메시지는 그 울림이 적지 않다. 영화는 우리에게 물질만능주의와 소위 유명인 광팬에 대한 경종을 울리기 때문이다.

LA의 할리우드 힐스에 어떻게든 멋있게 보이고 싶은 마크Marc, 이스라엘 브로우사드라는 학생이 전학을 오면서 패션과 유명인에 사로잡힌 레베카Rebecca, 케이티 창와 친구가 된다. 머리는 좋지만 도덕적이지는 않은 레베카는 장난삼아 도둑질을 하곤 했는데 마크도 이에 동참하면서 뭔가 특별해지는 느낌을 받는다. 그녀는 자신의 우상인 패리스 힐튼Paris Hilton의 집을 털자고 제안하다. 여기에 친구인 니키Nicki, 엠마 왓슨, 샘Sam, 타이사 파미가, 클로에chloe, 클레어 줄리엔이 동참하게 된다.

급기야 힐튼의 빈 집에 들어가는 데 성공한 소년과 소녀들은 집안을 돌아다니며 마음에 드는 명품들을 훔친다. 여기서 멈추지 않고 다른 유명인들의 집도 터는데 그들은 인터넷에서 피해자들의 이동 상황을 추적해 유명인들이 집을 비울 때 침입하는 방식으로 무려 300만 달러 이상의 명품들을 훔친 뒤 자신들의 범행을 자랑하는 것도 모자라 최고급 명품을 휘감고 찍은 사진들을 사회관계망서비스social network service에 올리기도 한다.

죄를 지었지만 죄책감은 없다,
왜냐하면 우리는 수퍼리치가 될 테니까

캘리포니아 칼라바사스에 있는 한 대안학교에 전학을 온 마크는 레베카와 절친이 된다. 그들은 쾌감을 주는 작은 도둑질을 시작으로 주거침입절도와 자동차 훔쳐 타기joyriding에 이르는 범행을 하게 된다. 처음에는 이웃이나 아는 사람들의 물건을 훔쳤지만 절도 사실조차 잘 인지하지 못하는 유명인을 표적으로 삼는다. 인터넷의 가십 블로그Gossip blog에 올라오는 정보를 활용하여 유명인들이 집을 비울 때를 기다렸다 범행을 하는 식이었다. 이들은 유명인의 화려한 삶을 동경하는 다른 친구들을 끌어들인다.

영화의 구조는 매우 계획적이다. 그들은 집단으로 파티를 즐기고, 절도를 하고, 다시 파티를 하고, 또 다시 절도를 반복하는 식이었다. 절도나 강도가 전형적으로 경제적 이욕이나 궁핍에서 비롯되는 것에 반해 이 영화의 주인공들은 곤궁과는 거리가 먼 삶에서 더 높은 자리로 올라가고자 하는 동경이 범행 동기였다. 그들은 수백만 달러 상당의 금품을 훔쳐 자신들을 치장하는 데 사용한다. 보석 등을 팔아서 챙길 수 있는 돈에 만족하는 것이 아니라 그들은 수퍼 리치의 삶을 원했던 것이다.

더불어 영화 속 주인공들의 갈망은 현대사회의 청소년들의 그것과 크게 다르지 않다. 고가의 의상과 시계, 자동차를 소유하는 데 끊임없이 찬미하는 행태는 소비에 미친 문화consumption-crazy culture의 파생상품에 가깝다고 할 수 있다. 하지만 이 부분에서 우리는 청소년들의 현재 소비 행태와 행위 유형들을 어쩌면 어른들의 동일한 부주의한 욕망에 이끌린 결과로 해석해야 할지도 모른다. 각각 사정이 다르겠지만 개인 파산의 형태도 어른의 부주의한 욕망의 한 단면이기도 하다.

영화 속 범죄 코드 1 : 슈퍼 리치의 삶을 살고 싶어 그들의 것을 훔치다

사회관계망서비스에서 보이는 유명인의 화려한 삶은 아직 정체성이 확립되지 않은 청소년들에게 매우 강력한 욕망일 수 있다. 그 결과 유명인의 광팬이 되어 그들을 쫓아다니는 것은 문화의 주류를 형성하기도 한다. 그리고 누구라도 스타가 될 수 있는 것처럼 보이게 하는 언론매체에 의해 재강화되고 있다.

과거에는 유명인이 되기 위해서는 특출한 재능을 가져야 했다. 그래서 스포츠인이나 연예인들이 청소년들의 추종을 받았지만 지금은 무언가로 인해 주위의 관심을 끌어 그것으로 명성을 얻을 수 있으면 유명인이 되기도 한다.

패리스 힐튼은 힐튼이라는 호텔의 상속자라는 명함을 들고 유명세를 날렸다. 그녀는 다방면에 활동했지만 많은 사람들이 그녀에게 열광한 것은 그녀의 부富였다. 그래서 그녀처럼 되고 싶어, 그녀와 같은 삶을 쫓기 위해, 해서는 안 되는 절도를 저지른 것이다. 그녀의 옷을 입고, 그녀의 구두를 신고, 그녀가 다니는 클럽을 찾으면 그녀와 같은 삶을 살게 되는 것도 아닌데 많은 젊은이들이 패리스 힐튼을 따라하면서 그녀를 쫓는다. 그러기 위해서는 명품의 옷과 신발, 가방이 필요했고, 클럽을 다닐 수 있는 돈이 필요했다. 그것을 마련하기 위해 절도를 할 수밖에 없는 것이다.

그들과 같은 학교에 다니는 동급생들은 사회와 세상을 바꾸려는 대중집회와 사회운동에 동참하면서 힘없는 패자의 절대 다수와 힘 있는 소수의 간극을 줄이고 싶어 했지만 불행하게도 영화 속 주인공들은 동일한 간극을 보면서도 더 좋은 세상을 만들려고 노력하기보단 힘 있는 소수와 동일선상에 있고 싶어 법을 어기고 만다. 그리고 범죄자도 스타가 될 수 있다고 항변한다.

영화는 우리에게 현대 자본주의 사회에서 부유층 청소년들의 탈선, 일탈, 범죄에 대한 경종을 울리기도 한다. 최근 우리 사회에서도 부유층 자녀들의 일탈과 관련된 사건사고가 빈번하게 보도되고 있다. 이는 비단 우리나라만의 문제가 아니다. 예전에는 청소년범죄라고 하면 하류계층의 문제로 보는 관점이 많았지만 최근 청소년범죄는 계층을 막론한 문제로 봐야 한다는 의견이 많다. 특히 중산층 이상의 청소년비행은 점점 증가하는 추세로 이 영화에서도 그러한 형태가 잘 반영된 것으로 보인다.

청소년범죄의 숨은 동기 중에는 최신 유행을 따르고 싶어서 자금을 마련하기 위해 범죄를 저지르는 경우가 있다. 「블링 링」의 주인공들도 이와 같은 맥락에서 범죄자의 길로 들어선 것이다. 이 영화는 부유층 선상에 오른 유명인들의 생활방식에 사로잡혀 파생되는 문제를 다루고 있는 것이다.

영화 속 범죄 코드 2 :
처벌을 통해 범죄를 억제해야 하는데 더 부채질하는 결과를 만들어내다

청소년들의 스타나 유명인들에 대한 집착에서 비롯된 쏠림과 빠짐이 한편으로는 우리 사회의 하위문화가 되고 때로는 그것이 범죄문화도 될 수 있다는 문화범죄학의 경고에 귀를 기울일 필요가 있다. 이런 사회와 문화가 일부 청소년들로 하여금 유명인에 대해 지나친 관심을 갖게 하고 극단적으로는 신상을 캐거나 훔쳐보기와 같은 범죄행위로까지 이어질 수 있다.

이런 현상들을 일부에서는 소위 '영향력의 엑스터시Ecstasy of Influence'라고 하는데 「블링 링」에서 이런 점을 잘 보여주고 있다. 이런 현상의 저변에는 '관심이 곧 힘Attention equals power'이라는 관종 문화가 만들어졌으며 이런 문화는 인터넷를 통해 더욱 용이해졌다. 영화에서 주인공들이 절도를 계속하거나 교도소에 수감된 뒤에도 수형자가 아니라 사람들의 관심을 끄는 유명인으로 존재하게 된 그 이유기도 하다.

여기서 배울 수 있는 범죄 코드는 처벌을 통한 범죄 억제deterrence라고 할 수 있다. 형벌을 통한 범죄 억제는 형벌의 고통이라는 비용을 충분히, 확실히 그리고 신속하게 부과하여 범죄로 인한 비용이 범죄로부터 얻는 이익을 능가하게 함으로써 합리적이고 이성적인 사람들이 범행을 하지 않도록 범행의 동기를 억제하는 것이다.

이런 억제 효과를 극대화하기 위해서는 당연히 처벌을 확실하고, 신속하고, 엄중하게 해야 하는데 영화의 주인공들은 범죄를 저지르는데도 그것이 발각되지 않아 어떤 처벌도 받지 않기 때문에 범행을 지속할 수 있었다. 오히려 훔친 명품으로 자신들의 화려함을 자랑하면서 더 유명해지는 이익을 즐길 수 있었다.

영화 속 범죄 코드 3 :
사리사욕을 위해 로빈후드를 자처하다

「블링 링」에서 우리는 현대 비행소년, 그것도 상류층 청소년 범죄자들의 새로운 특성과 특징들을 엿볼 수 있다. 일부 비평가들은 이 영화를 감독한 소피아 코폴라Sofia Coppola, 1971~를 현대 문화와 그 반향을 탐구하는 영화계 인류학자라고 평하기도 한다. 그래서 그런지 이 영화는 칸영화제에서 주목할 만한 시선 개막작으로 선정되기도 했다.

얄팍한 도덕성과 유명인의 사사롭지만 왠지 화려한 생활상에 사로잡힌 청소년들이 유명인이 되기 위하여 유명인들로부터 풍요로움을 훔치고, 유명인들은 자기들의 소비 충동을 10대 청소년들에게 적나라하게 보여주면서 보편적인 수동적 모방passive mimicry이라는 극단으로 치닫게 한다. 그로 인해 능동적이고 적극적인 범죄성으로 발전시킨다. 소피아 코폴라는 그것을 보여주기 위해 이 영화를 만든 것은 아닌가 싶다.

인터넷을 활용해 유명인들이 집을 비울 때를 확인해 무단으로 보안이 허술한 빈 집에 침입한 후 절도 행각을 벌이는 영화 속 주인공들은 마치 자기들이 로빈후드가 된 것처럼 행동한다. 너무 많은 것을 가진, 즉 소유의 과잉에서 몇 개 뺀다고 해서 문제가 될 이유는 없다고 자문하기도 한다.

이런 장면들에서 우리는 유명인들의 보안 의식 결여, 청소년들의 인터넷 범행 그리고 계획범죄와 표적 선택Target selection 및 일상활동routine activity이나 생활유형lifestyle을 중심으로 하는 위험성의 노출과 범죄 피해자화victimization 등 피해자학victimology적 범죄 코드를 발견할 수 있다. 많이 가진 사람들에게서 몇 가지 가져가는 것이 뭐가 대수냐는 그들의 주장에서는 중화이론을 엿보게도 한다.

이 영화에서 보여주는 일상활동이나 생활유형 이론이 일부 범죄자와 다수의 정상인의 차이를 규명하고자 하는 것이라면 피해자학은 피해를 경험한 사람과 경험하지 않은 사람의 차이를 알고자 하는 데서 출발한다. 학자들은 그 차이가 바로 각자의 일상활동과 생활유형의 차이에서 오는 범죄 위험성에의 노출 때문이라고 주장한다. 실제로 연쇄 성폭력 피해자들은 CCTV가 허술하고 거주자 이동이 심한 다세대 주택에 혼자 사는 경우가 많으며, 성폭력 범죄자들은 이들이 혼자서 퇴근하는 길을 밟아 범행 표적으로 삼는다는 점에서 피해자학의 이런 주장이 일부 설득력이 있어 보이기도 한다.

영화 속 범죄 코드 4 :
청소년의 잘못만이 아니라 그들을 그렇게 만든 어른의 각성이 더 필요할지도

영화 속 주인공들이 범행의 표적을 선택할 때 인터넷을 활용했다는 점
에서 정보사회에서의 정보 보호와 정보 보안의 중요성을 다시 느끼게
한다. 소위 공개된 정보를 이용하여 그들은 누가 어디에 살고 언제 집을
비우는 지 범행에 필요한 모든 정보를 쉽게 구할 수 있었다. 사회관계망
서비스나 인터넷 정보가 일종의 신호정보signal intelligence: SIGINT로서의 역
할을 다하면서 공개되지 말아야 할 정보가 열렸기 때문이다.

소피아 코폴라는 이러한 청소년들의 행동이 전적으로 그들만의 문제
는 아니라고 항변하며, 오히려 불가피했다고 주장한다. 과다 노출된 정
보의 힘으로 범행을 저지르는 것은 청소년만의 잘못이 아니라 부모와
사회공동체 그리고 사회구조가 그렇게 만들었으며, 궁극적으로 청소년
들이 갈망하는 잘못된 유명세는 언론매체의 잘못이라는 것이다.

이런 관점에서 「블링 링」은 청소년범죄에 있어서 부모의 중요성, 즉
가정에서의 교육과 훈육을 통한 사회화의 중요성, 언론의 범죄학습과
모방이라는 역할, 사회공동체의 역할과 책임을 되새기게 한다. 실제로
영화에선 건조한 가정생활과 나태한 부모들의 감독 부재를 부각하기
위해 니키가 홀어머니와 생활하는 장면으로 표현하고 있다.

영화는 또 이들 청소년 범죄자들에게 할 수 있는 소년사법 제도와 정
책들을 보여준다. 검거 후 이들은 각자 서로를 비난하거나 책임을 떠넘
기고 있으나 다양한 유형과 정도의 형벌을 선고받게 된다. 그들을 갱생

할 수 있는 시설의 수용과 함께 배상명령restitution order이라는 부가처분
도 받게 된다. 여기서 배상명령은 피해자나 그 가족이 가해자나 그 가족
에게 직접적으로 금전 피해를 청구하거나 가해자에게 직접 지역사회에
봉사하게 함으로써 범죄 피해를 배상하도록 명령하는 것이다.

　그리고 주인공들이 소년범 수용시설에 입소할 때도 흩어져 수용된
것은 공범들끼리 내통함으로써 증거의 조작 등 사법 방해를 하지 못하
게 하는 분리 수용 조건 때문이다. 범죄학자로서 수용시설에 입소한 이
들이 어떤 각성을 통해 어른이 되어 어떤 세계로 흡수될지에 대한 궁금
증이 일기도 한다.

참고 자료

- https://www.npr.org/2013/06/25/192758888/the-bling-ring-
  celebrity-culture-and-its-little-monsters
- https://www.rogerebert.com/reviews/the-bling-ring-2013
- https://www.vice.com/en_us/article/nnq788/the-bling-ringers-are-
  the-modern-day-rebels
- https://theweek.com/articles/462989/girls-film-bling-ring-about-all
- https://www.rollingstone.com/moviews/moview-reviews/the-bling-
  ring-97462
- https://www.theguardian.com/film/2013/may/16/bling-ring-cannes-
  2013-review
- https://www.thestar.com/entertainment/moviews/2013/06/21/the_
  bling_ring_review_lifestyles_of_the_vacant_and_greedy.html
- https://ew.com/article/2013/05/16/cannes-girls-wild-in-the-bling-
  ring
- https://theweek.com/articles/462989/girls-film-bling-ring-about-all
- https://en.wikipedia.org/wiki/The_Bling_Ring
- https://www.telegraph.co.uk/culture/film/10143334/The-Bling-Ring-
  what-happened-next.html

거짓말하다

–

위작과
위조의 경계

거짓의 F

F for Fake, 1973
진실을 이해했다고? 그것 또한 거짓

피카소는 예술을 하나의 거짓말이라고 했다. 사람들의 미(美)에 대한 추정은 우리가 우리가 아님을 알려줌과 동시에 자연 본성의 아름다움에 다가가고자 함이다. 하지만 그것 또한 사람을 속이기 위한 도구라면, 진실과 거짓의 경계는 매우 모호해진다.

「거짓의 F」는 1973년에 제작된 다큐멘터리 영화로, 프랑스에선 「진실과 거짓Truths and Lies」으로 알려져 있다. 1940년대 천재감독으로 주목 받았지만 흥행에선 실패만 했던 오손 웰즈Orson Welles, 1915~1985의 마지막 작품으로, 그는 이 다큐멘터리 영화에서 각본, 감독, 배우, 제작까지 도맡았다. 이 다큐멘터리 영화는 미술품 위조범 엘미르 드 호리Elmyr de Hory, 1906~1976의 생애를 재현하는 데 초점을 맞추고 있는데 호리는 헝가리 출신으로 1946년부터 1967년까지 르느

와르, 모딜리아니, 마티스, 블라맹크 등의 위작 1천 점을 그려 위작의 천
재로 불린 인물이다.

진실과 거짓,
그 사이를 오가는 예술의 가치

이 다큐멘터리 영화에선 호리의 이야기가 예술 작품의 저작과 그 신빙성
의 특성은 물론이고 예술의 가치에 대해 두서없지만 빠른 속도로 관객
들의 눈과 귀에 파고든다. 다큐멘터리라고 하지만 영화의 여러 장르가
혼합되어 있어서 한편에선 '영화 에세이film essay'라고도 불린다.

영화는 현실이나 사실 또는 실제와 속임, 사기, 거짓을 구분 짓는 애매
한 경계선을 탐색하고자 일련의 유명한 사기꾼과 협잡꾼들을 이용하고
있다.

위작의 천재인 엘미르 드 호리에 관한 다큐멘터리를 편집하기 위하여
고용되었던 감독 오손 웰즈는 촬영을 하면서 호리는 물론이고 호리의
자서전 집필 작가였던 클리포드 어빙Clifford Michael Irving, 1930~2017도 막대
한 부를 상속받은 영화제작자인 하워드 휴즈Howard Hughes, 1905~1976의 가
짜 전기를 쓴 위조작가라는 게 밝혀진다. 웰즈는 위조화가의 자서전을
위조작가가 집필하는 기괴한 상황을 카메라에 담아냈다.

엘미르 드 호리는 자신의 그림으론 세간의 이목을 받지 못하자, 미술
품 위조범으로 변신한다. 그러나 자신이 그린 위작으로 얻어지는 수익
의 대부분이 부도덕한 미술품 거래상들에게 돌아가는 것을 목격한다.

부정에 대한 보상의 일부로 그는 자신의 거래상 중 한 사람의 편의로 이비자의 한 빌라에 머물게 된다. 그 와중에 밝혀진 것은 호리가 동성애를 즐기면서 범죄자들과 접촉한 혐의로 스페인 교도소에서 2개월의 형을 살았다는 것과 어빙이 하워드 휴즈의 자서전을 집필했다고 속였다는 것이다. 하지만 이것이 진실이냐 거짓이냐에 대한 의문이 계속 생기게 하는 것이 이 영화의 형식이다. 즉 페이크 다큐멘터리 형식의 영화인 것이다.

웰즈는 어빙이 휴즈를 비밀리에 만났고 사실일 수도, 사실이 아닐 수도 있는 휴즈에 행동에 대한 요상한 이야기들을 영화에 담아낸다. 또한 어빙의 기술에 따라 호리의 위작에 대한 진실이 밝혀지기도 한다. 호리는 젊은 시절부터 뉴욕에서 빈곤 상태를 벗어나고자 진품과 구별할 수 있는 위작을 팔아 겨우 연명하면서도 빈번하게 거주지를 옮김으로써 한 발짝 앞서 법망을 피할 수 있었다고 한다. 위조와 사기로 얼룩진 미술 시장의 스캔들이 터졌지만 어떤 위조품에도 자신의 서명을 하지 않은 호리는 증거 부족으로 풀려나는데 웰즈는 무엇이 진정한 예술인지에 대한 의아함을 나타낸다.

마지막으로 이 다큐멘터리 영화는 웰즈의 연인 오자 코다르Oja Kodar의 이야기도 담아낸다. 그녀는 피카소와 같은 마을에서 휴일을 보냈으며 피카소가 그녀를 모델로 22장의 그림을 그려 그것에 대한 소유권을 그녀에게 줘 그것으로 전시회를 열었는데 피카소가 그 사실을 알고 분노하며 달려왔다고 한다. 하지만 모든 그림이 다 위조품이라는 사실만 확인할 수 있었다고 한다.

웰즈는 「거짓의 F」의 초반부에 이 영화에서 전달하는 것은 한 사람의 위조나 한 가지 위조 범죄에 관한 것이 아니라 속임수, 사기 그리고 거짓말, 나아가 약간 확대하면 이야기 자체가 다 위조된 것이라고 밝히고 있다.

웰즈는 영화라는 거울을 통하여 미술품 위조범 엘미르 드 호리와 자칭 하워드 휴즈의 전기 작가 클리포드 어빙이 보여주었던 진정한 거짓, 속임수 그리고 사기의 세계로 관객들을 인도하며 다큐 영화라는 장르에서 큰 성취를 거두었다고 평가를 받는다.

왜 우리는 미술평론가들의 의견에 좌우되어, 아름다움을 평가하는가?

이 영화에서 웰즈는 관객들에게 많은 의문을 던져준다. 위작도 예술이라고 할 수 있는지, 예술이라고 가정한다면 그 가치는 어느 정도인지. 사실 가치는 사람들의 의견에 좌우되며 그 의견은 전문가에 감정에 의해 갈라진다. 호리의 경우 위작을 통해 전문가들을 바보로 만들었다. 진품인지 위작인지 판별도 못하는데 과연 그들을 전문가라고 할 수 있는지, 오히려 전문가들이 사기꾼이 아닌가 하는 의문을 우리에게 던지고 있다.

이런 의문에 답하기라도 하는 듯, 웰즈는 샤르트르대성당의 아름다운 경관을 보여주면서 인간이 만든 가장 훌륭한 작품이지만 시간이 흘러도 그 자리에 그대로 서 있는데 왜 우리는 아름다운 작품을 아름답게 보지 않고 화가의 서명에 연연하는지 되묻는다. 미술평론가들이 위작과 진품을 구분하지 못한다면 같은 그림은 그린 호리도 피카소만큼 가치 있는 것은 아닌가, 하고 반문하는 것이다. 위작을 그린 화가라서 그만의 예술적 가치가 없는 것은 아니며, 훌륭한 위작을 창조하기 위해선 상당한 기술과 지식 그리고 재능이 필요하다고 역설한다.

영화 속 범죄 코드 1:
전문가의 의견이 얼마만큼 가치가 있는가?

「거짓의 F」는 미술품의 특성에 대해서도 몇 가지 의문을 제기한다. 저작권의 가치란 무엇인가? 진품과 위조품의 차이를 알 수 없다면 그 가치는 어떤 기준으로 매겨야 할까? 소위 미술평론가들이나 전문가들은 이해할 수 없는 무언가를 표현하면서 사람들을 가르치려고 하는데 오히려 그러는 쪽이 협잡꾼이나 사기꾼은 아닌지. 이런 표현은 영화 곳곳에 나오는데 클리포드 어빙은 실제로 전문성expertise이라는 개념에 대해서 신뢰를 잃었다고 시인했고, 평론가나 전문가의 감정이라는 의견 자체에 대해선 일종의 굴욕으로 표현한다.

미술평론가나 전문가들은 기껏해야 부자들에게 어떤 작품이 다른 작품보다 어떤 가치가 있는지, 그것으로 가격에 어떤 영향을 미치는지에 대해 설명하기 위해 존재하는 것뿐이라고 주장한다.

여기서 우리는 현대 형사사법 절차에 있어서 소위 전문가 증언expert witness의 현실과 문제를 엿볼 수 있다. 예를 들어, 범죄자의 정신 감정과 이를 이용한 변호인의 형사면책 변론insanity defense이 바로 좋은 예라고 할 수 있다.

실제로 웰즈는 미술평론가들이나 전문가들이 절대적인 권위로 사람들의 무릎을 꿇고 절을 하게 하는 새로운 예언자라고 주장했다. 또한 미술전문가들이 위작을 진품이라고 믿게 만드는 것이 얼마나 쉬운 일인지를 보여주기도 한다. 그들이 진짜와 가짜를 구분하는 능력이 없다면 이것 또한 사람들을 기만하는 사기꾼이 아닌가 하고 지적하는 것이다. 영화는 실제로 미술전문가들이 위조의 기운이 드는 의문스러운 작품을 면밀하게 분석하지 않으며, 오히려 의도적일 수 있는 미술전문가와 위조작가 사이의 연계까지 암시하고 있다. 호리가 살고 있는 집이 사실은 미술품 거래상의 소유임을 보여줌으로써 암시에 대한 증거를 확인시키고 있다.

영화 속에 나오는 어빙의 이야기에 따르면 미술전문가들은 호리의 위작과 모딜리아니의 진품을 확실하게 구별하지 못했다고 전하며, 호리 같은 위조작가가 미술전문가를 바보로 만드는 현실에서 누가 미술전문가이고, 누가 위조범인지를 관객에게 묻는다. 여기서 호리는 자신의 위작 중에는 다른 화가의 서명을 붙인 적이 없다고 반복적으로 주장하는데 사실 여기서 법률적 쟁점이 파생한다.

즉, 유명작가의 이름이나 신분을 훔치지 않았는데 이것이 과연 신분 도용identity theft이라는 범죄행위로 다룰 수 있는가 하는 의문이 생기는 것이다. 호리는 그림을 복사하거나 모방하지 않았다. 다만 피카소, 모딜리아니, 마티스의 스타일로 원작을 그렸을 뿐이다.

「거짓의 F」에서 샤르트르대성당을 보여주는 영화 장치는 진실의 담론의 기능일 수 있지만 웰즈는 예술이 자연의 본성과 특성의 진실을 반영하는 것이라서 인간은 죽음과 함께 사멸되는 것이 아니라 영원토록 보존될 수 있는 예술에 대한 중요성을 깊이 인식하기 때문에 그것을 아끼는 것이라고 말한다. 특히 예술은 인간이 살아가면서 덕지덕지 붙을 수밖에 없는 더러움을 정화시켜주는 매개체라고 주장한다. 즉 인간이 인간답게 살 수 있도록 도와주는 장치인 것이다.

영화 속 범죄 코드 2 :
예술은 하나의 진실이 아니고, 그저 사람들의 눈을 속이라는 도구라면?

호리의 위작은 일부 박물관과 부유한 수집가에게 팔린 뒤에 그에 대한 의심이 일기 시작했고, 법적 문제가 발생했다. 그는 법망을 피하기 위해 수시로 거처를 옮겨 다녔다. 「거짓의 F」는 여기서 '천재성'의 본성이나 특성에 의문을 제기한다. 만약 호리의 위조가 피카소, 모딜리아니, 마티스나 르느와르의 작품을 능가할 정도로 훌륭했다면 또는 대가들의 작품이라는 가정 하에 박물관에 보관될 수 있었다면 호리의 천재성은 대가들과 동일하거나 거의 비슷한 가치를 가질 수 있지 않는가, 하는 문제다. 이것은 「거짓의 F」가 끊임없이 제시하는 진실과 거짓의 구분이 명확하지 않다는 것을 암시하기도 한다.

파블로 피카소 또한 '예술은 진실이 아니며 오직 우리에게 진실을 깨닫게 만드는 거짓'이라고 말했다. 이것이 「거짓의 F」의 출발점인 것이다. 웰즈도 영화 초반에 「거짓의 F」는 거짓에 관한 영화라고 말하며 시작한다.

실제로 호리는 전 세계의 주요 미술관과 박물관에 자신의 작품을 다수 팔았지만 결코 기소되거나 처벌을 받지 않았다. 그것은 미술관이나 박물관이 모네나 세잔, 피카소의 위조품을 구입했다는 것을 시인함으로써 받게 될 모멸감이나 신뢰의 추락이라는 위험을 두려워했기 때문이다. 반면 위조품을 그린 호리는 당당했다. 그것이 웰즈를 자극했는지도 모른다. 「거짓의 F」는 우리 사회의 모든 권위가 얼마나 그 기반이 약한지, 쉽게 망가지고 깨질 수 있는 것이라는 것을 여실 없이 보여주고 있다.

영화 속 범죄 코드 3 :
남이 나를 속이기 전에 내가 먼저 속인다

「거짓의 F」에서 우리가 범죄학적으로 배울 수 있는 것은 많다. 그중 하나는 범죄학습과 그 환경, 즉 피해자와 가해자 전이가 또 다른 중요한 시사점이라고 할 수 있다. 처음부터 호리가 위조범이 되겠다고 생각한 것은 아니다. 1929년 일어난 대공항과 제2차 세계대전을 겪으면서 그의 도덕관과 윤리의식이 옅어진 것이다.

그의 회고에 따르면 나치 강제수용소 시절 동성애를 이유로 교도소에 수용되었다 출소하는 과정을 거치면서 사기 수법을 습득하고 그것을 밥벌이로 삼았다고 한다. 그가 벌인 사기 행각 중 하나는 자신이 헝가리 귀족인 척하면서 가족의 미술품을 고가에 판 것이다. 하지만 결과는 좋지 않았다. 오히려 자신의 에이전트와 판매상에게 되레 사기를 당한 것이다. 아마 이런 배경을 거치면서 그의 범죄 동기가 만들어졌을 것이다. 예를 들어, 남이 나를 속이기 전에 내가 먼저 남을 속이는 것만이 내가 살아남을 수 있다고 생각했던 것이다.

「거짓의 F」가 우리에게 주는 또 다른 시사점은 사실에 기초해 새롭게 각색한 영화는 정확성이나 허구성에 대한 언론의 엄격한 조명을 받는 대상이 된다는 것이다. 마치 사실처럼 잘 만들어졌지만 반드시 그 영화가 진실인가에 대해 자문을 할 필요가 있다. 이런 관점에서 살펴보면, 어떤 그림이 매우 아름다운데 원작자가 의심을 받고 있다고 해서 그림이 덜 아름다워질 수 있는가 하는 문제와도 직결된다. 이런 의문은 범죄학의 근본적인 의문이라고 할 수 있다. 즉, 과연 범죄란 무엇인가, 어떻게 규정되어야 하는가와 맞닿게 된다.

영화는 사실 범죄자인 '위조범Fakers'보다 범죄인 '위조fake'라는 행위에 대해 많은 설명을 하고 있다. 웰즈는 미술품 위조가 그 자체로 일종의 명작으로 간주하고, 위작 자체를 진정한 예술 작업으로 표현하고 있다. 인간적인 고찰을 통해 위조범과 인터뷰하면서 그들을 비범죄화 Decriminalize◉한다.

◉ 비범죄화는 법규를 어긴 행위를 범죄로 규정하지 말자는 것을 의미하지만 합법성과는 차이가 있다. 예를 들어 마약 등 약물을 범죄로 규정하지 말자는 주장이 비범죄화이고, 마약을 의사 처방에 따라 복용하는 다른 약물과 같이 합법적으로 관리하자는 주장은 합법화라고 할 수 있다.

물론 영화에서 직접적으로 언급하지는 않지만 관객들로 하여금 스스로 판단하고 결정하도록 이끈다. 그것의 단서는 이것이다. 모방imitation 은 예술의 형태이나 모조품을 원작이라고 주장하는 것은 범죄라고 암시한다.

영화 속 범죄 코드 4 :
1970년대에 이미 나타난 현재의 범죄 현상

「거짓의 F」는 지적 재산권과 산업기술의 보호와 보안industrial security 및 산업스파이industrial spy나 경제첩보economic espionage라는 비교적 새로운 영역을 다루고 있다.

더불어 웰즈의 연인 코다르가 로마의 거리를 걷고 있을 때 그녀의 엉덩이 부분을 보여주고, 그녀를 몰래 훔쳐보는 남자들의 모습을 촬영하는 장면을 통해 최근 사회적 문제가 되고 있는 불법촬영 영상과 여성주의, 여성해방운동과 같은 페미니즘Feminism에 대한 관점을 엿볼 수 있다.

시민들의 반응을 촬영한 장면에 대해서 코다르는 페미니즘적 작업이라고 하는 반면에 웰즈는 시민들의 욕구에서 분출된 행동을 몰래 훔친 일종의 '절도'라고 설명한다.

오늘날 우리는 전문가의 시대를 살고 있다. 24시간 뉴스를 전하는 언론은 밤낮없이 소위 '전문가'라 불리는 부대들을 동원하여 자신들의 입장을 표명하거나 시청자의 신뢰도를 높인다. 이를 우리는 '전문가 프리미엄'이라고도 하는데 그들이 내놓는 의견이 맞는 것인지 깊이 고민해

봐야 한다. 전문가들은 새로운 신탁이자 또 하나의 권위다. 그들로 인해 우리가 어떤 식으로 조종을 받을지는 아무도 모른다.

한편 우리는 위조에 대한 혐오에 직면한다. 물론 그 안에는 거짓의 행위 그 자체보다는 예술 형태 그 자체로서의 위조와 허위에 대한 서변의 두려움으로 혐오감을 갖기도 한다.

하지만 일본이 미국을 모방해 더 좋은 제품을 만들어내고, 한국이 일본을 모방해 더 좋은 제품을 만들어내는 것이 죄라고 할 수 있을까? 그것을 부정할 수 있을까? 「거짓의 F」를 통해 몇 년 전 한 유명인의 대작 논란에 대해 생각해볼 계기가 될 수 있지 않나 싶다.

참고 자료

- https://www.wikipedia.org/wiki/F_for_Fake
- https://film.avclub.com/orson-welles-f-for-fake-prchestrates-a-film-length-wor-1798236877
- https://cine-vue.com/2018/07/criterion-review-f-for-fake-review.html
- http://www.thewag.net/film/f_for_fake.html
- http://articles.latimes.com/1995-07-23/entertainment/ca-26847_1_orson-welles
- https://www.rogerebert.com/reviews/f-for-fake
- https://edspace.american.edu/kbrannon/2016/05/31/f-for-fake-2
- http://www.criminalelement.com/orson-welles-at-100-f-for-fake-1973-jake-hinkson
- https://thedissolve.com/reviews/1183-f-for-fake
- https://www.gradesaver.com/f-for-fake/study-guide/summary
- http://deep-focus.com/f-for-fake
- http://www.anderbo.com/anderbo1/afilmreview-02.html
- https://www.slantmagazine.com/film/review/f-for-fake
- https://dangerousminds.net/comments/f_for_fake_orson_welles_asks_what_is_reality_in_dazzling_masterpiece_of_odd
- https://www.oxfordstudent.com/2012/08/15/review-orson-welles-f-for-fake

- http://docgeeks.com/2012/08/23/orson-welles-f-for-fake-is-the-real-deal
- https://brightlightsfilm.com/wp-content/cache/all/f-for-fake-the-ultimate-mirror-of-orson-welles/#.XD6uaVUzaUK
- https://filmschoolrejects.com/remedial-film-school-watching-f-for-fake-with-matt-singer-e65483ab7a74
- http://regrettablesincerity.com/?p=6968
- http://deep-focus.com/f-for-fake
- http://eldritch00.wikidot.com/f-for-fake

캐치 미 이프 유 캔

Catch me if you can, 2002
다른 곳에 쏟았으면 더 좋았을 잘못된 천재성

종종 프랭크 에버그네일은 "당신은 명석하시네요", "완벽한 천재네요"라는 말을 듣는다고 한다. 그러나 그는 이렇게 말한다. "제가 진짜 명석하고 천재였다면 단순히 살아남기 위해 법을 어기지는 않았을 거예요. 제가 한 일은 부도덕하고, 불법이고, 비윤리적이었으며, 그 일은 제가 매일매일 짊어져야 할 짐이라고 생각합니다."

「캐치 미 이프 유 캔」은 2002년 스티븐 스필버그Steven Spielberg, 1946~가 감독하고 톰 행크스Tom Hanks, 1956~와 레오나르도 디카프리오Leonardo DiCaprio, 1974~가 주연한 미국 범죄영화다.

영화는 19세가 되기도 전에 항공사의 조종사, 조지아 주의 의사, 루이지애나 주의 검사를 사칭하면서 수백만 달러 상당의 사기극을 성공적으로 감행했던 미국의 전설적인 사기범 프랭크 애버그네일Frank Abagnale, 1948~의 일생을 바탕으로 만들어졌다. 그의 주요 범행은 수표사기였다.

이 분야만큼은 워낙 전문적이라 미국연방수사국 FBI에서도 다른 수표 사기범들을 검거하기 위해 그에게 도움을 청할 정도로 전설의 사기꾼이 었다고 한다.

한마니로 말하면 애버그네일은 20살도 되기 전, 이미 국제적인 전문 사기꾼이었으며 수표와 신분을 위조하면서 신용 사기 외 다수의 사기 범 죄로 10여 개국 이상에서 지명수배되었던 인물이다. 대범하고 기술적인 범행 자체도 놀라운 일이지만 그가 더 대단한 것은 이 모든 것이 15살 때부터 시작해 20살이 되기 전에 꽃을 피웠다는 점이다.

더구나 그는 두 번에 걸쳐 경찰의 구금에서 탈출했고, 자신과 같은 사 기꾼들을 수사하고 검거하는 데 협조하는 조건으로 교도소에서 석방되 어 연방정부로부터 일자리를 제공받았다는 것도 그의 존재를 더욱 두 드러지게 한다.

잡을 수 있으면 잡아봐, 거짓말 같은 실화

영화의 줄거리는 이렇다. 1963년, 10대 소년 프랭크 애버그네일은 뉴욕 의 뉴로셀에서 부모와 함께 풍족하게 살았으나 은행의 기업 융자가 거 부되면서 대저택에서 작은 아파트로 이사를 해야만 했다. 결국 부모는 이혼을 하게 되고, 프랭크는 가출을 감행한다. 생활비가 떨어지자 그는 조금씩 사기를 치면서 생활하게 되는데 점점 사기 수법이 진화한다.

결국 항공사의 조종사를 흉내 내기 시작하면서 항공사의 급여수표를 위조해서 무려 280만 달러 상당을 훔치는 데 성공한다. 완전 범죄는 없으며 꼬리가 길면 밟히는 법이다. 프랭크의 사기 행각을 알아챈 FBI의 사기범죄 수사관 칼 핸러티Carl Hanratty, 톰 행크스는 프랭크를 쫓기 시작한다.

그러던 중 칼은 한 호텔에서 생활하는 프랭크를 덮치지만 프랭크는 자신을 정부의 비밀요원 배리 앨런Barry Allen이라고 하며 자신도 프랭크를 쫓고 있다고 속여 칼이 증거물을 갖고 있던 위조수표까지 챙겨 도망가는 데 성공한다. 프랭크의 도주를 알아챈 칼은 그제야 배리 앨런이 만화에 나오는 이름이며, 사실 프랭크는 10대 소년이라는 것을 알게 된다. 그때까지도 FBI는 프랭크의 신상에 대한 윤곽을 잡지 못했던 것이다.

프랭크는 자신의 사기 행각을 더 확대해 의사와 변호사 신분까지 도용한다. 의사일 때는 프랭크 코너Frank Conners라는 이름을 사용했는데 이때 만난 여자친구와 결혼까지 생각한다. 그녀의 아버지에게 결혼을 승낙해달라고 하면서 자신의 신분을 밝히고, 루이지애나 주에서 변호사 시험을 볼 수 있게 도와달라고 요청한다. 그런 그를 수사관 칼이 추적하면서 약혼식 파티장까지 급습했지만 그 전날 침실 벽을 타고 다시 도주한다. 도주하기 전 그는 여자친구에게 이틀 후 마이애미에서 만나자는 메모를 남겼으나 그 장소에 가니 사복 차림의 수사관들이 있는 것을 발견하고 유럽으로 탈출한다.

7개월 후, 칼은 프랭크가 서유럽 전역을 돌아다니며 수표를 위조하고 있다는 소식을 듣게 된다. 그리고 프랭크가 위조한 수표를 전문가에게 감정한 결과 프랑스에서 인쇄된 것임을 알게 된다. 프랭크의 어머니와 대화를 나누면서 프랑스에서 그의 위치를 파악한 후 우여곡절 끝에 프랑스로 건너가 그를 쫓는다.

칼은 프랭크에게 자신과 함께 미국으로 돌아가지 않으면 프랑스의 경찰들에게 연행되어 사살될 것이라고 말했지만 프랭크는 칼의 말을 믿지 않다가 프랑스 경찰에게 잡히고 만다. 프랑스 교도소에 수감되어 있던 중 아버지의 사망으로 미국행 비행기에 오르게 된 프랭크는 그 길로 탈출해 어머니에게 찾아갔지만 어머니는 이미 다른 가정을 가지고 있어 자신이 설 자리가 없다는 것을 깨닫는다.

결국 프랭크는 경찰에 자수해 12년 형을 선고받는다. 수형 중인 그를 수사관 칼이 이따금 면회하는데 어느 날 프랭크는 칼이 가지고 있는 수표가 위조임을 알려준다. 그 일로 인해 칼은 FBI를 설득하여 프랭크를 가석방하는 대신 잔여 형기 동안 FBI의 금융부서의 위조수표 수사에 협조하게 한다. 그 결과 칼과 프랭크는 세계적인 금융 위조범을 체포했고, 위조가 불가능한 수표를 만들게 된다.

어린 적부터 빛을 발한
사기에 대한 재능

실화를 바탕으로 영화가 만들어졌지만 영화가 다 담지 못한 프랭크의 이야기는 많다. 그것에 대해 간단하게 알아보자. 프랭크의 사기 행각의 시작은 아버지였다. 그의 아버지는 프랭크가 15살일 때 통학 편의를 주기 위해 프랭크에게 트럭과 주유카드를 준다. 그는 이를 통해 여러 주유소를 돌면서 자동차 부품을 구매한 뒤 반품을 통해 현금을 되돌려 받는 식으로 아버지를 속였다.

이어서 그는 은행에 계좌를 열고 개인수표를 발부받아 잔고 이상으로 수표를 발행했다. 은행에서 이를 알고 되갚을 것을 요구하자 그는 다른 여러 은행에 다수의 계좌를 열어 동일한 수법으로 일명 현금 돌려막기를 한다. 이것에 만족하지 못하고 급여수표를 위조해 은행에 예금하고 현금을 인출하거나 다른 사람의 예금신청지에 슬며시 자신의 계좌를 적어 다른 사람의 돈이 자신의 계좌로 들어오게 하기도 했다.

사기 수법은 점점 진화되었다. 프랭크는 어느 날 공항의 상점들이 그날그날 현금을 지퍼 백에 담아 드롭 박스에 넣으면 현금수송업체에서 수급해가는 것을 보게 된다. 그 길로 공항경비원 제복을 구입해 드롭박스에 고장이라는 푯말을 붙이고 자신에게 맡기도록 해 현금을 절취하기도 했다.

프랭크의 범죄 행각은 이제부터 시작이었다. 그는 무료로 비행기를 타기 위해 항공사의 조종사로 신분을 위조하는데 항공사에 전화를 걸어 자신을 조종사라고 속이고 조종사 제복을 분실하였으니 새 복장을 보내줄 것을 요구하여 조종사 복장을 구비한 후에 연방항공청의 조종사 면허를 위조했다.

조종사는 소속 항공사의 여객기를 어떤 것이라도 무료로 타고 다닐수 있다는 점을 악용하여 그는 25개 국가를 249회 이상에 걸쳐서 오고 갔다고 한다. 또 그는 자신이 머무는 호텔의 방값과 식비까지도 항공사에 부담시켰다고 한다. 그의 사기극은 여기서 그치지 않고, 심지어 변호사로도 신분을 위조했다. 그는 하버드대학교 법학전문대학원의 성적표와 학적부를 위조하여 루이지애나 주의 변호사 시험에 응시하는데 세 번 만에 합격했다. 그는 과감하게 주정부 법무장관실에서 변호사로 일하기도 했는데 사무실 동료가 그를 의심하면서 하버드대학교에 그의 신상에 관해 알아보자 바로 사임했다.

한번은 그가 아파트를 얻기 위해 작성해야 하는 서류에 의사 프랭크 윌리암스Frank Williams라고 허위로 적는데 이를 계기로 조지아 주의 한 병원에서 선임 전공의로 일하게 된다. 실상은 그가 세를 들었던 아파트에는 다수의 의사들도 거주했는데 그들 중 한 사람과 친하게 지냈더니, 그가 자신이 근무하던 병원의 수련의들을 감독하는 일을 의뢰한 것이다. 이 모든 일이 20대가 되기 전 벌인 행각이다.

끝날 줄 모르던 그의 사기 행각도 10여 개의 국가에서 수배가 내려진 상태에서 1969년 프랑스에서 체포됨으로써 끝을 맺게 된다. 하지만 사기뿐만 아니라 도주에서도 그는 재능을 발휘한다. 사기에 대한 대가로 그는 변기도 없고, 담요도 없고, 음식과 물이 최소한만 제공되고, 불빛도 최소한으로 비칠 뿐인 프랑스 감방에서 6개월을 살게 된다.

그런 뒤 스웨덴으로 이송되어 6개월의 수형 생활을 한 뒤 미국으로 다시 이송된다. 미국으로 이송되던 중 뉴욕공항에서 탈출을 시도해 은행에 숨겨두었던 거금을 챙겨 캐나다로 도주했으나 브라질로 가는 비행기를 기다리다 다시 체포되어 미국 경찰에 인도된다. 조지아 주의 연방구치소에서 재판을 기다리던 중 그는 사복 교도소감독관을 사칭해 탈출하는 데 성공하지만 워싱턴 D.C에서 브라질로 가는 비행기를 타려다 체포되고 만다.

결국 그는 12년 형을 선고 받아 버지니아 주의 연방교도소에 수감되어 형기를 4년쯤 마칠 때 국제 사기범죄 수사를 벌이던 FBI에 협조하는 조건으로 가석방된다. 그는 현재 평범하게 살고 있으며 평생 그렇게 살기를 희망한다. 사랑하는 아내와 아들에게 좋은 남편이자 아버지로 남아 있기를 바라고 있다.

영화 속 범죄 코드 1: 결손가정과 청소년범죄의 상관성

이 영화가 우리에게 주는 범죄 코드는 무엇일까. 먼저 프랭크가 온갖 사기극을 벌이던 시절이 기껏 10대 청소년 시절이었다는 점에서 청소년범죄의 다양성과 심각성을 엿볼 수 있다. 그리고 그가 경제적 파탄으로 부모가 이혼함으로써 정상적인 가족의 하모니를 느끼지 못했다는 점을 통해 범죄와 환경의 관계에 대해서도 살펴볼 수 있다.

이 점에서 한 가지 분명히 해야 할 것은 그는 아버지의 사랑을 듬뿍 받았다는 것이다. 훗날 프랭크 애버그네일은 한 강연에서 아버지를 회상했는데 그는 이렇게 말한다.

"전 아빠와 자란 많지 않은 아이 중 하나였습니다. 세상은 아빠들로 가득차 있지요. 하지만 아이들에게 아빠라고 불릴 가치가 있는 남자는 그리 많지 않습니다. 전 그렇게 불릴 수 있는 아빠가 있었습니다. 자신의 삶보다도 아이들을 사랑하셨지요.”

그의 아버지는 잠자기 전 한 무릎을 꿇고 뺨에 뽀뽀를 해주며 이불을 덮어주고, 입술을 귓불 쪽에 댄 뒤 귀속 깊이 “사랑한다. 너무 사랑한다”라고 속삭여주었다고 한다. 그 일을 하룻밤도 거르지 않았다고 한다. 스필버그가 프랭크의 어린 시절을 조사했는데 그의 아빠 부분을 넣지 않을 수가 없어 배역을 따로 만들 정도였다고 한다. 이 이야기를 한 것은 그가 결손가정에 있었지만 아버지의 사랑을 받았다는 점을 강조하기 위해서다.

다만 이 영화의 감독인 스필버그나 FBI 수사관인 칼도 결손가정 출신이지만 범죄와는 거리가 먼 삶을 살아왔기에 프랭크가 일탈적 삶을 살았다는 점은 가정환경과 청소년비행의 관계에 대해 논의의 필요성이 있을 수 있다.

영화 속 범죄 코드 2 :
기술 발달이 주는 양면성과 모방범죄의 우려

프랭크의 사기 행각은 1960년대 당시만 해도 생각할 수 없을 정도로 새로운 유형과 수법을 보여준다. 신분 위조와 도용, 수표 위조 등은 당시만 해도 비교적 신종범죄요 고급 기술을 활용한 지능범죄였다고 할 수 있다.

물론 그 시대의 사람들은 지금보다 상대적으로 순진해서 사기범죄의 토양을 키우는 데 용이했을 것이다. 현대 범죄학적으로 살펴보면 이것은 기회이론의 하나로 범죄의 책임, 즉 피해자 역할이나 책임에 대한 논쟁도 가능할 것으로 보인다. 기회이론은 사회적으로 용납할 수 있는 목표를 성취할 수 있는 기회가 제한되어 있을 때 사회적으로 용납할 수 없는 방법으로 행동하기가 용이하고, 일탈 행동은 특정한 집단들 사이에서 더 발생하기 쉽다는 가설이다. 예를 들어 청소년비행을 저지를 위험이 높은 청소년들에게서 일탈 행동이 일어나기 쉽다는 것이다.

실제로 프랭크는 오늘날 위조수표를 만드는 것은 당시보다 1천 배 더 쉬울 것이라고 실토했다. 약간의 컴퓨터 기술만 알면 범죄의 표적을 잡기도 쉬울 뿐만 아니라 속이기도 더 쉽기 때문이다. 이는 기술의 발달이 범죄에 미치는 영향을 엿보게 하기도 한다. 다만 기술의 발달이 한편으로는 범죄의 원인과 기회를 제공하기도 하지만 또 다른 한편으로는 과학수사와 범죄예방기술과 기법을 중심으로 범죄의 해결책으로도 등장할 수 있다.

특히 이 영화는 우리에게 보안의 중요함을 일깨워준다. 프랭크가 신분을 도용하거나 수표를 위조할 때 그 누구도 그의 이력이나 자격, 학위 등을 조회하거나 확인하지 않았다. 그가 비교적 쉽게 온갖 사기극을 벌일 수 있었던 이유 중 하나라고 할 수 있다. 사람의 생명을 다루는 병원의 의사, 항공기 조종사 그리고 변호사 등 그가 활동한 모든 분야에서 보안검색은 전혀 이루어지지 않았던 것이다.

한편, 영화는 모방범죄의 위험성을 보여주기도 한다. 프랭크가 범행을 어떻게 계획하고 실행하는지를 영화에서 소상하게 보여줌으로써 다른 누군가는 그것을 모방할 수 있다는 점을 빼놓을 수 없다. 이런 면에서 대중매체와 범죄의 관계, 특히 언론을 통해 범죄학습과 모방범죄를 일으킬 수 있는 있다는 우려의 목소리가 커질 수 있다.

영화 속 범죄 코드 3 : 폭력성과 집단성이 배제된 청소년범죄

프랭크는 왜 어린 나이에 그토록 대범한 범죄적 삶의 길을 걷게 되었을까? 그의 생애 초기에서 원인을 찾아보자. 그는 세 명의 형제자매와 함께 자랐으며, 그가 12살 때부터 부모가 별거하고 14살 때 공식적으로 이혼한다. 그 전까지만 해도 그의 가정은 부유하고 화목했으나 아버지의 사업 실패로 가정경제가 어려워지고 부모 또한 별거와 이혼을 하게 되어 그야말로 결손가정과 문제가정을 동시에 겪게 되었다고 할 수 있다.

가정경제가 어려워지고 가족관계에 틈이 발생하면 자녀에 대한 올바른 보호와 양육이 힘들어진다. 훈육과 감독도 어려워질 수 있으며, 특히 아버지의 부재는 남자아이의 남성 성역할 학습 기회와 적절한 사회화 기회가 박탈되고 그로 인하여 부적절한 사회화를 거친다. 결국에는 가정 밖에서 비슷한 처지의 아이들과 교류하면서 잘못된 성역할을 학습하고 비행적 부문화를 발전시켜서 비행과 일탈에 가담하게 된다. 이것이 사회통제, 비행학습, 부문화의 이론적 원인이라고 할 수 있다.

재미있는 것은 대부분의 소년 범죄자가 비공리적 폭력성 비행인 데 비해 프랭크는 결코 폭력적이지 않았으며, 성인의 범죄라고 알려진 사기, 위조, 신분 절도 등의 비폭력적 범죄에 전념한 점이다. 이런 점에서 그는 전형적인 비행소년이나 범죄소년이라고 규정하기가 타당하지 않다.

이처럼 그가 전형적인 소년 범죄자와 그 행위하고는 거리가 멀었음에도 고교 중퇴자와 결손가정 출신이라는 점이 대다수 비행소년들의 공통적 특성과 같다. 어떻게 보면 그의 범행은 대부분 청소년범죄의 원인으로 지적되고 있는 범죄학습이나 차별적 접촉 또는 비행 하위문화 등으로는 설명하기가 쉽지 않다.

대부분의 비행이 집단적으로 행해지는 반면에 그의 범행은 단독범이라는 점에서도 그는 전형적인 소년 범죄자가 아니며 그의 범행도 전형적인 소년범죄가 아니라고 할 수 있다. 그는 뛰어난 자신의 지능을 이용한 지능범죄를 일삼았던 것이다.

여기서 또 한 가지 엿볼 수 있는 것은 다수의 연구가 지능과 범죄의 관계, 특히 지능이 낮을수록 비행과 범행에 가담할 가능성이 더 높다고 해왔으나 이런 상관관계는 더 이상 논리적이지 못하다는 것을 보여준다. 프랭크처럼 지능이 매우 높은 사람도 있기 때문이다.

결국 지능과 범죄의 관계는 획일적으로 지능이 낮은 사람이 주로 범행을 한다고 결론짓기보다는 범죄의 유형에 따라 지능과 범죄의 관계가 달라질 수 있다고 봐야 할 것이다. 다만 경제범죄를 위시한 지능범죄는 지능이 높을수록 더 많고, 폭력범죄와 같은 전형적인 노상범죄는 지능이 낮은 사람이 더 많을 가능성이 높다는 것이 공통된 의견이기는 하다.

지능이 높은 사람이 지능범죄 가담 가능성이 더 높은 것은 범행의 기회와 기술의 문제로 설명할 수 있는 반면에 지능이 낮은 사람들의 폭력범죄 가담이 높은 것은 그들이 학력 수준이 낮은 등의 이유로 친사회적 기회가 적어서 빈곤과 상대적 박탈, 긴장을 더 많이 느끼게 되어 범죄적 기회와 동기가 더 많아지기 때문인 것으로 이해할 수 있을 것이다.

영화 속 범죄 코드 4 :
국가별로 달라지는 교화의 목적

영화는 한편 형사정책적 시사점도 보이고 있다. 프랭크가 항공사의 조종사로 가장해 25개국을 여행하고, 세 번에 걸쳐 프랑스, 캐나다 그리고 미국의 사법당국에 체포될 때마다 해외 도주를 기획하거나 도주를 위해 외국행 비행기를 탑승하려고 시도한 점에서 국제범죄, 국가 간 범죄, 다국적 범죄를 살펴볼 수 있다. 이에 대비하기 위해서는 국가 간 형사 공조共助의 필요성이 대두된다.

　특히 현대사회는 교통과 통신의 발달로 물리적 국경의 의미가 없어지고 있어서 국제범죄, 국가 간 범죄, 다국적 범죄의 급증이 현실화되고 있기에 이에 상응한 국제 형사 공조는 점점 더 그 필요성이 높아질 것이다. 「캐치 미 이프 유 캔」에서 프랭크는 바로 그런 유형의 범죄자였던 것이다.

　실제로 프랭크는 프랑스, 스웨덴, 캐나다 그리고 미국에서 각각 수형 생활을 하는데 영화에서 보여준 프랑스의 수형 생활은 실제와 달랐다고 한다. 당시 프랑스 교도소는 사회로 복귀하기 위한 갱생이 아니라 형벌이 목적이었기 때문에 재소자에 대한 처우와 시설이 상상을 초월할 정도로 나빴다고 한다. 반면 스웨덴의 교도소는 형벌보다는 사회복귀를 위한 갱생이 목적이었기 때문에 재소자의 수용시설과 처우가 프랑스보다 좋았다고 한다.

여기서 우리는 국가별로 지향하는 교도소의 목적과 목표가 다르다는 것을 알 수 있다. 이런 차이는 범죄의 원인을 어디서 찾는가에 따라 좌우될 수 있는데, 갱생은 결정적 원인론에서 시작하고, 처벌은 자유의사론적 선택에 기초하고 있다.

결정적 원인론은 범죄자로 태어나거나 만들어지는 것, 즉 범죄자가 되고 범행을 하는 것이 자유의사에 따른 합리적 자기 선택이 아니기 때문에 범죄에 대한 책임은 범죄자에게만 있는 것이 아니라는 점을 전제로 한다. 따라서 그에 대한 처벌은 옳지 않으며 범죄자는 처우의 대상이라고 본다. 반면 자유의사론은 인간의 본성을 자유의지의 소유자로 보고 범죄도 자신의 자유의지에 따른 선택이라고 보아 범죄의 책임도 범죄자 개인에게 있으며 마땅히 처벌의 대상이어야 한다는 것이다.

참고 자료

- https://en.wikipedia.org/wiki/Catch_Me_If_You_Can
- https://reelrundown.com/misc/Catch-Me-If-You-Can-is-a-a-Movie-based-on-the-Real-Life-Story-of-Frank-Abagnale
- https://www.rogerebert.com/reviews/catch-me-if-you-can-2002
- https://www.wired.co.uk/article/frank-abagnale
- https://www.quora.com/How-true-to-actual-events-was-Catch-Me-If-You-Can
- https://www.theguardian.com/film/2014/jan/19/the-wolf-of-wall-street-review
- https://www.crimemuseum.org/crime-library/white-collar-crime/jordan-belfort

- 『사회복지학사전』, 이철수, 2009년
- "The real-life con man played by Leonardo DiCaprio in 'Catch me if you can' says check fraud is 'a thousand times easier' today", John Lynch, 「Business Insider」
- 'Catch him if you can: The unbelievable true story of Frank Abagnale', Michael Berdy

더 울프 오브 월 스트리트

The Wolf of Wall Street, 2013
내가 속물 같다고? 이 세상은 돈이 전부야!

사람을 타락시키는 가장 큰 마약은 돈이라고 한다. 월 스트리트의 첫 번째 규칙은 아무도 주가가 어떻게 요동칠지 모른다는 것. 그 안에서 많은 사람들이 어디로 튕길 줄 모르는 돈을 찾아 헤맨다. 마약도 함께, 섹스도 함께. 그러나 무너진다. 혹은 무너지지 않은 채 눈 가리고 아웅하는 것처럼 산다.

「더 울프 오브 월 스트리트」는 2013년 마틴 스콜세지Martin Scorsese, 1942~ 감독의 코미디 범죄영화로, 조던 벨포트Jordan Belfort, 1962~가 옥중에서 작성한 동명의 회고록에 기초해 만들어졌다. 아이러니하게도 이 영화의 주인공은 앞에서 언급한 「캐치 미 이프유 캔」의 주인공이었던 레오나르도 디카프리오가 맡았다. 영화는 조던 벨포트의 회고록에 기초해 브로커로서의 그의 경력과 이력 그리고 그가 기소되어 자유형을 선고 받고 궁극적으로 그를 추락하게 만든 당시 월 스트리트에 만연했던 부패와 사기에 대해 그리고 있다.

그저 다른 사람의 주머니에 있는 돈을, 내 주머니에 옮기는 게 다였다

1987년, 조던 벨포트레오나르도 디카프리오는 월 스트리트의 L.F. 로스차일드L.F. Rothschild에서 증권 중개인으로 일하게 된다. 그의 상사인 마크 한나Mark Hanna, 매튜 맥커너히는 벨보트를 마약과 성性으로 유혹하고, 그에게 월 스트리트의 증권 중개인 문화를 주입시킨다. 이뿐만 아니라 증권 중개인의 유일한 목표는 투자자가 아니라 자신을 위해 돈을 버는 것이라는 사고를 전파한다.

하지만 오래지 않아 소위 '검은 월요일Black Monday'의 여파로 회사는 문을 닫고 벨포트는 실업자 신세가 된다. 그후 주로 비상장 저가주식을 말하는 페니 스톡penny stock을 전문으로 거래하는 중개회사에 일자리를 구한다. 그곳에서 그는 공격적인 판촉으로 인해 높은 수당을 받으면서 작은 부를 축적하게 된다.

그 후 벨포트는 이웃사람과 친해져서 함께 회사를 차리고 다수의 지인들을 모집하고 그들에게 강매하는 것을 가르친다. 회사의 기본 영업 방식은 흔히 말하는, 치고 빠지기pump and dump, 즉 고객들을 부추겨pump 주식을 매입하도록 하여 가격을 올린 다음 바로 매각dump하여 큰 차익을 노리는 일종의 증권 사기였다. 그들은 자신들의 사기 수법을 숨기기 위해 회사명을 스트래튼 오크몬트Stratton Olakmont라고 정한다.

벨포트가 「포브스Forbes」지에 노출된 후로 야망을 가진 젊은 자본가와 금융업자들이 떼로 몰려들자, 그는 자신의 엄청난 성공에 취하여 마약과 성매매의 퇴폐적인 생활유형으로 빠져들고 만다. 그러는 와중에 수상한 낌새를 눈치챈 증권거래소SEC와 FBI에선 그의 회사를 수사하기 시작한다. 이를 알아챈 벨포트는 미국 법이 적용될 수 없는 사람 명의로 스위스은행에 계좌를 만들어 가족과 친인척, 친구들을 이용해 자금을 은닉한다.

그렇게 숨어 지내던 벨포트는 2년 후 FBI에 다른 혐의로 검거된 부패한 스위스 은행원의 제보에 의해 검거된다. 그는 감형을 조건으로 동료들에 대한 증거 수집에 협조하기로 동의하지만 벨포트는 FBI와의 협조약속을 지키지 않는다.

그럼에도 그의 형살이는 상당히 감형되었고, 짧은 형기마저도 최소한의 자유만 제한하는 소위 '개방교도소Minimum Security Prison'에 수감되고 다시 가석방된다.

영화 속 범죄 코드 1:
수형자의 분류 수용과 시설의 구분

「더 울프 오브 월 스트리트」가 교도소에서의 수형자 갱생이라는 주제를 담고 있진 않지만 형사정책의 마지막 단계인 교정矯正, 교도소나 소년원 등에서 재소자의 잘못된 품성이나 행동을 바로잡는 것에 있어 중요한 내용을 담고 있다.

다름 아닌 바로 수형자의 분류 수용과 시설의 구분이다. 영화에서 벨포트는 자유형을 선고 받고, 개방교도소에서 수형 생활을 한다. 사실 미국의 교도소는 수형자에 대한 자유의 박탈 정도로 보안등급을 나눈다. 처음에는 자유의 제한이 최소한인 경輕 구금교도소인 개방교도소, 자유의 제한이 중간 정도인 중中 구금교도소Medium Security Prison 그리고 중重 구금교도소Maximum Security Prison로 나누었으나, 최근엔 이를 더 세분화하여 초경超輕 구금교도소Super Minimum Security Prison와 초중超重 구금교도소Super Maximum Security Prison를 추가했다.

여기서 초경 구금시설이란 일련의 개방교도소와 같은 시설을 말하며, 초중 구금시설은 과거 우리나라에도 있었던 청송교도소와 비슷한 보안으로, 수형자에 대한 자유가 거의 허용되지 않을 정도로 자유가 엄격하게 제한되는 곳이다.

교정 시설은 재소자의 교화教化 개선과 사회복귀를 위한 모든 필요한 처우와 노력을 제공하는 곳이다. 그래서 수형자의 교화 개선 효과를 높이기 위한 방편의 하나로 수형자의 수형 생활 성적에 따라 그들의 등급을 나누고 최종적으로는 가석방시킴으로써 수형자들의 개선 의지를 높이려고 한다.

그 한 방법으로 미국에서는 수형자가 하루를 선하게, 즉 모범적으로 생활을 하면 하루만큼 자신의 형기를 스스로 단축시킬 수 있게 해주는 '선시 제도Good Time System'를 운영하고 있다. 다른 표현으론 '형기자기단축제도, 선행감형제'라고 할 수 있다. 이처럼 수형자 처우를 단계적으로 높이면서 처우 등급도 상향 조정을 통해 마지막 보호관찰을 조건으로 하는 가석방을 이끌어내고 있다. 조기에 석방하는 것을 '누진처우 Progressive Treatment'라고 한다.

영화 속 범죄 코드 2 :
증권 관련 범죄와 그 수법이 총동원되다

영화의 주무대 뉴욕의 월 스트리트인 만큼 증권 관련 범죄와 그 수법들이 등장한다. 먼저 우리 사회에서도 그리 낯설지 않은 소위 '작전세력'과 그들의 작전이라고 할 수 있는 '치고 빠지기' 수법이 대표적이다. 대체로 미국 증권가에서는 미화 5달러 이하의 소액 주식을 사고파는 일종의 증권 사기를 '페니 스톡 스위들링/프라우드penny stock swindling/fraud'라고 하는데, 영화 속 벨포트도 이 수법으로 자산을 불린 것으로 나온다.

그런 식으로 모은 돈을 국외로 빼돌렸다가 다시 국내로 들여오는 수법을 통해 부를 거머쥐는데 이때 벨포트는 스위스은행에 친인척 명의의 계좌를 개설하여 자신의 검은 돈을 세탁한다. 이를 범죄학에서는 '자금세탁Money Laundry'이라고 한다. 이 자금세탁은 많은 범죄조직에서도 악용되는 수법이며, 특히 마약범죄에서 획득된 자금은 대부분 이렇게 세탁을 하는 것으로 알려지고 있다.

또한 영화 속 벨포트는 증권 사기범으로서 자신의 생애 중 대부분을 코카인을 비롯한 강한 마약에 중독되어 살았던 것으로 묘사되고 있다. 물론 경미한 마약에 대한 비범죄화나 합법화 논쟁이 계속 이어지고 있다. 한물간 듯 보이지만 절대 그렇지 않은 마약과의 전쟁 또한 우리가 가

넙게 여겨서는 안 될 것이다.

이 영화에서 마약범죄의 심각성에 대해 다시 한 번 생각하게 만드는 부분이 있다. 예전에는 마약범죄자라고 하면 범죄조직이나 유흥업과 같은 특수 계통 등에 제한된 것이었지만 현재는 대중화가 되어 월 스트리트와 같은 엘리트 계층에까지 파고들었다는 점을 시사하고 있다. 실제로 영화에서 주인공이 반복적으로 복용한 메타케일론도 수십 년 전에는 합법적이었지만 현재는 법으로 규제되고 있다.

영화 속 범죄 코드 3 :
돈과 마약, 섹스에 관한 범죄 종합 선물 세트

그 밖에도 영화에 나오는 범죄 수법과 유형은 매우 다양한데, 요약하자면 다음과 같다. 먼저 이 영화 속의 등장인물들은 금지되거나 통제된 약물을 남용하는 등 마약범죄자라는 사실이다. 실제로 주인공인 벨포트가 애용한 코카인은 제조, 소지, 판매, 거래, 복용 모두가 다 엄격하게 법으로 금지되고 있는 중범죄이다.

다음은 등장인물의 방탕한 성생활과 관련된 매춘 혐의다. 매춘은 독일이나 네덜란드처럼 합법화된 국가도 있지만 다수의 국가에서는 범죄로 규제되고 있는데, 벨포트는 다수의 매춘에 가담한 것으로 묘사되고 있다.

매춘은 성性을 돈으로 매수하거나 매도하는 것을 말하며, 성매매를 알선하거나 직접 가담하거나 매춘 행동에 직접 참여하는 등 모든 것이 매춘에 해당한다. 이런 매춘범죄자에 대해서 법원은 종종 '성범죄자 신상 공개'를 명하기도 한다. 성범죄자 신상 공개는 공개 범위와 방식에 있어서 나라마다 큰 차이가 난다.

특히 미국은 주마다 다른데 가장 공격적으로 대응하는 주의 경우, 성범죄자가 사는 집에 '성범죄자가 사는 집'이라는 팻말을 세울 정도다. 우리나라처럼 비교적 소극적인 경우에는 해당 지역에 사는 주민에 한해 해당되는 사람에게만 해당 기관을 통해 성범죄자의 동 단위 주거 여부가 공개된다. 공개 방식은 우리나라처럼 소극적인 나라도 있지만 미국처럼 전국 어디서나 모바일로 확인할 수 있게 하는 나라도 있다.

영화의 주된 주제가 증권 사기인데, 이것에는 투자자를 기만하거나 금융시장을 교란하는 행위 등을 포함하는 다양한 불법행위가 있다. 구체적인 예를 들자면, 폰지Ponzi 다단계 사기, 투자 사기, 횡령, 외화 사기 등이 있다. 만약 누군가가 주식이나 기타 유가증권 등을 공개되지 않은 정보를 이용하여 사고파는 행위를 한다면 이것은 불공정 거래라고 할 수 있다. 소위 '내부자 거래Insider trading'로 엄격하게 규제하고 있다.

반면 영화에서 이용된 주요 수법은 고수익 보장 사기다. 이것은 '페니 스톡'으로 알려진 소액 저평가 주식을 어렵게 번 돈으로 작게 투자하는 '개미투자자'들에게 고수익을 약속하고 판매하는 사기 수법이다.

영화에서 벨포트가 L.F. 로스차일드에서 해임당하고 다음으로 취직한 곳이 보일러실Boiler Room이라고 불리던 증권사였는데 소액 주식이나 증권을 중심으로 개미투자자들을 대상으로 거래하는, 전화만 있는 엉터리 증권 브로커들의 영업소였다.

판매할 때의 특이점은 위험이 전혀 없는 높은 수익으로 믿기 어려울 정도로 좋은 기회라고 강조하면서 투자를 권유하는데 전화 등을 통해 유인하는 방법이 동원된다.

대부분의 화이트칼라 범죄자가 그렇듯이 영화의 주인공 벨포트도 자신의 범죄와 그로 인한 다수의 무고한 개미투자자들의 피해에 대하여 아무런 죄책감이나 후회도 보이지 않는다. 영화에서는 인과응보의 대사도, 도덕적 권위로부터의 비난도 찾을 수 없다. 그는 전혀 회개하지 않는다.

당시 증권가에서 떠돌던 말처럼 더 이상 증권가에서 회개, 참회, 후회, 죄책감의 시대는 끝났거나 끝낼 필요가 있다는 소문과 일치되는 모습이다. 그런 점에서 벨포트는 현재까지도 우리와 함께 숨 쉬며 살고 있는 증권 브로커일지도 모르겠다. 그의 반도덕적 태도는 아마도 범죄학이 최근 강조하는 전형적인 공감 능력 부재의 반사회적 인격장애에서 비롯된 것은 아닐까 싶다.

영화 속 범죄 코드 4 :
엘리트 범죄에 대한 다양한 해석

영화에 나오는 대부분의 범죄가 마약을 제외하고는 대체로 전통범죄라기보다는 화이트칼라 범죄, 엘리트 범죄 또는 일종의 기업범죄Corporate crimes에 속한다고 할 수 있다. 이런 유형의 범죄는 다양한 원인과 요인이 있겠지만 미국의 범죄학자 에드윈 H. 서덜랜드Edwin H. Sutherland,

1883~1950의 '차별적 접촉이론Differential Association Theory'과 '중화이론'에 기초하고 있다.

한편 청소년비행을 대부분 청소년들의 부문화에 기인하는 것으로 보는 경향이 적지 않은 것처럼 이들 화이트칼라, 엘리트, 기업범죄도 이들의 주요 활동 근거이자 소속조직인 '기업의 문화 또는 부문화Corporate subculture'로 설명하려는 경향도 없지 않다.

영화에서 벨포트가 창립한 스트래튼 오크몬트에서 일하던 모든 사람들은 이윤을 남기기 위해서라면 어떤 것이라도 하는 미친 듯한, 맹렬한, 열광적인 사냥개였던 것이다. 이를 누구보다도 잘 아는 벨포트는 큰돈을 위해 어떤 위험도 감수할 수 있는 10대 또는 학력이 좋지 못한 사람들을 고용하는데, 이들이야말로 자신에 대한 충성심을 지킬 수 있기 때문이다.

영화에서 흥미로운 사실 하나는 실제의 벨포트는 신장이 작은 편이라고 한다. 이 점이 그의 다양한 일탈과 범행의 동기가 되었을 수도 있을 것이다. 얼핏 듣기에는 신장과 범죄의 동기가 전혀 어울리지 않을 것 같지만 사실 이런 유형의 사람들이 가지는 문제의 하나가 바로 '나폴레옹 콤플렉스Napoleon Complex'라고 하는 일종의 '열등감 콤플렉스'다.

이들은 자신의 소득에 대하여 거짓으로 과장하거나 공격적이고 오만한 태도로 사회적 행위를 하는 경향이 있는데 이는 자신의 신체적 혹은 사회적 단점에 대한 보상으로 그렇게 한다는 해석을 내릴 수 있다. 벨포트의 실제 지인들은 벨포트가 돈과 권력에 대한 욕망이 바로 '열등감 콤플렉스' 즉 '나폴레옹 콤플렉스'의 증거라고 주장한다.

참고 자료

- https://en.wikipedia.org/wiki/The_Wolf_of_Wall_Street_(2013_film)
- https://www.theguardian.com/film/2014/jan/19/the-wolf-of-wall-street-review
- https://www.crimemuseum.org/crime-library/white-collar-crime/jordan-belfort
- https://www.arabianbusiness.com/the-life-crimes-of-jordan-belfort-550383.html
- https://slate.com/culture/2013/12/wolf-of-wall-street-true-story-jordan-belfort-and-other-real-people-in-dicaprio-scoresese-movie.html

CHAPTER
03

흐트러지다

–

나도 나를 모르는
분열

「폴링 다운」은 조엘 슈마허Joel Schumacher, 1939~2020가 감독하고 마이클 더글라스Michael Douglas, 1944~가 주연한 1993년도 미국 영화이다. 이 영화는 이혼하고 직장에서 잘린 남자, 윌리엄 디펜스 포스터 William D-Fens Foster, 마이클 더글라스의 추락을 그리고 있다. 그의 가운데 이름이 디펜스인 것은 그의 방어적인 삶을 은근하게 표출하는 도구가 되기도 한다.

1991년 어느 날, 주인공 포스터는 생일을 맞이한 딸의 생일 파티에 시간 맞춰 참가하기 위해 사이가 소원해진 전 부인의 집으로 가던 중에 지독한 교통체증을 겪는다. 이에 화가 난 그는 도로 한가운데 차를 버리고 로스앤젤레스 시내를 걷는데 이때부터 문제가 발생한다. 그해 가장 더운 날 아침부터 걷기 시작한 그는 우연하게 마주치는 사소한 것에서 끓어오르는 짜증과 무언가에 대한 분노에 휩싸인다. 영화는 그를 도발하는 일련의 사건들을 그리면서 상업주의, 경제, 빈곤, 삶에 대한 냉소적인 관찰을 그린다. 결국 그는 총기를 손에 들고 거리를 활보하는 무법자로 변신한다.

수동적이고 방어적인 삶을 산 한 남자가 갑자기 거리의 폭군으로 변신하다

영화는 매우 단순하지만 많은 이야기를 담고 있다. 우선 하나는 이 영화의 주인공 포스트는 이혼을 했고, 직장에서 해고당했으며, 딸과 자유롭게 만나지 못하는 접근금지명령을 받는다. 그 후 전 부인의 집에서 열리는 딸의 생일 파티에 가기 위해 로스앤젤레스 시내를 관통하려 했지만 교통체증은 최악이었고, 날씨는 그 해 가장 더웠으며 에어컨과 차 창문은 고장이 났다. 결국 참지 못한 그는 자동차를 버리고 걷기 시작한다. 그 후 사건들이 일어나는데 간단하게 살펴보자.

딸에게 생일 파티에 늦는다는 것을 알리기 위해 전화를 걸려고 하지만 동전이 부족하자 한 편의점에서 동전을 바꾸려고 하니 한국계 미국인 주인은 물건을 사라고 요구한다. 그래서 캔 콜라를 사니 바가지를 씌운다. 이에 화가 난 포스터는 주인이 들고 있던 야구방망이로 가게를 부수고 캔 콜라 값을 지불하고 그 자리를 떠난다.

얼마 후 언덕 위에서 쉬고 있는 포스터에게 2명의 갱이 다가와 통행료 지불과 서류가방을 달라고 칼로 위협하자 오히려 야구방망이로 그들을 공격하며 그들의 칼까지 뺏는다. 도망간 갱들이 동료들과 함께 차를 타고 길거리를 떠돌다가 공중전화 부스에 있던 포스터를 발견하자 그를 향해 총을 난사했으나 지나가던 몇 사람만 부상을 당할 뿐 그는 멀쩡했다. 오히려 그들의 총기까지 뺏은 그는 패스트푸드점에 가서 점심 시간에 아침 메뉴를 먹고 싶다며 총을 들고 위협한다. 가게를 나온 그는 전 부인에게 전화를 걸기 위해 공중전화 부스로 가지만 길게 늘어선 줄을 보자 화가 치밀어 공중전화 부스에 총격을 가한다.

퇴직을 하루 앞둔 로스앤젤레스 경찰국 경찰관인 프렌더게스트 Prendergast는 포스터의 폭력을 막겠다고 그의 뒤를 쫓는다. 한편 포스터의 폭주는 계속되는데 나치를 신봉하던 인종차별주의자인 군용물품점 주인을 가격하고, 전 부인에게 접근금지명령을 어기고 집으로 가겠다고 선포하고, 불필요한 도로 보수를 하고 있는 상황을 보고 군용물품점에서 가져온 로켓 발사대를 발사해 공사장을 박살낸다. 포스터의 이해할 수 없는 행동에 놀란 전 부인은 딸과 함께 도망치는데 빈 집에 도착한 그는 가족을 찾기 위해 근처 부두로 향한다. 하지만 그곳엔 이미 프렌더게스트가 도착해 있었다.

영화 속 범죄 코드 1:
피해자가 될 수도 있고, 가해자가 될 수도 있는 애매한 존재의 범행

「폴링 다운」이 우리에게 보여주고자 하는 것 중 하나는 주인공 포스터의 세계관, 그것도 왜곡된 세계관이다. 자동차를 운전하다 심각한 교통체증에 화가 나고, 공중전화를 사용하기 위해 필요한 동전을 바꿔주지 않은 한국계 미국인 편의점 주인에게 분노를 표출하는 그는 스스로를 미국 사회에 이바지하는 애국자임에도 오히려 사회에게 외면을 받는 피해자이자 희생자라고 생각한다.

그가 딸을 만나러 가는 도중에 직면하게 되는 인물들은 이민자와 소수인종 등이다. 포스터는 이들의 사회 속 침투가 로스앤젤레스에 다양성을 제공하지만 때론 문화적 풍경을 어지럽히고 있다고 생각했던 것이다.

그와 같은 낡고 왜곡된 세계관은 최근 들어 악화된 그의 상황과 맞물려 폭력적이고 때로는 죽음에 직면하게도 한다. 이는 관객들에게 상대적 박탈감이나 일반적 긴장을 보여주면서 그의 범행에 대한 먼 원인이나 동기가 될 수 있다는 이미지를 심어준다. 주인공이 느꼈을 것 같은 이런 세계관을 피해자학에선 '잔인한 세계증후군Mean-world syndrome'이라고 부른다.

실제로 영화가 개봉되자마자 바로 인종적 갈등과 차별 등 일종의 인종적 분류, 즉 인종적 프로파일링Racial profiling의 문제가 논란의 대상이 되었다. 한국계 미국인인 편의점 주인, 남미계 갱 단원, 네오 나치즘에 빠진 백인우월주의자인 군용물품점 주인은 보는 사람에 따라 피해자가 될 수도 있고, 동시에 가해자가 될 수도 있는 애매한 존재로 그려진다.

이를 반영하듯, 영화가 개봉되자 한국계 미국인 사회를 중심으로 소수인종 단체들의 항의성 시위가 이어졌다고 한다.

영화 속 범죄 코드 2 :
사회의 오래되고 잘못된 관점으로 혼합된 정신적 문제

포스터의 왜곡된 세계관은 현재의 자신의 상황과도 무관하지 않겠지만 사실 그의 가정사에서 그 원인을 찾을 수 있어 다시 한 번 범죄 원인으로 가정의 중요성을 보여주고 있다. 사실 그의 아버지는 자살을 시도했던 적이 있었고, 어머니는 만성질환에 시달렸다. 그 자신도 아내와 딸에게 좋은 남편이자 아버지가 될 수 없음을 걱정했다. 더구나 이혼까지 하게 되면서 그가 염려하던 가족도 붕괴되었다. 결국 그가 자란 가정도, 그가 지키려고 했던 가정도 온전하지 못한 문제를 가진 결손가정이 되고 말았던 것이다.

영화 초반에는 대체로 많은 사람들이 포스터에 공감하면서 그를 동정하고 이해하려고 한다. 꽉 막힌 도로에 짜증이 난 우리들의 일상과 너무나 닮았기 때문이다. 오도 가도 못하는 도로 한복판에서 약속 시간을 지키지 못할 때는 모두 포스터처럼 차를 버리고 뛰쳐나가고 싶어질 것이다. 이렇게 초반부에는 영화 속 주인공과 공감하고 그가 한 행동에 환상도 가져보지만 영화를 보면 볼수록 잘못된 것을 지향하고 있는 사람을 보는 것 같아 퍼뜩 정신을 차리게 된다.

정말 다행인 것은 대부분의 사람들은 사회의 오래되고 잘못된 관점으로 혼합된 정신적 문제와 그런 것을 지닌 사람과는 확실한 경계를 긋는다는 것이다. 하지만 불행하게도 극히 일부겠지만 자신의 왜곡되거나 잘못된 세계관을 가진 사람들은 자신의 감정적 문제를 극복하지 못하는 우愚를 범하고 만다. 즉, 자신의 충동이나 감정을 조절하고 통제하지 못하거나 분노 조절 능력이 부족하거나 결여되어 소위 말하는 충동범죄나 분노범죄를 일삼기도 한다는 것이다.

심심찮게 도로를 달리는 자동차 운전자들 사이에서 상대방을 위협하거나 실제로 공격하고 폭력을 휘두르는 소위 '보복 운전Road Rage'을 통해 우리는 충동범죄나 분노범죄를 목격할 수 있다. 이런 유형의 범죄는 비단 보복 운전뿐만 아니라 한국 사회에서 흔히 일어나고 있는 층간 소음으로 인한 폭행이나 살인도 있다.

어쩌면 이런 사건들은 분노에 찬 시민들에게 공격과 폭력의 방아쇠를 당기게 하는 계기, 즉 '일종의 방아쇠 효과trigger effect'일 수 있다. 더구나 장애를 가진 외톨이들의 다중살상이나 다중총격이 빈번한 요즘 사회에서 시사하는 점이 크다고 할 수 있다.

「폴링 다운」을 감독한 조엘 슈마허는 보복범죄를 보여주기 위해 만든 것은 아니라고 한다. 시나리오를 쓴 작가에 따르면 포스터에게 총을 쥐게 한 것은 그를 응원하기 위해서가 아니라 그의 무규범normless의

아노미anomie®, 즉 자신을 미치게 하고, 자신은 아무런 쓸모가 없고 부적절한 존재가 되는 데 대한 좌절과 패망감을 갖게 하는 아픈 정신soul-sickness을 지적할 가능성을 더 높이기 위해서라고 한다.

영화 속 범죄 코드 3 :
국가는 풍요로워지는데 일반 시민은 점점 추락하는 현실

포스터의 행동이 분노를 조절하지 못한 충동적 분노범죄라고만 규정하기엔 부족한 부분도 없지 않다. 그가 진정으로 원했던 것은 오로지 제시간에 맞춰 전 부인의 집에서 벌어지는 딸의 생일 파티에 참가하는 것이었다. 하지만 세상은 그에게 그 작은 것조차 허락하지 않았던 것이다.

그럼에도 그가 거리의 무법자 행세를 한 것은 자포자기와 절망 그리고 무력감이 결합한 데서 기초한 것이라고 볼 수 있다. 이런 느낌과 감정은 비단 포스터만의 것이 아니라 일반 시민인 우리가 느끼는 절망과 자포자기일 수 있다. 많은 사람들이 여전히 극단적인 좌절에 빠지고 그중 일부는 폭력과 공격성을 가지며 세상을 대할 수도 있다는 점을 간과해선 안 된다. 여기서 더 중요한 것은 국가 전체는 더 풍요로워지는 데 반해 포스터와 같은 일반 시민은 추락하고 있다는 점이다.

이와 관련하여 영화가 호소하는 또 다른 개념의 하나는 평균적인 중

® 프랑스 사회학자 에밀 뒤르켐(Emile Durkheim)이 주장한 사회병리학의 기본 개념의 하나로 행위를 규제하는 공통 가치나 도덕 기준이 없는 혼돈 상태를 말한다. 이 상태가 계속되면 신경증, 비행, 범죄, 자살 등의 행동을 불러올 수 있다.

장년의 백인인 화이트칼라 근로자 누구라도 세상과 세계가 자신에게 덧씌운 다수의 부정의injustice에 대항할 수 있다는 것이다. 우리는 포스터가 자신을 욕하는 사람들에게 보복하는 행동에 대해서 그것이 지나치게 폭력적이기 전까지는 공감할 수 있다. 여기서 염두에 둬야 할 점은 범죄가 일반 시민과 전혀 다른 부류의 사람의 전유물이라고 생각했지만 이제는 평범한 시민에게도 가능한 보편화와 대중화가 이뤄졌다는 점인데 이를 범죄학에서는 '범죄와 범죄자의 일반화'라고 한다.

그래서 영화 초반에는 많은 사람들이 대리만족을 느낄 만큼 주인공의 상황에 공감하게 된다. 하지만 폭력성이 증대될수록 그의 행동이 올바르지 않고 분명치 않은 태도로 인해 관객들의 공감은 사라져간다. 더불어 영화 후반부로 가면서 포스터가 가진 심각한 감정적 문제에 대한 올바른 판단을 하게 된다. 즉, 그는 정상이 아니었던 것이다.

영화 속 범죄 코드 4 : 폭력의 증거를 뒷받침하는 '접근금지명령'

그 밖에도 영화가 말하고자 하는 범죄학적 코드는 많다. 우선, 영화에 나오는 폭력은 대부분 무작위 폭력random violence이다. 가해자와 피해자가 특별한 관계가 없으며, 피해자가 언제든 바뀔 수 있다. 즉 단지 그 시간, 그 자리에 있었기 때문에 누구라도 그 자리, 그 시간에 있었다면 피해자가 될 수 있는 그런 폭력이다. 그리고 폭력성은 바늘도둑이 소도둑된다는 것처럼 작은 폭력에서 심각한 폭력으로 점점 더 상승되고 있다.

포스터의 말과 감정에 따르자면 폭력의 계기는 피해자들이 자신의 폭력을 촉발했다는 것이다. 그는 자신의 폭력을 자기방어self-defense를 위한 '자경주의自警主義'라고 합리화한다.

끝으로 포스터가 법원으로부터 받은 '접근금지명령'에 주목할 필요가 있다. 이것은 가정폭력 범죄자로 하여금 그 피해자에게 접근을 하지 못하도록 법원이 강제하는 명령이다. 그렇다면 우리는 그가 왜 이런 명령을 받았는지, 전 부인은 왜 그런 요청을 했는지에 대해 생각해볼 필요가 있다.

영화는 우리에게 다양한 의문을 던진다. 포스터는 파시스트 국수주의자인가? 영화는 아니라고 말한다. 그가 의도적으로 죽이는 유일한 사람은 가학적 나치주의자인 군용물품점 주인일 뿐이다. 그는 자경주의자인가? 그렇지 않다. 그는 실제로 자신은 자경주의자가 아니라고 말한다. 그는 인종차별주의자인가? 아니다. 그는 부유한 백인에게도 흑인 못지않게 폭력을 행사한다.

그는 그저 우리 곁에 있는 평범한 시민이다. 결국 이 영화가 우리에게 보여주고자 하는 것은 현대사회가 어떤 모습일까를 보여주는 일종의 예측이라고 할 수 있다. 영화는 인종차별주의, 경제적 불평등 그리고 정신건강 등 현대사회에서 문제가 되는 이야기들을 나열하고 있을 뿐이다.

참고 자료

- https://en.wikipedia.org/wiki/Falling_Down
- https://www.filminquiry.com/falling-down-video-game-levels
- https://www.esquire.com/news-politics/news/a42565/donald-trump-falling-down-2016
- http://warnerbros.wikia.com/wiki/Falling_Down
- https://www.lataco.com/setting-path-acros
- https://inews.co.uk/culture/film/falling-down-25-michael-douglas
- https://www.rogerebert.com/reviews/falling-down-1993
- http://articles.latimes.com/1993-03-13/entertainment/ca-10272_1_courtesy-bad-day-dressings
- http://preview.reelviews.net/movies/f/falling_down.html
- http://fallingdownfilm.com/category/film-analysis
- https://www.laweekly.com/film/falling-down-25th-anniversary-michael-douglas-was-the-villain-8164453

살인의 해부

Anatomy Of A Murder, 1959
살인을 부인하진 않지만 죄가 될 수는 없다?

사건의 진실은 중요하지 않다. 오로지 우리가 믿고자 하는 것을 이루면 그뿐이다. 누구를 믿을 수 있을지, 무엇을 기초로 옳고 그름을 평가할 것인지를 모른 채 허둥대다 보면 오판의 가능성만 높아진다. 그리고 누군가는 그것을 악용하기 시작한다.

「살인의 해부」는 오토 프레밍거Otto Preminger, 1906~1986가 감독하고 제작한 1959년도 미국의 법정영화로 미시간 연방대법관의 필명이었던 로버트 트래버Robert Traver가 쓴 동명의 소설을 각색했다. 미국 배우로서 예비공군AFRC 준장까지 진급한 경력이 있는 제임스 스튜어트James Stewart, 1908~1997가 주연한 이 영화는 성性과 강간rape을 시각적 관점에서 다룬 첫 번째 할리우드 영화로, 미국 변호사협회와 법학교수 단체를 비롯한 법률전문가 집단으로부터 그 당시까지 나온

영화 중에서 가장 뛰어난 순수 재판영화라는 평을 받았다. 법률적인 해석과 판례에 기초한 판결에 대한 과정을 담았지만 'sperm', 'rape', 'bitch', 'slut', 'penetration', 'panties' 등의 금기어를 사용한 최초의 영화라고 할 수 있다.

1959년 베니스영화제 황금사자상 후보에 올랐지만 수상에 실패하고 남우주연상만 수상했다. 다음 해 아카데미시상식에서 총 7개 부문에 후보에 올랐지만 수상의 영예를 안지는 못했다.

살해는 했지만
제정신이 아니기에 살해 의도가 없었다?

영화 이야기는 이렇다. 미국 미시간 주의 북쪽을 일컫는 어퍼 페닌슐라 Upper Peninsula의 작은 마을 변호사 폴 비글러Paul Biegler, 제임스 스튜어트는 지방검찰청장이었으나 재선에 실패하고 알코올 중독자인 동료와 냉소적이고 빈정거리는 여비서와 낚시를 하거나 피아노를 치면서 대부분의 시간을 보낸다.

어느 날, 로라 매니언Laura Manion, 리 레믹으로부터 여관 주인 퀼Quill을 살해한 혐의로 체포된 남편 프레드릭 매니언Frederik Manion, 벤 가자라 중위의 변호를 맡아달라는 요청을 받고, 사건을 수임한다. 검찰 측은 대도시에서 온 냉정하고 까다로운 검사 댄서Dancer, 조지 C. 스콧가 맡는다. 그는 로라 매니언이 퀼과 불륜을 맺었다가 이를 질투한 프레드릭이 그를 살해한 것이라고 주장한다. 하지만 매니언 중위는 퀼이 자신의 아내를 강간했기 때문이라고 주장하며 살인을 부인하지 않는다. 사실 범행 동기는 그렇다 치더라도 피살자가 있는 한 살인 혐의를 벗을 수 있는 방법은 많지 않았다. 비글로는 지난 사건을 조사하던 중 부인을 폭행한 남자를 살해하고 일종의 '일시적 정신이상 무죄변론Temporary Insanity Defense'이라고 할 수 있는 '억제할 수 없는 충동Irresisitible Impulse'이라는 이유로 무죄로 풀려난 사례에 주목한다.

매니언이 사건에 대한 기억이 전혀 없다고 주장하고 비글러는 친근한 말투와 유연한 자세 이면에 숨긴 날카로운 법률적 사고와 열정으로 '억제할 수 없는 충동'에 의한 무죄를 이끌어낸다. 즉 매니언이 살인은 했지만 범행 당시 일시적으로 제정신이 아니었다는 이유로 책임을 물을 수 없다며 무죄를 이끌어낸 것이다. 하지만 반전은 그 다음에 있으니, 기회가 되면 이 영화를 감상하기 바란다.

영화 속 범죄 코드 1 :
판결에 대한 인적요소의 오판 가능성을 경고

이 사건의 변론 핵심은 '억누를 수 없는 충동'의 한 조건인 '맹목적 분노 blinding rage'가 불러온 '정신이상'의 싸움이었다. 살인범 프레드릭의 범행은 동정을 얻지 못할 정도로 냉혈적이었고, 아내에게 사건의 전말을 다 들은 뒤 공격하기까지 1시간 정도를 기다렸다는 점에서 치정에 의한 보복범죄라고 할 수 있다.

심지어 아내인 로라 매니언의 증언조차도 허점이 군데군데 발견되었으나 다행히도 그녀는 거짓말탐지기 검사에서 진실로 판명됐다. 더구나 검찰에서는 그녀의 평소 외관이나 행실을 문제삼기도 하며, 퀼이 그녀를 강간한 것이 아니며 설사 강간일 수 있을지라도 피해자가 강간을 촉진, 촉발 또는 유발했을 것이라며 피해자의 역할과 책임에 잘못을 돌렸다.

결국 영화는 관객들에게 무엇이 진실인가에 대한 여부보다 변호사나 검찰이 배심원들을 어떻게 자기편으로 만드는가 하는 재판의 여론 형성, 더 구체적으로 말하면 배심의 심리에 대해 보여주고 있다.

영화 속 재판에서 배심원단은 남성 8명과 여성 2명으로 구성되었는데 변호사인 비글러는 배심원들에게 '억누를 수 없는 충동'에 대해 설명하며 그것에 의한 살인은 면책되고 용서되어야 한다고 주장한다. 이는 작은 마을의 배심원들의 상식에 도전장을 내민 것이었다. 처음 배심원의 판단은 8대 4로 피고인을 살인 혐의로 유죄를 확정하자는 쪽이었지만 변호인의 정신이상 무죄 변론이 점점 설득력을 얻으면서 결국 일시적인 정신이상으로 무죄라는 전원일치의 결론에 도달하게 된다.

재판 결과가 암시하듯 영화는 우리에게 많은 법률적 쟁점을 일깨워주고 있다. 먼저 영화는 법원의 판결이나 법체계에 있어서 인적요소의 분명한 오판 가능성을 경고한다. 사형제도의 폐지를 주장하는 측의 가장 큰 논리적 근거는 바로 이 오판 가능성이다. 사람이 판결을 내리는 재판은 언제나 이 오판 가능성에서 자유로울 수 없기 때문이다.

영화 속 범죄 코드 2 :
증인의 신뢰성에만 의존하는 사법 과정의 유일한 약점

다양한 방법을 통해 재판에 관련된 관계자는 옳고 그름에 대한 입장이 다르고 성실성, 정의, 윤리성, 도덕성 또한 각자 다르다. 특히 증인의 신뢰성에만 의존해 판결에 대한 결정을 내리는 것은 사법 과정의 '유일한 약점'이라고 할 수 있다. 그래서 법으로 엄격하게 금지하는 것이 '있을 수 있는 증인에 대한 코칭'이다.

영화에서 비글러는 의뢰인과의 최초 면담에서 사건에 대한 전말을 알기도 전에 무죄로 풀려나기 위한 유일한 변론은 '정신이상 무죄'밖에 없다는 것을 설명하고, 은연중에 의뢰인에게 정신이상의 진술을 부추김으로써 위증교사라는 변호사 윤리의 경계를 넘기 직전까지 이른다.

검찰도 마찬가지다. 검사는 재판을 기다리던 피의자 매니언에게 검찰 측에 유리한 증언을 하도록 코칭하는데 이것은 '위증의 예속 내지 교사'라고 볼 수 있다. 이 영화를 본 일부 사람들은 작은 마을의 변호사가 교활한 속임수를 써서 재판에서 이기는 도덕적 모호성moral ambiguity에 대해 지적하기도 한다.

변호인이 피의자를 코칭하는 것은 변호사의 윤리적 경계와 관련해 많은 논란과 쟁점이 제기되고 있다. 여기서 말하는 '코칭'은 사건에 대한 증인의 진술이 의도적으로 변경되는 것을 말한다. 구체적으로 설명하면 변호인이 사건의 전말에 대해 의뢰인에게 자세히 묻기도 전에 재판에서 변론이 가능한 것이 무엇인지에 대해 논의해도 되는지가 쟁점이 되는 것이다.

사실 의뢰인은 변호인에게 사건의 전말에 대해 설명해야 하지만 변호인이 그것에 대해 이야기를 듣는 순간 의뢰인의 입장이 굳어지면서 특정한 변론 방식을 맞추기가 너무 늦거나 혹은 어려워진다.

법적으로 변호인은 발생하지 않은 사실을 꾸미도록 의뢰인을 돕는 것이 적절하지 못한 행위로 간주하며, 의뢰인에게 허위로 진술하도록 조력하거나 자문해서도 안 된다. 「살인의 해부」의 변호사 비글러는 교묘하게 경계선을 넘지 않았다.

영화 속 범죄 코드 3 :
정신이상의 정의와 유형 그리고 정도의 차이

'정신이상으로 인한 형사책임 면죄'라는 '정신이상 무죄 변론'이 쟁점이 되는 것은 여러 이유가 있겠지만 사실 '정신이상'의 정의와 무죄 변론이 가능한 정신이상의 유형과 정도를 규정하는 것이 우선이다. 과거에는 정신이상을 비교적 협의로 규정하는 경향이어서, '범인이 범행 당시에 자신이 하는 행동을 알지 못하거나 그것이 잘못되었다는 것을 알지 못하는 경우'로 한정했다.

반면 정신이상을 보다 광범위하게 규정하는 경우는, 심지어 자신의 행동이 잘못인 줄 알지만 정신적 장애로 인하여 자신의 행동을 통제할 수 없을 때로 규정했는데 이것이 '억누를 수 없는 충동'이다. 결국 영화 속 배심원들은 이 변론에 의해 움직이면서 무죄를 선택한 것이다.

영화 속 범죄 코드 4 :
성폭력에 대한 책임 전가성은 성립되지 않는다

영화에서 보여주는 또 하나의 쟁점은 성性이나 강간 그리고 여성에 대한 인식과 시각이다. 피의자의 아내인 로라는 정말로 무고한 피해자인가? 아니면 행실이 나쁜 여인인가? 영화를 보면 재판을 받는 사람은 그녀의 남편인데 실제로 그녀가 재판을 받고 있는 것은 아닌지 하는 착각이 든다.

사실 영화는 이런 모호성에 대하여 여성해방주의 이전의 남성 중심적인 태도를 취하고 있다. 당시만 해도 성범죄라고 하면 여성이 유인하거나 촉발했다는 피해자를 비난하는 경향이 대세였던 시대였다. 소위 강간의 통념과 강간의 부문화가 팽배했던 것이다.

범죄학적으로 강도나 폭력의 경우 자신을 방어하기 위한 '자기방어'라는 논리가 합당할 수 있지만 성폭력은 여성이 유발 혹은 촉발했기에 남성이 자신을 보호하고 방어하기 위해 성폭력을 가했다는 주장은 논리적으로, 법리적으로 전혀 성립될 수 없다. 따라서 어떤 성폭력이라도 피해자에게 책임을 전가하는 주장은 있을 수 없다.

영화 속 범죄 코드 5 :
유죄 협상은 피해자에게 억울한 측면이 많은 제도

마지막으로 영화 속 위증 코칭과 관련된 제도가 있다. 바로 '유죄 협상 plea bargain'이다. 현재 우리나라에 정식으로 도입되지는 않았으나 검찰 측에서 고려 중인 재판 절차다. 이것은 말 그대로 검사와 변호사가 협상을 통해 피의자가 범죄 사실을 인정하고 자백하면 피의자에 대한 형량을 줄여주는 협의를 말한다.

예를 들어, 유죄 협상을 하지 않았다면 1급 살인으로 형량이 선고되어야 하나 유죄 협상을 함으로써 2급이나 3급 살인으로 경감시켜주는 것이다. 물론 이런 제도에 대한 논란도 없지 않지만 재판부와 검찰의 업무량이 줄어들고, 재판을 신속하게 끝낼 수 있어 비용이 절감될 수 있다는 점을 장점으로 들 수 있다. 즉, 검사는 유죄가 확정되기 때문에 좋고, 변호인은 감형이라는 목적을 이뤄서 좋고, 판사는 유무죄를 고민할 필요가 없어서 좋고, 피고인은 형기가 줄어들어서 좋다. 물론 이 제도는 유죄가 확실할 경우에 적용해야 할 것이다.

하지만 피해자에게는 억울한 점이 많은 제도이긴 하다. 대부분의 피해자가 가해자의 강력한 처벌을 바라는 점을 비춰보면 사법제도에 대한 불만과 불신을 초래할 수 있다.

참고 자료

- https://en.wikipedia.org/wiki/Anatomy_of_a_Murder
- https://tvtropes.org/pmwiki/pmwiki.php/Film/AnatomyOfAMurder
- https://www.nydailynews.com/news/crime/killing-michigan-bar-owner-1952-inspired-film-anatomy-murder-article-1.423705
- https://dwkcommentaries.com/2012/06/27/legal-ethics-issues-in-the-anatomy-of-a-murder-movie
- https://web.archive.org/web/20100303070430/http://www.usfca.edu/pj/articles/anatomy.html
- https://medium.com/@kristinhunt/anatomy-of-a-murder-uses-the-actual-language-of-sexual-assault-8fd511c60719
- https://www.theguardian.com/theguardian/2005/apr/15/5

양들의 침묵

The Silence of the Lambs, 1991
상처, 고통, 통증, 이것들을 사랑하라

자신을 가둔 내면의 소리를 극복해야만 진정한 자신으로 거듭날 수 있다는 가르침은, 묵은 것일지 모르지만 영원히 변치 않는 진리다. 「양들의 침묵」이 공포영화의 틀을 벗어나 극도의 심리를 다루는 영화라고 평을 받는 것은 내면의 탐구와 그것을 통해 다양한 해석이 내포되어 있기 때문이다.

「양들의 침묵」은 1988년 토머스 해리스Thomas Harris, 1940~가 쓴 동명소설을 바탕으로 조나단 드미Joathan Demme, 1944~가 감독하고 조디 포스터Jody Foster, 1962~와 안소니 홉킨스Anthony Hopkins, 1937~, 스콧 글렌Scott Glenn, 1939~, 테드 레빈Ted Levine, 1957~ 등이 출연한 미국의 대표적인 공포영화다.

양들의 비명은 멈췄나?
옛 친구와 저녁 약속이 있어서

미국 연방수사국 FBI의 수습요원이자 범죄심리학을 공부하는 클라리스 스털링Clarice Starling, 조디 포스터이 연쇄살인범을 검거하기 위하여 교도소에 수용되어 있는 한니발 렉터 박사Dr.Hannibal Lecter, 안소니홉킨스를 찾아가 '버팔로 빌Buffalo Bill'이라는 이름만 알려진 연쇄살인범의 단서를 찾고자 한다.

'식인종 한니발'이라고 알려진 렉터 박사는 두뇌가 뛰어나고 상대방 마음을 읽는 독심술의 대가이지만 자기 환자 9명을 살해하고 그 사람의 살을 뜯어먹는 흉측한 수법으로 정신이상 범죄자 교도소에 수감 중인 전직 정신과 의사였다. 렉터 박사를 통해 버팔로 빌에 대한 정보와 자문을 얻어 결국 연쇄살인범을 검거한다는 줄거리지만 영화가 시사하는 바는 이보다 훨씬 더 넓고 깊다.

정신이상 범죄자를 수용하고 있는 볼티모어주립병원의 한 독방, 그곳에서 마주하게 된 렉터 박사와 스털링의 팽팽한 신경전이 벌어지지만 렉터 박사는 그녀를 거부한다. 스털링이 떠나려 하자 재소자 중 한 명이 스털링에게 정액을 날리자 그러한 짓은 말로 표현할 수 없을 정도로 추하다고 생각한 렉터 박사는 그녀를 다시 불러 힌트를 준다. 곧바로 힌트를 푼 스털링은 다시 한니발에게 돌아가고, 한니발은 자신을 혐오하는 칠튼 박사가 없는 요양원으로 이송시켜주는 대신 자신이 버팔로 빌을 잡게 해주겠다고 제안한다.

이때 버팔로 빌이 상원의원의 딸을 납치하자 렉터 박사를 찾은 스털링은 상사 크래프트 부장의 지시대로 상원의원의 딸을 무사히 구출하는 데 도움이 되는 정보를 제공한다면 뉴욕의 고급 요양원으로 옮겨주겠다는 거짓 협상을 제안한다. 이 제안은 받아들인 그는 한 가지 조건을 더 내건다. 스털링의 어린 시절에 대한 아픔을 알고 싶다고 한다. 렉터 박사는 스털링을 처음 보자마자 스털링의 트라우마를 읽어내고, 자기 자신의 내면에서 아우성치는 소리를 들어야 자신을 가두고 있는 틀을 벗을 수 있다고 생각한 것이다.

이에 스털링은 솔직하게 그녀의 아버지는 경찰이었으며 수사 도중 살해됐고, 그 후 어머니가 돌아가셨다고 말한다. 이에 무언가를 느낀 렉터 박사는 버팔로 빌에 대한 프로파일링을 조금씩 풀어놓는다. 범인이 나방에 대해 집착하는 이유는 성전환증으로 고치를 벗고 여자가 되고 싶은 욕망을 발현한 것이라고 말한다. 스털링은 성전환증은 폭력성을 동반하지 않는다고 지적하나 렉터 박사는 버팔로 빌은 성전환증으로 인한 범죄가 아니라 어릴 적 가정폭력에 시달려 다른 자신을 원했을 뿐이라고 말한다. 그것을 성전환증이라고 착각하고 있다고 말한다.

이를 엿들은 칠튼 박사는 렉터 박사에게 스털링이 한 제안은 거짓이며 자신에게 모든 것을 털어놓으면 멤피스로 이송해주겠다고 제안한다. 그리고 크래프트 부장은 거짓 협상을 한 것이 탄로나 FBI 내 수사권을 잃게 된다.

멤피스로 이송된 렉터 박사는 상원의원을 만나 버팔로 빌에 대한 잘못된 정보를 제공한다. 정신병원에 있는 동안 칠튼 박사에게 정신적 수모를 당한 렉터 박사는 그의 명예를 실추하기 위해 거짓 자문을 한 것이다.

이를 알아챈 스털링은 렉터 박사를 찾아가 진실을 말해줄 것을 요구하지만 그는 모든 정보가 사건 파일 안에 담겨 있다고 조언한다. 그리고 오는 것이 있어야 가는 것이 있다며 버팔로 빌에 관한 정보를 주는 대신 스털링의 내밀한 어둠에 대한 이야기를 요구한다. 스털링은 부모님이 죽은 뒤 친척과 살게 된 양 목장에서 있었던 이야기를 하게 된다. 어느 날 새벽 그녀는 양들의 비명소리를 듣고 잠에서 깨 나갔다가 새끼 양이 도살당해 다른 양들이 비명을 지르는 장면을 목격하게 된다. 그때 스털링은 양 한 마리를 안고 목장에서 달아나는데 얼마 지나지 않아 보안관에게 붙잡힌 다음 고아원으로 보내진다. 그때 들은 양 수십 마리의 비명소리가 트라우마가 되어 그녀를 괴롭히고 있었다.

또다시 칠튼 박사가 그들의 대화를 녹음한 것을 안 렉터 박사는 스털링에게 사건 파일을 넘겨주고 그날 밤 교도관을 살해한 후 도주한다. 스털링은 사건 파일에 적힌 렉터 박사의 주석을 분석하여 여러 정황을 포착해 버팔로 빌을 검거하기에 이른다. 그후 스털링은 FBI의 정식요원이 되는데 축하 파티 도중 렉터 박사의 전화를 받게 된다. 그리고 이렇게 말한다.

"양들의 비명은 멈췄나? 난 옛 친구와 저녁 식사가 있어서."

이 말은 영화를 통해 의미를 깨닫기 바란다.

아름답지만 무력한 양은,
약한 자를 대변하는 이미지는 아니었을까?

이 영화는 두뇌가 뛰어난 영악한 연쇄살인범과 대담하고 근성이 있는 FBI의 훈련생이자 범죄심리학자 사이의 쥐와 고양이의 교환cat and mouse exchange과도 같다. 조나단 드미 감독은 영화라는 상상력의 수술을 통하여 렉터의 비뚤어진 두개골 속을 보여주고 있다.

그런데 「양들의 침묵」이라는 영화 제목에 나오는 양의 상징적 의미는 무엇일까? 의심의 여지도 없이 '양'은 종교적 상징이 크다. 『성경』에도 수없이 인용되는데, 그중에서도 가장 유명한 것이 아마도 예수Jesus를 '신의 희생The sacrifice of God'이자 '신의 양The lamb of God'으로 부르는 것이다. 이에 몇 가지 해석이 따른다.

첫째 양은 아름답지만 무고하며 무력한 대상으로 보살펴주는 사람이 필요한 존재로 해석되는 것이다. 영화에서 의미 없이 죽을 수밖에 없는 여성들이 양들일 것이고 이들을 대신하여 개입하려고 했던 사람이 바로 스털링이었지만 번번이 실패하고 만다.

둘째는 스털링을 양으로 보는 것으로, 그녀 또한 남성 중심의 조직에서 신입 훈련생으로서 아름답고, 무력하며, 무고한 존재로서 한니발이나 버팔로 빌과 같은 악마로 가득한 세상에 놓여 있다.

그녀는 그 안에서 생존할 수 있을까? 결국 그녀를 보호했던 것은 자기 자신이다. 그리고 스스로 자신에 대한 두려움을 극복한다. 그것은 바로 실패의 두려움으로, 마지막 그녀는 버팔로 빌을 검거함으로써 실패의 두려움에서 벗어난다.

셋째, 스털링이 힘없는 인간 양들의 보호자요 보살피는 존재로서 묘사되는데, 이는 늑대와 같은 살인범에서 무력한 인간 양들을 보호하는 것이 그녀의 일이고, 실패의 대가는 곧 죽음이라는 것을 의미하기도 한다.

마지막으로, 스털링은 어린 시절 목장의 양떼들이 죽임을 당하는 것을 목격한다. 양들의 죽음이 무엇을 의미하는지는 모르지만 그녀는 사람들이 양을 죽이는 것을 이해할 수 있다면 불투명한 이 세상도 이해할 수 있을 것이라고 생각하며 악마들을 이해하려고 한다. 그것은 곧 자신의 아버지를 죽인 누군가를 이해하는 것이기도 하다. 영화는 직장의 동료 남성들에 비해 육체적으로 약한 FBI의 여성 요원인 스털링이 문제를 해결하는 것으로 끝이 난다.

우리가 알게 모르게 눈감아버린 모든 것에 범죄가 도사리고 있다

사실 여성 피해자의 피부로 옷을 만들려는 버팔로 빌도 어린 시절 아동학대를 심하게 당한 사람이고, 지적이지만 냉혈한인 렉터 박사도 현행 제도를 이용하려는 사람들에 의해 정신적 수모를 당한 사람이다.

아동학대나 가정폭력 등의 피해자는 훗날 자신도 그런 학대를 행사하거나 더 잔인한 범죄를 저지를 수 있는 전이를 보여주기 때문에 다시한 번 가정의 중요성을 일깨운다. 더불어 현재 우리의 틀을 가두고 있는 형사사법제도와 사회가 얼마나 피해자에 대해 무지하고 무책임한지를 알아야만 한다.

그래서 「양들의 침묵」은 우리 사회의 수많은 양들 즉, 피해자를 구하기 위해 여성이든 남성이든 더 많은 스털링이 필요하다고 외친다. 영화의 마지막에서 렉터 박사는 스털링에게 우리가 직면한 문제는 버팔로 빌이 아니라 사회 전반이라고 말하고, 스털링은 살상을 허용해왔고 현재도 허용하고 있는 현재와 같은 제도와 기구로는 양들을 구할 수 없다는 것도 주지시킨다.

영화 속 범죄 코드 1 :
유명한 연쇄살인범의 특징을 조합한 버팔로 빌

영화 속 연쇄살인범 버팔로 빌은 실제의 대표적 연쇄살인범 세 사람을 조합한 것이라는 주장이 있다. 미국에서도 가장 악랄한 연쇄살인범인 테드 번디Ted Bundy, 1946~, 게리 M. 하이드닉Gary M. Heidnik 1943~1999, 에드 게인Ed Gein, 1906~1984을 합쳐 만든 캐릭터인 것이다.

영화 속 버팔로 빌은 테드 번디가 피해자를 유인할 때 자신의 팔에 부목을 사용한 것처럼 동일한 방법을 사용했다. 하이드닉은 집에 굴을 만들어 다수의 여성들을 가둬 도망가지 못하게 하고는 인간사냥을 했는데 영화 속 빌도 집 안에 굴을 만들어 그 안에 여성을 가뒀다. 게인은 자신이 살해했던 여성들의 무덤을 파서 그들의 피부를 벗겨 집에 걸어두거나 가발, 장신구, 가짜 가슴을 만들어 자신을 꾸미기도 한 엽기적인 살인마였는데 영화 속 빌도 동일한 방법으로 여성의 피부를 벗겨내 옷을 만들었다.

영화 속 범죄 코드 2 :
FBI가 개발하고 활용하기 시작한 프로파일링

영화 「양들의 침묵」은 몇 가지 사회적 쟁점으로 비난을 받기도 했다. 동성애 혐오Homophobia, 성전환 혐오Transphobia 그리고 성차별주의Sexism가 바로 그것이다. 그중에서도 특히 영화에서 검거의 대상인 연쇄살인범 버팔로 빌을 양성애자bisexual나 성전환자로 묘사한 데 대해서 동성애자, 양성애자, 성전환자LGBT : Lesbian, Gay, Bisexual, Transsexual 단체로부터 많은 비난을 받았던 것이다.

물론 이들의 비판에 대하여, 드미 감독은 버팔로 빌이 동성애자의 캐릭터가 아니며 그는 지금과는 다른 자신을 원했고, 그것이 여성성으로 표출되었을 뿐, 그저 자신을 증오하며 괴로워한 남자라고 답했다.

성전환증은 영화에서 범인을 찾는 실마리로 작용한다. 렉터 박사가 연쇄살인범을 분석하고 성전환증을 제시했을 때 범죄심리를 전공한 스털링은 성전환증을 가진 사람은 폭력성이 내재되어 있지 않다고 말한다. 이에 렉터 박사는 그는 가정폭력으로 얼룩진 자신을 버리고 다른 자아를 찾고 싶은 것이라고 답한다.

이것을 통해 하나하나 연쇄살인범의 윤곽을 잡아가는데 이것이 프로파일링의 힘이라고 할 수 있다. 이 영화는 이제는 범죄학과 형사정책 분야 종사자뿐만 아니라 일반 시민도 낯설지 않은 용어가 된 프로파일러Profiler와 프로파일링Profiling을 소개하고 있다. 영화에서 주요 인물 중의 한 사람인 크래프트가 책임지고 있는 FBI의 부서가 바로 행동과학부Behavioral Science Unit인데 바로 이곳에서 개발하고 활용하기 시작한 중요한 수사 기법이 프로파일링이다.

프로파일링을 간단하게 설명하자면, 인간은 습관의 동물로 범죄자가 범행을 시도할 때 자기만의 습관이나 독특한 특성을 범죄 현장에 남긴다는 점을 활용해 그러한 특징들을 바탕으로 용의자의 범위를 좁혀가는 것을 말한다. 프로파일링은 크게 지리적 프로파일링과 심리적 프로파일링으로 나뉜다.

크래프트 부장은 스털링을 렉터 박사에게 보낼 때 개인적인 이야기를 하면 렉터가 분석할 테니 절대로 개인 신상에 대해 말하지 말라고 경고한다. 하지만 그녀는 자신의 어두운 이야기를 렉터에게 털어놓으면서 버팔로 빌의 심리학적 프로파일링을 얻는다. 물론 FBI의 자체 프로파일링에는 빌이 필사적이고 절망적인 무작위 사인 유형desperately random killing style에 따라 범행을 시도한다고 했으나 렉터 박사는 우월한 병리학적 직관pathological insight에 따라 그는 전혀 무작위적이지 않다고 분석했다. 이 장면을 통해 프로파일링과 프로파일러의 전문성의 중요도를 확인할 수 있다.

영화 속 범죄 코드 3 :
영원히 끝나지 않는 사형제도의 존폐

영화는 또한 우리 사회에서 아직도 끝나지 않은 논쟁의 하나인 사형제도에 대해서도 약간의 묘사를 하고 있다. 영화 속에서 사형제도에 대하여 적극적으로 찬성하는 FBI의 프로파일러는 사형 집행을 목격하도록 요구를 받을 때면 그 전에 범죄 현장 사진을 본다고 하면서 그것을 통해 피해자가 먼저라는 시각을 잃지 않는다고 설명한다. 그러나 이 영화의 감독은 이와 반대로 생각하는 것으로 알려져 있다.

이것은 우리가 피해자에 대한 배려, 지원, 보호, 역할 등을 연구하는 피해자학의 관점에 관심을 가질 필요성이 있다고 말하는 것이기도 하다. 형사법이 더 이상 가해자들만의 제도요 기관이요 절차가 아니라 가해자와 피해자가 균형을 이루고 지역사회와 형사법 체계까지도 아우르는 그야말로 모든 이를 위한 형사사법, 형사정책, 사법 정의가 이뤄져야 한다는 암시가 있다.

사형제도와 뗄 수 없는 논쟁의 하나는 소위 형벌의 억제 효과라고 할 수 있는데, 이 영화에서도 약간은 엿볼 수 있는 부분이다. 실제로 사형제도의 존폐에 대한 논쟁의 한가운데에는 언제나 사형제도로부터 기대하는 범죄 억제 효과deterrence effect의 유무가 자리잡고 있다. 즉, 일급 살인을 행한 범죄자에게 사형을 집행함으로써 장래 살인 범죄를 억제할 수 있는가 하는 논쟁이다. 범죄학에서는 형벌을 통한 범죄 억제 효과는 형벌이 신속하고 확실하고 엄중해야 한다고 전제하는데, 사실 사형은 비록 가장 엄중한 형벌이지만 그렇게 신속하지도 확실하지도 않다고 한다.

그리고 형벌의 억제 효과는 인간의 합리성과 합리적 선택이 전제되어야 가능한데 살인 범죄는 대부분 이런 사전적 선택과 계획된 범죄라기보다는 충동과 격정 등 상황적 범죄이고, 설사 계획된 범행이라도 치정이나 복수 등 확신적 범죄에 가까워서 형벌을 통한 억제는 의미가 없기 때문이기도 하다.

영화 속 범죄 코드 4 :
범죄자의 권리는 어디까지 허용해야 할까?

일반인들에겐 조금 낯설겠지만 영화는 우리에게 교도소라는 또 다른 공간을 소개하고 있다. 우리 사회에서도 교도소가 대중적으로 알려진 것은 그리 오래지 않다. 1980년대 후반 영등포교도소현남부교도소에 수감 중이던 지강헌 일당이 탈주극을 벌이는 장면이 당시 갓 시작되었던 컬러텔레비전으로 전국에 생방송되면서 새삼 교도소와 재소자의 존재를 좀더 가까이 알게 된 것이다.

그가 남긴 유명한 어록이 바로 "유전무죄, 무전유죄"다. 돈이 있으면 죄가 없고 돈이 없으면 죄가 있다는 의미인데 그의 외침은 소시민에게 적지 않은 공감을 이끌어냈던 것은 사실이다.

그리고 렉터 박사가 수용된 볼티모어주립병원은 치료교도소와 같은 교정 시설인데 이곳에 수용된 정신질환 재소자들에 대한 처우가 과연 합당한 것인지도 논란이 될 수 있다. 즉, UN에서는 수형자에 대한 '잔인하고 이상한 처벌cruel and unusual punishments'을 금지하고 있는데 바로 이 UN 최저준칙을 위반하지 않았나 하는 의문이 제기될 수 있다.

이는 곧 범죄 혐의로 법원에 의하여 유죄가 확정되고 자유형이 선도되어 수형 생활을 하는 재소자라도 자유의 박탈을 제외한 헌법이 보장하는 인간의 기본권은 보호되어야 하고, 교정 시설에의 생활은 마지막 수단으로서 최소한의 구금에 그쳐야 한다는 것이다.

이와 함께 한 걸음 더 나아간다면, 과연 우리는 왜, 어떤 목적으로 범죄자에게 자유형을 선고하고 그들을 교정 시설에 구금하는 것인지를 물어야 한다. 응보? 교화 개선? 억제?

「양들의 침묵」에서도 렉터 박사는 정보를 주는 대가로 이송을 요구하고 있는데 교정학에서는 이런 부분을 교도소 권위의 부패로 규정한다. 교도소의 안정적 운용을 위해 일부 재소자들의 도움을 받고, 그 대가로 그들에게 후사를 베푸는데 이것에 발목이 잡힌 교도관과 교도소가 권위를 상실하게 되기 때문이다.

그리고 이런 점을 더 부각시키는 것은 납치된 피해자가 현직 상원의원의 딸이라는 점이다. 만약 상원의원의 딸이 아니었다면 당국에서 똑같은 대응을 했을까 하는 의구심이 들지 않을 수 없다.

이런 의구심을 더해주는 장면이 상원의원 마틴이 텔레비전을 이용하여 반복적으로 딸의 사진을 내보내고 이름을 부르면서 버팔로 빌과 의사소통을 하려고 한다는 점이다. 이 장면은 심리학적으로 보면 매우 정교한 접근법이지만 현실에서는 그다지 효과가 높지 않다. 그럼에도 현재 아동을 유괴하는 범죄가 발생하면 방송 등을 통해 납치범을 공개 수배하는 프로그램인 '앰버 경고Amber Alert'를 많이 활용한다.

영화 속 범죄 코드 5:
유리천장을 부수고, 권력을 대치하다

「양들의 침묵」은 일종의 현대사회 신종범죄라고 할 수 있는 몇몇 범죄를 선보인다. 렉터 박사는 자신을 면담하러 온 FBI 수습요원 스털링에게 그녀의 상관이자 행동과학부장 크래프트가 성적으로 원하지 않는지를 묻는다. 그리고 또 다른 면담에서는 그녀가 어릴 적 사촌에게서 학대를 당했다는 생각에 열중하면서 기뻐한다. 그녀를 입양했던 목장주가 구강성교를 시키지 않았냐고 묻기도 하면서 상원의원의 딸이 납치되었을 때는 모유수유에 관하여 조롱하기도 한다. 렉터 박사의 이런 말과 행동들은 현대적 관점에서 본다면 성희롱이자 성추행, 더 나아가 성차별이 될 수 있다.

크래프트 부장도 마찬가지다. 그는 스털링이 여성이라는 이유 하나로 렉터 박사로부터 정보를 쉽게 많이 얻어낼 수 있다고 판단한다. 이런 점을 통해 그녀를 대하는 태도와 언행이 일명 '직장 성희롱'에 가깝다는 생각이 든다.

영화 전반에 걸쳐서 우리는 스털링이 남성 중심의 FBI에서 자신의 생존을 위해 감당해야 하는 성적 부분과의 투쟁을 엿볼 수 있다. 자연사 박물관에서 공룡 화석으로 에워 쌓인 스털링은 공룡으로 대변되는 남성 중심 사회에서 혼자 남은 여성을 암시하기도 한다. 이런 점에서 이 영화가 여성주의나 남성우월주의의 성차별주의을 묘사했다고도 볼 수 있다.

그러나 이 영화는 스털링의 활약상으로 연쇄살인범을 검거하기 이르는데 이런 점에서 남성과 여성의 권력이 대치된다. 남성의 세상으로 여겨지는 FBI에서 홀로 생존하는 것에서 멈추지 않고, 잔인한 연쇄살인범 버팔로 빌을 붙잡은 주인공이 되었기 때문이다.

영화 속 범죄 코드 6 :
학술범죄학에서 대중범죄학으로의 이동

「양들의 침묵」이 개봉했을 때 이 영화가 미친 영향은 과거 어떤 영화보다 컸다. 관객들이 실제 범죄와 연쇄살인범들의 정신병리pathology, 특히 사이코패스에 사로잡히는 등 현재 범죄학 연구의 변화와 무관하지 않다. 이 영화로 과거 이론 중심, 학문 지향의 순수과학으로서의 범죄학, 즉 학술범죄학에서 응용과학적이고 대중화된 실무적 범죄학, 즉 대중범죄학으로 관심이 이동되었다.

물론 예전에도 언론과 범죄, 특히 언론의 폭력성이 범죄에 미치는 영향에 대한 연구는 지속돼왔지만 최근에는 이런 추세가 더욱 넓어지고 깊어졌다. 특히 문화범죄학의 출현에 이어 이를 더욱 확대한 대중범죄학으로까지 범죄학의 영역이 확장된 것이다.

그리고 렉터 박사가 자문을 하는 대신 스털링의 어릴 적 이야기를 들려달라고 요구하는 것은 범죄원인론의 한 축이 된 심리학적 원인론 중에서도 그 시작이라고 할 수 있는 정신분석psychoanalysis의 한 단면을 엿볼 수 있다. 프로이트Sigmund Freud, 1856~1939가 시작한 정신분석적 범죄 원인의 이해와 설명이 범죄학에 미친 영향은 지대하며 아직도 범죄학에 있어서 심리학의 역할과 공헌은 프로파일링은 물론이고 심리치료 등 다양한 분야에서 중요하게 여기고 있다.

참고 자료

- https://en.wikipedia.org/wiki/The_Silence_of_the_Lambs_(film)
- https://www.rogerebert.com/reviews/the-silence-of-the-lambs-1991
- https://www.theguardian.com/film/2017/nov/01/the-silence-of-the-lambs-review-anthony-hopkins-jodie-foster-jonathan-demme
- https://horrorfreaknews.com/silence-lambs-1991-review/3502
- https://www.hollywoodreporter.com/review/silence-lambs-review-1991-movie-1084731
- https://www.quora.com/What-is-the-symbolism-of-the-lambs-in-Silence-of-the-Lambs
- https://tvtropes.org/pmwiki/pmwiki.php/Literature/TheSilenceOfTheLambs
- https://www.bbc.com/culture/story/20170307-why-the-silence-of-the-lambs-is-a-feminist-fable
- https://www.denofgeek.com/us/movies/the-silence-of-the-lambs/268709/the-silence-of-the-lambs-a-thinking-persons-monster-movie
- https://www.criterion.com/current/posts/5402-the-silence-of-the-lambs-a-hero-of-our-time
- https://www.filminquiry.com/feminine-perspective-power-silence-lambs
- https://qz.com/615568/the-feminist-failure-of-silence-of-the-lambs
- http://screenprism.com/insights/article/in-the-silence-of-the-lamb-how-does-clarice-starling-represent-the-struggle

– https://www.theatlantic.com/entertainment/archive/2018/02/the-silence-of-the-lambs-criterion-jonathan-demme-true-crime/553418

CHAPTER
04

파헤치다
–

묻어버리기엔
너무 무거운
잔혹한 진실

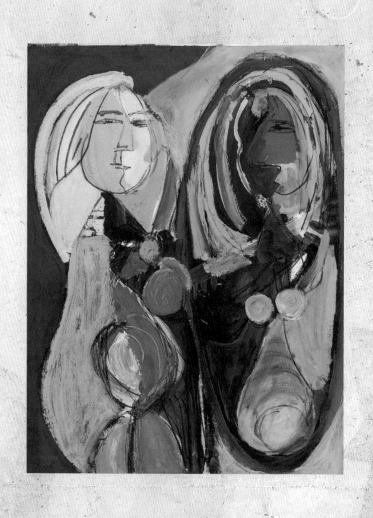

스포트라이트

Spotlight, 2015
어떻게 신의 부탁을 거절할 수 있을까요?

진실의 한 단면은 누군가의 용기로 밝혀질 수 있다. 하지만 그것은 진실의 한 단면일 뿐이다. 진실의 전체를 보기 위해선 몇몇의 용기가 아니라 모두의 용기가 필요하다.

「스포트라이트」는 2015년 토마스 맥카시 Thomas McCarthy, 1966~가 실화를 바탕으로 만든 미국 영화다. 이 영화의 주인공은 스포트라이트 팀의 기자들인데 마이클 키튼Michael Keaton, 1951~이 월터 로빈스Walter Robinson 기자, 마크 러팔로Mark Ruffalo, 1967~가 마이크 레젠데스Michael Rezendes 기자, 레이첼 맥아담스Rachel Anne McAdams, 1978~가 샤샤 파이퍼Sacha pfeiffer 기자 역을 맡아 열연을 펼쳤다. 그리고 제88회 아카데미시상식에서 작품상과 각본상을 수상했다.

이 영화는 미국에서 가장 오래된 그리고 현재도 활동 중인 「보스턴 글로브Boston Globe」의 스포트라이트 팀이 당시 보스턴 지역 다수의 천주교 신부들에 의해 광범위하고 체계적으로 행해졌던 아동 성적 학대 사건들에 대한 탐사보도를 그리고 있다.

거대한 종교 집단, 그 안에서 벌어진 비밀스런 악행

1976년, 보스턴 경찰서에 아동 성적 학대 혐의로 존 게오간John Geoghan, 1935~2003 신부가 체포되었다. 하지만 지방검찰청의 부검사는 경찰관에게 사건이 언론에 보도되지 않도록 요청했고, 그는 석방된다.

2001년 「보스턴 글로브」는 마티 배런Marty Baron, 리브 슈라이버을 새 편집국장으로 영입한다. 당시 보스턴 지역의 대주교였던 버나드 프란시스 로Bernard Francis Law 추기경이 게오간 신부가 아이들을 성적으로 학대했다는 것을 알고도 아무런 조치를 취하지 않았다고 주장하는 미첼 가라베디안Mitchell Garabedian 변호사의 칼럼을 읽고 스포트라이트 팀에게 조사를 지시한다. 이 팀은 수개월 동안 연구하고 조사해 탐사보도 기사를 작성하는 소규모 기자 집단이었다.

처음에는 이리저리 옮겨 다니는 게오간 신부를 추적하는 것이라 생각했으나 조사를 하면 할수록 보스턴 교구는 숨기고 있지만 매사추세츠 지역 신부들이 일정 형태로 아동을 성추행하거나 성적으로 학대하고 있다는 사실을 알게 된다. 신부들로부터 학대당한 사람들의 생존자 네

트워크라는 피해자 단체를 이끄는 필 사비아노Phil Saviano를 통해 스포트라이트 팀은 조사 범위를 13명의 신부로 확대한다.

아동에 대한 이상성욕Pedophile을 가진 신부들을 재활시키는 노력을 하던 전직 신부 리차드 사이프Richard Sipe는 신부의 50%가 종교적 독신이 아니라는 사실을 털어놓고, 이 수치는 아동에 대한 이상성욕을 가진 신부들을 과소 추정한 것이며, 보스턴 지역에만 전체 신부의 약 6%에 해당하는 90여 명의 신부가 아동을 성적으로 학대하고 있다고 전한다. 이를 토대로 스포트라이트 팀은 아동을 성적으로 학대하는 87명의 신부들 이름을 작성하고, 이들에게 피해를 입은 사람들을 찾기 시작한다.

그러나 9.11 테러가 발생하면서, 기사의 우선순위가 바뀌는데 스포트라이트 팀의 기사는 뒤로 밀리지만 레젠데스 기자가 로 추기경이 문제를 알고도 무시했다는 공개된 문서가 존재한다는 사실을 미첼 가라베디안 변호사로부터 전해 듣고는 다시 동력을 얻기 시작한다.

레젠데스 기자는 더 이상의 피해를 막고 경쟁 신문사에서 기사화하기 전에 당장 보도해야 한다고 소리를 높였지만 로빈스 팀장은 문제점이 좀더 체계적이고 완벽하게 파헤쳐질 수 있도록 더 조사해야 한다는 확고한 신념을 가지고 있었다.

그런 와중에 「보스턴 글로브」가 공개되지 않은 법률 문서를 요구하는 소송에 이기면서 스포트라이트 팀은 드디어 기사를 작성하기 시작했고, 2002년 초 기사가 보도되자 신문사에는 전화가 폭주했고, 로 추기경은 사임했으며 이를 계기로 로마 교황청의 신부에게까지 비화되기에 이른다.

이토록 썩어 있는데,
왜 아무도 이의를 제기하지 않는가?

영화의 주된 주제는 가톨릭계에 팽배한 아동 성적 학대와 이를 은폐만
해온 교계 상부의 잘못된 관행에 대한 사회적 경고일 것이다. 스포트라
이트 팀이 처음 아동성애자의 문제를 취재했을 때는 단순히
게오간 신부 개인의 일탈로 시작됐으나 탐사가 계속되면서 교계 전체
에 광범위하게 퍼진 것임을 알게 된다. 신부의 일탈은 그냥 '썩은 사과
Rotten apple' 하나에 지나지 않을지 몰라도 그것이 은폐되고 쉬쉬되면 전
체를 도려내야 할 만큼 '썩은 상자Rotten box'의 문제로 밝혀진다.

특히 영화의 배경인 보스턴이란 도시는 유난히 천주교 영향이 강한
곳이기에 이처럼 광범위한 일탈이 일어남에도 사회에 알려지지 않았던
이유 중 하나라고 할 수 있을 것이다. 곧 교회에 대한 전적인 믿음과 교
계의 영향력으로 인한 언론과 정계 다방면에 걸친 유착으로 알려지지
않았을 것이라는 일종의 음모론까지 수면에 오른 상황이었다.

하지만 영화를 보면 볼수록 이 영화가 주는 메시지는 언론의 집요한
진실 찾기에서 가치를 찾는 것이 아니라 언론의 사회적 복종과 공모라
는 느낌을 지울 수가 없다. 이처럼 심각한 사회적 문제가 어떻게 오래도
록 지속될 수 있었는지, 심지어 그런 소문을 듣지 않은 사람을 찾는 것
이 더 어려울 정도로 광범위한데도 말이다. 왜 종교계에는 내부고발자

가 존재하지 않았는지, 왜 언론은 이런 사실에 눈과 귀를 닫고 있었는지에 대해 자기성찰을 내포하고 있기도 하다.

언론뿐만 아니다. 성 스캔들과 이에 대한 조직적인 은폐의 소문이 광범위하게 확산되었음에도 사회나 언론, 경찰 그리고 법률제도와 사법체계는 외면했다. 특히 수치심으로 평생을 살아야 하는 피해자들은 자살로 고통을 멈추는 일이 일어나는데도 누구 하나 이 문제에 대해 파고들 용기가 없었던 것이다.

하지만 눈 가리고 아웅하는 것도 한계가 있는 법이다. 몇몇의 용기 있는 언론인으로 인해 진실은 파헤쳐지고, 그것은 세상의 관점을 바꾼다. 이런 점에서 이 영화는 범죄와 언론의 관계의 한 단면을 보여준다.

영화 속 범죄 코드 1:
신체적 학대에서 영적인 학대로 이어지는 둘만의 비밀

「스포트라이트」는 가톨릭계의 은밀한 비밀에 대해서도 말하고 있다. 스포트라이트 팀에게 탐사를 계속할 수 있게끔 동력을 제공했던 사이프 신부는 가톨릭의 독신주의나 금욕주의로 인해 비밀리에 아동에 대한 이상성욕이 파생되었다는 충격적인 사실을 전한다. 특히 성당은 어린이들을 학대하고 약취하고도 이를 숨기기에 좋은 장소가 된 것이다.

일반적으로 소아성애증이나 어린이성애증은 사춘기 이전의 어린이에게서 강렬한 성적 욕망을 느끼는 증상을 말한다. 여기서 아동에 대한 이상성욕을 말하는 'Pedophile'이라는 용어는 그리스어로 어린이를 지칭하는 접두사 'Pedo'와 갈망하다는 의미의 'philia'의 합성어다.

최근 한국에서도 교회 내부의 일부 성폭력 문제가 큰 반향을 일으키고 있다는 점에서 이 영화가 주는 시사점이 적지 않다. 한국 교회에서의 성 문제는 일부 목회자들에 의한 젊은 여성신도들에 대한 성폭력이라고 한다. 물론 쌍방의 주장은 극한적으로 대립되지만 피해자 측 입장에서는 엄연히 성폭력임에도 가해자들은 폭력이 아니라 합의된 관계라고 억지 주장을 한다.

전문가들은 피해자 주장의 신빙성을 소위 말하는 '그루밍Grooming 성폭력'으로 뒷받침한다. 글자 그대로 그루밍이란 길들이기, 꾸미기 등의 의미이며, 따라서 '그루밍 성폭력'은 피해자를 심리적으로 지배하고 길들여서 성폭력을 행한다는 것이다. 당연히 피해자는 성에 대한 인식도 낮고, 판단력이나 저항력이 비교적 취약한 아동이나 청소년이 대부분이다. 상담과 지원, 호의 등을 미끼로 경계심을 무너뜨리고 신뢰를 얻어서 피해자 스스로 성폭력을 허락하게 만드는 것이다.

주로 피해 대상이 경제적, 가정적, 사회적 문제에 취약한 청소년이라는 점이 더 큰 문제가 되기도 한다. 이 그루밍 성폭력 범죄는 대체로 먼저 피해자 물색, 접근, 신뢰 쌓기, 피해자 욕구 충족시키기, 피해자 고립시키기, 성적 접촉, 회유와 협박을 통한 통제 등의 단계로 이어진다고 한다.

이런 점에서 영화 속 신부들의 성폭력도 대부분은 이와 같은 그루밍에 의한 것이라고 설명할 수 있을 것이다. 실제로 영화에서도 가해자 신부들은 대부분 저소득층 지역에서 활동했으며, 자연스럽게 아버지 상이 필요했던 청소년들이 주요 표적이 되었던 것으로 묘사되고 있다.

영화 속에서 피해자 단체를 이끄는 필 사비아노의 경우도 이와 같다. 그는 11살 때 기도하러 성당에 갔다가 신부에게 강간을 당했다고 한다. 영화에서 그는 이렇게 말한다.

"가난한 집 아이라면 종교에 크게 의지해요. 신부가 관심을 가져주면 그게 그렇게 좋죠. 심부름이라도 시키면 특별해진 기분이 들어요, 하느님이 도움을 청하신 것처럼. 추잡한 농담을 들으면 조금 이상하다가도 그게 둘만의 비밀이 되는 거죠. 그렇게 가까워져요. 그러다 저한테 포르노 잡지를 보여주죠. 그렇게 가까워죠. 가까워지고 가까워지다……."

가난한 가정의 가난한 청소년, 어린이라면 종교가 가지는 의미가 크다. 특히 성직자가 자신에게 특별한 관심을 가지는 것은 더욱 큰 의미가 된다. 작은 심부름 하나를 시켜도 마치 신이 자신에게 도움을 청하는 것만큼이나 특별하게 느끼게 된다. 심지어 그가 더러운 농담을 해도 크게 이상하지 않고 오히려 이제는 함께 비밀을 갖는 것에 특별성을 가진다. 그가 포르노 잡지를 보여줘도 받아들이고, 급기야는 그가 길들여놓았기 때문에 이제는 빠져나올 수 없는 덫에 걸렸다고 느끼기까지 한다. 이쯤 되면 어떻게 신을 거절하고 거부할 수 있겠는가?

신부가 청소년에게 이런 짓을 한다면 이는 비단 신체적 학대physical abuse뿐만 아니라 영적인 학대spiritual abuse가 된다. 결국 청소년에게서 신앙과 믿음을 빼앗으면 그는 빼앗긴 그것을 되찾기 위해 방황하게 된다. 그것이 약물일 수도, 혹은 다른 일탈일 수도 있다. 급기야는 자신을 포기할 수도 있다. 그래서 신부에게 피해를 당한 사람들은 자신들을 피해자victim가 아니라 생존자survivor라고 부르기 시작한다.

영화 속 범죄 코드 2 :
피해자를 보호하기 시작한 시설에서 피해자를 더 양산하다

영화에서는 피해자학이라는 비교적 새로운 학문의 시작이 왜 교회였을까라는 의문에 대한 대답을 얻을 수 있다. 사실 피해자학의 시작은 피해자와 비피해자는 어떻게 다른지, 왜 누구는 평생 한 번도 피해를 당하지 않는데 누구는 반복적으로 당하는지, 피해자와 비피해자 사이에는 어떤 차이가 있는지 등 피해자의 특성과 유형을 통해 피해자가 되기 쉬운 특성을 알고자 한 데서 시작되었다. 결국 정신 장애, 지적 장애, 신체적 장애 등의 불리함 또는 위험성에 노출되는 상황적 취약성이 문제의 핵심이다. 이런 취약성은 그 사람의 일상적인 활동이나 생활유형에 따라 달라진다고 할 수 있다.

피해자학이 피해자에 대한 보호와 지원에서 시작되었으며, 처음에는 교회가, 이어서 여성단체를 중심으로 하는 사회단체가 이들의 쉼터요 피난처를 제공했다. 하지만 이 영화에서는 교회가 피해자를 위한 보호와 지원보다는 가해자로 부각되었다.

영화의 일부 장면에서는 피해자 비난victim blaming, 목격자 방관bystander inaction 등을 전파하기도 한다. 심지어 스포트라이트 팀 자체도 생존자들의 증언을 완전하게 신뢰하지 않고 때로는 그들의 배경을 조사하기도

했으며, 시민들도 신문의 학대에 대한 담론을 심각하게 받아들이지 않았다. 피해자학에서 중요하게 다뤄지고 있는 범죄에 대한 책임, 그 책임이 가해자인지 피해자인지 그것도 아니라면 가해자와 피해자 모두 우리 사회의 피해자로 인식하고 대신 사회제도가 비난을 받아야 하는지를 명확하게 구분해야 한다.

물론 일부 범죄에선 피해자가 비난을 받을 수 있고, 피해자에게도 책임이 있는 사례도 있지만 성폭력에 있어서는 어떤 경우에도 피해자의 책임이 있을 수 없다는 것이 정설이다. 피해자 역할이나 책임이라는 호도된 시각으로 피해자들이 형사사법 절차에 있어서 2차 피해secondary victimization를 당하기도 한다.

영화는 물론이고 실제 「보스턴 글로브」의 탐사보도는 영화의 관객은 물론이고 보스턴에 살고 있는 모두에게 '범죄에 대한 두려움과 공포'를 깊이 심어주었다. 그 결과 사회 전반에 걸친 사회적 불신과 궁극적으로는 '비열한 세계관'을 낳게 하는 결과도 만들었다.

특히 아동을 학대한 성직자들을 재활시키기 위한 재활센터가 위치한 보스턴 지역 주민들의 불안은 더욱 팽배해지고, 결과적으로 '님비Not In My Backyard, NIMBY 현상', 즉 우리 동네는 안 된다는 지역이기주의까지 낳는 계기가 되기도 했다. 이는 보스턴만의 문제가 아니라 현재 한국에서 일어나는 님비 현상이 주는 폐해를 깊이 생각하는 계기가 되기도 한다.

참고 자료

- https://en.wikipedia.org/wiki/Spotlight_(film)
- https://www.vulture.com/2015/11/tom-mccarthy-on-spotlight-oscars.html
- https://ew.com/article/2016/02/19/spotlight-richard-jenkins-voice-god
- https://www.hollywoodreporter.com/news/mark-ruffalo-michael-keaton-talks-724270
- https://www.theguardian.com/film/2016/jan/13/spotlight-reporters-uncovered-catholic-child-abuse-boston-globe
- https://3blmedia.com/News/Participant-Medias-Spotlight-Starring-Mark-Ruffalo-Michael-Keaton-Rachel-Mcadams-liev-Schreiber
- https://web.archive.org/web/20151010122339/http://bostonphoenix.com/boston.news_features/other_stories/documents/03286126.asp#
- https://tvtropes.org/pmwiki.php/Film?Spotlight

모두가 대통령의 사람들

All The President's Men, 1976

겁이 나도 어떤 사람들은 진실을 밝힙니다

최고의 권력을 쥐었어도 그것이 정당하지 못하면 무너진다. 진실은 펜 하나에 의해서 밝혀질 수도, 시민의 조용한 발걸음에 밝혀질 수도 있다. 정당하지 못한 방법으로 이룬 권력은 어느 순간 모래성처럼 스르로 내려앉는다.

「모두가 대통령의 사람들」은 1976년 알란 J. 파큘라Alan J. Pakula, 1928~1998가 감독하고, 더스틴 호프만Dustin Hoffman, 1937~과 로버트 레드포드Robert Redford, 1936~가 주연을 맡은 미국 정치영화다.

1974년 워터게이트 도청사건을 탐사한 「워싱턴 포스트Washington Post」의 칼 번스타인Carl Bernstein, 더스틴 호프만과 밥 우드워드Bob Woodward, 로버트 레드포드 기자가 집필한 동명소설을 바탕으로 만든 영화로, 리차드 닉슨Richard Nixon, 1913~1994 대통령을 권좌에서 스스로 물러나게 한 그 유명한 워터게이트Watergate 사건을 다루고 있다. 2010년 미국 의회도서관이 '문화적으로, 역사적으로, 또는 미학적으로 매우 중요'하기 때문에 국립영화등록소에 보존하도록 선정할 정도로 의미가 있는 영화다.

바위도 계속 흔들면 넘어진다, 대통령을 하야시킨 두 기자의 진실을 찾는 행적

1972년 6월 17일, 워터게이트빌딩의 경비원이 민주당 전국위원회본부에 이상한 낌새를 알아차리고 경찰을 부른다. 곧바로 경찰이 달려오고 사무실에 침입한 5인조의 강도를 체포한다.

다음 날 「워싱턴 포스트」는 경미한 강도사건인 줄 알고 신입기자 우드워드를 지방법원으로 보내 취재하도록 한다. 5명은 비질리오 곤잘레스Virgilio González, 버나드 바커Bernard Barker, 제임스 W. 맥코드 주니어James Walter McCord Jr., 유지니오 마르티네스Eugenio Martínez, 프랭크 스터지스Frank Sturgis로, 3주 전 민주당 전국위원회본부에 침입한 적이 있었고, 이번 침입은 정상적으로 작동하지 않던 도청기를 재설치하기 위한 것이었음이 판명되었다.

이어 법원의 심문에서 피고 중 한 명인 제임스 맥코드는 CIA 옛 직원으로, 닉슨 대통령 재선위원회 경비주임이었고, 이어 다른 4명도 CIA와 연관된 것으로 밝혀졌다. 우드워드 기자는 강도범들이 전자도청장비를 가지고 있었고, 5명의 강도들에게 각각 최고 수준의 유명 변호사가 선임되었다는 사실을 알게 된다.

이 점을 이상하게 여긴 우드워드 기자는 강도들이 가진 수첩에서 전직 CIA요원인 E. 에드워드 헌트E. Edward Hunt와 닉슨 대통령의 특별고문인 찰스 콜슨Charlse Colson의 이름을 발견한다. 당시 리처드 닉슨은 37대 미국 대통령이자 차기 공화당 유력 후보였다. 민주당에 침입한 CIA와 연계되어 있는 사람들. 특종의 예감을 느낀 우드워드는 라이벌인 칼 번스타인 기자와 함께 기획기사를 준비하며 취재를 하지만 편집장은 자료가 너무 부족해서 신문 1면에 실을 가치가 없다고 생각했지만 두 기자에게 더 조사해보라고 격려한다. 이때 우드워드에게 쪽지 한 장이 전달된다.

'편지나 전화로 연락하지 말고 알고 싶으면 발코니에 빨간 깃발을 걸고 새벽 2시에 쇼핑센터 주차장으로.'

우드워드는 발코니에 빨간 깃발을 걸고 새벽 2시에 쇼핑센터 주차장으로 찾아간다. 그가 만난 사람은 일명 정보원 딥 쓰로트Deep Throat. 그는 '돈의 흐름을 따라가 보라follow the money'라는 힌트를 주고 사라진다. 결국 두 기자는 닉슨의 대통령재선위원회로 흘러들어간 정치자금 언저리의 부정한 흐름을 포착하고 5인조 강도와 연계시킨다.

그러나 신문사의 편집장을 비롯한 다른 사람들은 딥 쓰로트의 제보에만 의존하는 것에 회의를 느낄 뿐만 아니라 닉슨이 민주당 후보인 조지 맥거번George McGovern, 1922~ 상원의원을 이기고 재선이 확실한데 굳이 왜 법을 어기면서까지 무슨 일을 계획하는지에 대해 의심의 눈초리를 보낸다.

그러나 닉슨의 대통령재선위원회의 전 재무관을 통해 두 기자는 거액의 자금이 당시 미국에서 '두 번째로 중요한 인물'인 백악관 비서실장 해리 로빈스 홀더먼H. R. Haldeman과 닉슨행정부에서 법무장관을 하다가 재선위원회의 위원장을 맡고 있는 존 N. 미첼John N. Mitchell에게로 흘러간 것을 파악한다. 또 일 년 전에도 닉슨 측이 여론조사에서 민주당 후보에게 뒤지자 민주당을 방해하기 위한 캠페인을 여는 곳에 재정 지원을 했다는 사실을 알게 된다.

이에 백악관 측은 「워싱턴 포스트」의 과장된 이야기라고 일축하면서도, 부인하고 있지만 부인하지 못한다는 의미의 '회피성 부인non-denial denial'의 입장을 발표한다.

우드워드 기자는 다시 한 번 딥 쓰로트를 만나 진실을 말해달라고 요청하자, 그는 홀더먼이 워터게이트 도청 사건과 그 은폐를 진두지휘하였음을 밝히고, 도청 사건을 은폐하기 위해 재선위원회뿐만 아니라 FBI와 CIA 등 미국 정보공동체 전체가 함께 움직이고 있다고 알려준다. 더불어 우드워드와 번스타인이 사건의 진상을 계속 쫓다가는 두 사람뿐만 아니라 다른 사람의 생명도 위태로울 것이라고 경고한다. 우드워드는 이 이야기를 편집장에게 전하지만 그는 취재를 계속하라고 독려한다.

1973년 1월 20일, 사무실에서 우드워드와 번스타인 기자가 열심히 자료를 모으며 기사를 쓰는 동안 사무실 내 텔레비전에는 닉슨이 재선에 성공해 대통령으로 취임하는 장면이 펼쳐진다. 영화는 그렇게 끝이 난다. 일 년 후, 탄핵의 위기에 몰린 닉슨은 결국 사임하게 되고, 부통령

이었던 제럴드 포드Gerald Ford, 1913~2006가 그 자리를 대신하는데 이 영화
에선 그 장면을 보여주지 않는다. 오로지 현재 진행형으로 기자들의 치
열한 취재는 계속된다는 것을 보여주고 있다.

영화 속 범죄 코드 1 :
범죄학에 영향을 미치는 언론의 힘

「모두가 대통령의 사람들」은 대중매체와 저널리즘이 범죄학과 범죄 수
사에 어느 정도 영향을 미친다는 것을 증명한 점에서 매우 가치가 있는
영화다. 현직 대통령을 에워싼 철옹성 같은 백악관과 정보공동체의 합
동 작전에도 두 젊은 기자의 노력으로 대통령을 하야시키는 사건은 언
론의 힘과 역할에 대해 다시 한 번 새롭게 생각하는 계기를 만들어준다.

특히 이 사건은 미국 역사상 가장 복잡한 정치적 음모였기에 더욱더
가치가 있다. 아마도 이런 점을 높이 평가해 미국 의회도서관에서도 국
립영화등록소에 영구 보존하도록 선정했을 것이다.

영화의 큰 틀은 언론의 탐사보도지만 이야기 속의 구성은 정치범죄
를 따라간다. 정치범죄는 크게 두 가지 유형으로 나뉜다. 하나는 영화에
서처럼 정부가 시민이나 다른 국가나 국민을 대상으로 범죄행위를 하는
것으로, 반대 세력에 대한 정치적 탄압, 인권 탄압, 언론 탄압 등이 있다.
대체로 정치적 부패로 가득찬 정부의 과잉대응이라고 할 수 있다.

다른 하나는 정부에 대한 범죄로, 미국에서의 연방정부청사 폭파사
건 등이 그 대표적인 예라고 할 수 있다. 물론 이 영화는 바로 첫 번째 유

형인 정부와 그 관료에 의한 정치적 부패 그리고 과잉대응과 권력의 남용에 속한다.

이 영화는 정부나 국가가 통제가 불가능한 폭군이 되는 것을 막는 데 있어 언론 자유의 중요성을 되새기게 해주는 일종의 문화적 표지석이라고 할 수 있다. 특히 이 영화에서 소리 높여 주장하는 언론과 표현의 자유는 포르노와 같은 음란물의 정의, 이념 분쟁으로 인한 논란 그리고 교도소 내에서 재소자들의 통신의 자유, 집회와 시위의 불법성 등과 같은 범죄 그리고 형사정책과 밀접하고 예민하게 관련되어 있다. 영화 속 편집장은 두 기자들에게 이렇게 말한다.

"우리가 사랑하는 이 나라를 망치지 마! 그냥 놔두는 게 망치는 거야!"

반면 미국은 권력의 중심을 펜으로 꺾었지만 우리나라는 학생들과 그들을 지지하는 시민들의 분노에 찬 소리와 거친 발걸음으로 꺾은 적이 있었다. 바로 1960년 4.19혁명으로 하야한 이승만 초대대통령이다. 정의롭지 못한 것은 언제든지 추락할 수 있다는 사실을 잘 알려주는 사건이 아닐 수 없다.

영화 속 범죄 코드 2 :
선한 사마리안인가? 질투심에 내부에 창을 겨누는 배신자인가?

미국 역사상 현직 대통령을 비리나 범죄 혐의로 스스로 물러나게 만들 수 있었던 것은 두 젊은 기자의 기자 정신과 언론과 표현의 자유가 있었기에 가능했지만 이를 가능케 했던 결정적인 계기는 바로 '내부 고발자 whistle blower'의 존재라고 할 수 있다.

영화에서 딥 쓰로트라는 별명으로 불리는 이 내부 고발자는 2005년 FBI의 2인자인 마크 펠트Mark Felt, 1913~2008로 알려졌다. 그는 자신의 명성, 지위 그리고 자유마저도 잃을 수 있는 위험에도 아무런 개인적 이득도 고려하지 않고 민주주의를 위하여 기여했던 것이다. 영화에서처럼 대부분의 상류층 범죄나 기업범죄 등은 이런 내부자 고발이 결정적인 역할을 하는데 영화에서 다시 한 번 더 확인된 셈이다.

물론 이 딥 쓰로트에 대한 논란도 없지는 않았다. 그는 과연 영웅인가 아니면 악한인가? 그는 왜 막강한 FBI의 2인자이면서도 '선한 사마리안'이 되어 내부 고발을 하게 되었을까? 여러 가지 설이 있지만 아마 그는 백악관으로부터 시작되는 범죄적 음모에 관한 정의로운 마음으로 이의를 제기하고 싶었던 것은 아닐까 싶다. 나라를 위하는 마음으로 우려와 관심을 가지고 부정한 것을 저지할 만한 방법을 찾았던 것은 아닌지.

물론 다른 한편으로 그는 자신이 평생을 바쳐온 조직인 FBI를 지배하고 종속화하려는 닉슨의 의도를 간파하고 이를 우려했을 것이다. 마지막으로 그는 존 에드거 후버J. Edgar Hoover, 1895~1972의 사망 이후 자신을 제치고 닉슨에게 충성하는 사람을 앉히려는 데에 분노도 가졌는지도 모른다. 그 결과 그는 조직을 배신하고 요원으로서 비밀 준수 의무를 어겼다.

그러나 엄격하게 따져보면 공직자가 조직의 범죄 활동과 행위까지 비밀로 준수할 의무는 없다. 그가 대통령부터 거의 모든 권력기관이 관련된 이 거대한 음모를 중단시킬 수 있었던 유일한 방법은 언론에 고발하는 길뿐이었을 것이다. 비록 그의 행동에 사적인 동기가 내포되어 있을지는 모르지만 그의 고발은 국가와 국민 이익이라는 공익에 봉사한 것이라면 응당 영웅이 되어야 한다는 것이 일반적 주장이다.

영화 속 범죄 코드 3 :
진실을 위해서라면 무조건 언론을 믿어야 할까?

영화에서 표현되는 정치와 정치인은 그리 긍정적이지 않다. 이 영화에서도 마찬가지다. 닉슨은 미국 선거 역사상 가장 큰 압승, 단 한 주를 제외하고 모든 주에서 승리할 만큼 높은 대중적 인기와 지지를 받았다. 하지만 그 속엔 국민들이 모르는 온갖 부패와 속임수가 판을 치고 있었다.

그중에서도 가장 큰 부패의 도구는 바로 닉슨 재선위원회였다. 그들은 자신들의 길에 장애가 되는 민주당을 방해하고 파괴하기 위해 부정적인 방법으로 돈을 뿌렸다. 이것이 오래갈 수 있다고 생각하면 오산이다. 진실은 어떻게든 밝혀지기 마련으로, 정의는 결코 부정될 수 없다.

진실을 밝히는 것은 언론의 몫이었다. 어느 정당이 정권을 차지하든 상관없이 법은 누구에게나 동일하게 적용해야 하고 또 적용되어야 한다는 것을 보여준다. 이 과정에서 언론은 사법제도에 정의를 구현하고 실현하는 데 필요한 정보를 제공하는 데 절대적이라고 할 수 있다. 이 영화는 그것을 확실하게 보여주면서 정의는 실현된다는 사실을 강하게 심어주고 있다. 다만 영화 속에서 딥 쓰로트는 이렇게 말하기도 한다.

"난 신문을 싫어해. 얇게 껍질만 핥으니깐."

그래서 우리는 언론의 어두운 측면을 살펴볼 필요가 있다. 이 영화에서 보여주는 기자들은 무고한 시민을 용의자로 보도해 그들의 명예를 훼손하고 인권을 심각하게 침해하기도 한다. 이런 언론의 범죄 보도는 어떤 식으로 받아들여야 할까?

특히 두 기자는 진실을 캐기 위해 자신의 신분을 속이며 전화를 연결하거나 다른 사람을 사칭하며 정보를 얻으려고 하는데 어느 수준까지 용납해야 하는가? 「모두가 대통령의 사람들」은 언론의 취재 윤리와 인권침해, 정보보호와 정보공개의 범위와 한계, 개인의 사생활 보호 등 민감한 사안들에 대해서도 조금씩 다루고 있다.

범죄와 언론의 관계를 크게 상반된 두 방향에서 생각해볼 수 있다. 우선 언론이 범죄의 한 원인이라는 지적이 있다. 언론의 폭력성이나 잔인성이나 성 문제가 시청자의 학습과 모방 그리고 그런 문제에 대한 둔감화densensitization를 초래하여 일부 시청자로 하여금 스스로 범행에 가담하게 만들 수 있다는 것이다. 이런 주장의 저변에는 언론을 포함한 사회환경이 범죄의 원인이 된다는 이론적 가설이 자리하고 있다. 또 범죄행위는 다른 인간 행위와 마찬가지로 학습된 결과라는 사회학습이론가들의 주장도 이를 뒷받침하고 있다. 결국 시청자들이 언론의 폭력성이나 범죄성에 많이 노출되면 범죄성을 학습하고 학습한 범죄성을 범행으로 모방하고 직접 행한다는 것이다.

언론과 범죄의 또 다른 관계는 언론이 범죄의 해결책이라는 주장이다. 영화에서처럼 언론이 탐사보도를 통해 감시 가능을 함으로써 범행을 억제할 수 있고, 언론의 교육 기능을 활용한 범죄 예방 홍보와 공익방송 등으로 시민의 피해 방지에 도움을 줄 수 있으며, 공개방송을 통한 시민의 제보로 사건을 해결하는 직접적인 역할도 수행할 수 있다.

영화 속 범죄 코드 4 :
사법행위를 방해하면 엄중한 처벌을 받는다

영화가 주는 메시지 중 요즘 미국 정치에서 자주 회자되고 있는 소위 '사법 방해obstruction of justice'에 대한 내용이 담겨 있다. 사법 방해란 허위, 거짓, 위협 등으로 사법 절차와 과정을 포함한 사법행위를 방해하는 것을 말한다. 현재 미국에서 트럼프 대통령의 러시아 개입설에 대한 수사 과정에서 사법 방해가 있었다는 야당의 공세가 그 대표적인 예라고 할 수 있다. 영화의 배경인 워터게이트 스캔들에서도 닉슨 대통령을 포함한 행정부 관료들의 직접적 또는 간접적으로 사법행위를 방해하는 혐의도 중요한 쟁점이 되었다. 미국에서는 사법을 방해하는 행위를 비교적 엄중한 범죄로 인식하며 처벌한다.

아이러니하게도 밥 우드워드는 2018년에 도널드 트럼프를 파헤친 『공포: 백안관의 트럼프Fear : Trump in the White House』를 출간했다.

참고 자료

- https://en.wikipedia.org/wiki/All_the_President%27s_Men_(film)
- https://www.atlasobscura.com/articles/how-all-the-presidents-men-defined-the-look-of-journalism-on-screen
- https://film.avclub.com/focus-is-key-to-the-most-subtly-powerful-moment-in-all-1798270414
- https://www.imdb.com/title/tt0074119/plotsummary
- https://www.gradesaver.com/all-the-presidents-men
- http://historynewsnetwork.org/article/162706
- http://mediashift.org/2017//04/reading-presidents-men-age-trump

조디악

Zodiac, 2007
그럴지도, 다만 그렇지 않을 수도

누군가가 죽지만 그 누군가가 밝혀지지 않으면 살인행각은 밝혀지지 않는다, 살인자가 밝히지 않는 한. 또 누군가는 죽었지만 그를 죽인 사람이 밝혀지지 않으면 아무도 처벌하지 못한다. 살인자를 잡지 못하는 한.

2007년 데이빗 핀처David Fincher, 1962~가 감독한 「조디악」은 로버트 그레이스미스Robert Graysmith, 1942~의 동명의 논픽션에 기초해 만들어졌다. 제이크 질렌할Jake Gyllenhaal, 1980~과 앞서 나왔던 「스포트라이트」의 마크 러팔로, 로버트 다우니 주니어Robert Downey Jr., 1695~가 주연을 맡았다.

1960년대 말에서 1970년 초 샌프란시스코 만과 그 주변 지역에서 연쇄적으로 살인을 행하고 피로 물든 의복과 암호문을 경찰과 언론사에 보내 경찰을 조롱했던 연쇄살인범 조디악을 추적하는 내용을 다루고 있다. 이 사건은 아직도 해결되지 않아 미국에서 가장 악명이 높은 미제 사건의 하나로 기록되고 있다.

실체가 드러나지 않는 연쇄살인범, 그들을 쫓는 사람들의 분노와 절망

사실 「조디악」은 범죄영화라고 하기엔 조금 부족한 면이 없지 않다. 이 영화는 연쇄살인범을 전면에 내세우지 않기 때문이다. 관객들도 이 영화에서 연쇄살인범을 마주하지 않는다. 스스로 '조디악'이라고 하는 살인범을 찾기 위해 몇 명의 수사관과 언론인의 추적 과정을 그리고만 있다. 사법의 정의를 실현하고 조디악의 실체를 밝혀내고자 하는 목적을 가진 사람들의 이야기를 다룬 이 영화는 결국 지각과 양심 두 마리 토끼를 쫓고 있다.

영화의 줄거리는 이렇다. 1969년 7월 4일, 한 쌍의 연인들이 정체 모를 한 남자에게 공격을 받아 남자는 사망하고 여성은 부상을 입는다. 한 달 후, 샌프란시스코의 3대 신문사 중 「샌프란시스코 크로니클San Francisco Chronicle」에 한 통의 편지가 배달된다. 1968년 12월 20일 허만 호숫가에서 총에 맞아 살해된 연인과 한 달 전 남성만 죽은 사건이 자세하게 서술되어 있었다. 그리고 함께 동봉한 암호문을 신문에 공개하지 않으면 살인을 계속하겠다고 협박한다. 암호는 그리스어, 모스 부호, 날씨 기호, 알파벳, 해군 수신호, 점성술 기호 등으로 이 암호문을 풀기 위해 미국 정보공동체의 암호 전문가들이 동원됐지만 풀지 못했다. 다만 신문에 암호문이 게재되자 어느 고등학교 역사 교사 부부가 암호를 풀어 범인에 대한 실마리를 제공한다. 「샌프란시스코 크로니클」의 기자 폴 에이버리Paul Avery, 로버트 다우니 주니어는 같은 신문사의 삽화가 로버트 그레이스미스Robert Graysmith, 제이크 질렌할에게 역사 교사 부부가 푼 암호를 알려준다. 그리고 살인자에게서 두 번째 편지가 도착하는데 자신을 시계의 한 브랜드명인 조디악이라고 칭하는데 한 달 반이 지난 후 호숫가에서 한 쌍의 연인이 조디악에게 습격을 받는다.

암호광이었던 로버트는 편지 속 내용 중 '세상에서 가장 위험한 동물the most dangerous animal of them all'이 1932년 인간을 사냥하는 백작 이야기를 다룬 영화 「가장 위험한 게임the most dangerous game」을 참조했다는 것을 알게 된다.

샌프란시스코 경찰서의 형사 데이브 토스키Dave Toschi, 마크 러팔로와 동료 빌 암스트롱Bill Armstrong, 안소니 에드워즈은 이 사건에 뛰어들고 처음 사건 발생지인 발레이오 내 경찰들과 긴밀히 공조한다. 하지만 그가 알아낸 것은 조디악은 그저 평범한 시민 같은 모습이라는 것이다.

조디악의 습격은 멈추지 않고 계속해서 살인을 저지르는데 급기야 그는 택시기사를 살해하고 그의 피 묻은 셔츠와 함께 조만간 스쿨버스를 덮쳐 버스에서 내리는 아이들을 전부 죽이겠다는 협박장을 보낸다.

데이브와 빌은 형사로서, 폴과 로버트는 기자로서, 각자 그들만의 방법으로 조디악을 쫓는다. 그 와중에 한 여성과 갓난아기가 조디악에게 납치되었다가 시민들에 의해 가까스로 풀려나게 된다. 조디악의 납치 실패는 기사화가 되는데 이후에도 그의 협박 편지는 계속 배달되고, 각종 범죄에 조디악이라는 이름이 사용된다. 조디악은 13명을 죽였다고 하지만 실제로는 그렇지 않은 상황이기도 했다.

어느 날 폴에게 도착한 피 묻은 헝겊이 담긴 편지 한 통. 이것은 조디악이 자신에게 가까이 다가오려는 폴에게 보내는 경고장이었다. 이에 폴은 조디악의 최초 범행을 뉴스로 보도한다. 그러자 조디악에 대한 제보가 쏟아진다.

그 사이 조디악을 쫓는 데 지친 폴은 술과 약물에 중독되어 다른 신문사로 이직하고, 로버트는 지속적으로 토스키 형사와 접촉하면서 조디악에 대한 정보를 공유하려 한다. 그의 끈질긴 추적을 통해 용의자 알렌이 첫 번째 여성 희생자 가까이에서 살았고, 생일도 조디악과 같다는 사실을 알게 된다.

로버트의 정보와 시민의 제보로, 1971년 7월 26일 형사들은 조디악으로 추정되는 유력 용의자 아서 리 알렌Arthur Leigh Allen, 1934~1992을 지목한다. 토스키와 그의 동료가 알렌이 일하는 곳을 찾아갔을 때 마침 그는 조디악 손목시계를 차고 있었다. 그러나 필적 감정 전문가는 그가 비록 양손잡이긴 하지만 알렌이 쓴 편지가 아니라고 증언한다. 드디어 알렌의 집을 수색하는 형사들은 집에서 그가 조디악이라는 증거가 될 만한 신발과 장갑, 총을 발견하지만 지문이나 필적 등 물리적 증거와는 맞지 않는다. 이 사건은 그렇게 미제사건으로 묻히고 만다. 영화의 마지막은 로버트가 앨렌이 일하는 농기구 판매점으로 찾아가 그의 얼굴을 한참 쳐다보다 되돌아서고, 7년 후 로버트가 쓴 『조디악』은 베스트셀러가 된다. 그리고 첫 번째 사건의 피해자가 경찰의 얼굴 사진 대조에서 앨런을 지목한다. 그리고 영화 크레딧에는 아래와 같은 글이 올라온다.

'마이크 마조가 아서 리 앨런을 지목하자 당국은 기소를 위한 회의를 소집했지만 앨런은 회의가 열리기 직전 심장마비로 쓰러졌다. 2002년 조디악 편지에서 DNA 일부가 검출됐는데 앨런의 DNA와 일치하지 않았다. 샌프란시스코와 발레이오 경찰은 DNA 실험에도 불구 그를 용의자로 봤다. 2004년 샌프란시스코 경찰국은 조디악 수사를 모두 종결했다. 하지만 나파, 솔라노, 발레이오에선 수사가 진행 중이며 용의자는 앨런이다. 데이브 토스키 형사는 1989년 은퇴했고, 조디악 편지를 썼단 누명을 벗었다.'

그일까? 그가 아닐까?
관객에게 형사 놀이를 하게끔 만드는 영화

실제로 용의자 앨런은 사건이 일어난 곳 가까이 살았으며 조디악과 발크기가 같고, 조디악 시계를 착용하고 있었으나 영화에선 앨런에 대한 정황은 물리적 증거에 기반하지 않은 우연이라고 반복적으로 기술하고 있다. 폴은 토스키 형사에게 심적 증거들을 제공하지만 그는 그것으로는 아무것도 증명할 수 없다고 반복적으로 설명한다. 이에 폴은 입증할 수 없다고 그것이 반드시 진실이 아니라는 것을 의미하지 않는다고 지친 듯이 내뱉는다. 단지 입증을 못할 뿐이지 사실이 아니라는 의미는 아니라는 것이다.

알렌은 경찰이 신문하기 전 사망했으나 그의 부검 자료를 통해 얻은 결론에 의하면 조디악 편지에서 얻은 유전자 정보와 일치하지 않았다고 한다. 「조디악」은 범인이 내세운 암호를 추측하고 그것을 풀려는 시도로 가득한 매우 지적인 영화다. 특히 이 영화는 관객의 열정적인 몰입보다 함께 조디악의 실체에 천천히 다가가도록 이끌며 조디악과 관객 사이의 감정적 거리를 두고자 한다. 관객은 연쇄살인범의 광적인 열기에 휩싸이지 않고 그에게서 가공할 쾌락도 얻지 못한다.

영화 속에서 보여주는 조디악의 살상은 관객들에게 기괴한 행동으로 인식시켜 살인범과 공범자가 되지 않고 대신 피해자의 고통에 대한 목격자나 증인이 된다. 영화에서 살인이 행해질 때 관객은 마음을 졸이지만 더 큰 긴장감은 사건이 일어난 뒤 이어지는 수사 진행에 일어난다. 즉, 영화 속 재미나 흥미는 살인 그 자체가 아니라 살인범을 찾으려는 작업에서 찾을 수 있는 것이다. 이 영화는 그 자체가 곧 살인범을 쫓기 위한 수사라고 할 수 있다.

영화 속 범죄 코드 1:
범죄를 수사하는 기관과 그 진실을 밝히려는 언론의 한계성

「세븐Seven」을 만들었던 데이빗 핀처 감독은 극단적인 인간 행위에 관

한 이야기를 잘 다룬다. 이 영화의 주인공 로버트 그레이스미스는 폴 에이버리가 지쳐 나가떨어져도 굴하지 않고 강박적으로 조디악을 추적한다. 왜냐하면 자신의 아내에게 말했듯이 자신이 알아야 할 필요가 있으니깐 그러는 것이다. 그의 욕구는 오로지 조디악의 실체를 확실하게 아는 것뿐이다.

하지만 밝혀진 것이 없이 끝나니, 이 영화는 관객들에게 좌절감과 함께 이상한 비애감도 느끼게 한다. 살인을 저질렀는데 살인범은 오리무중이다. 죄에 대한 대가는 물론 비난을 받아 마땅한 존재가 없으니 허탈하기만 하다. 이처럼 영화는 범죄를 수사하는 기관과 진실을 밝히려는 언론의 한계 모두를 드러내 보인다.

영화 속 범죄 코드 2 :
갑작스러운 문화적 테러를 당하는 시민들의 삶의 질

연쇄살인과 같은 범죄는 사회 전체나 국민 모두에게 범죄의 두려움으로 인한 공포를 갖게 한다. 무고한 시민들의 삶의 질은 급격히 떨어진다. 더 무서운 것은 사회에 대한 불신이 가득해진다는 점이다.

더불어 경찰은 흔히 국가권력과 권위의 상징이라고 하는데, 그런 경찰이 일개 연쇄살인범 하나도 해결하지 못하는 데 대한 경찰에 대한 시민의 신뢰, 더 나아가 정부와 국가에 대한 신뢰가 땅에 떨어지게 된다. 결국 범죄는 경찰만의 문제가 아니라 우리 사회 전체의 문제이고 시민의 참여와 협조가 없이는 경찰이 존재하기조차 어려우며 범죄 해결은 더욱 요원해질 것이라는 점을 일깨워준다. 더불어 범죄 사건은 대부분이 시민이나 목격자의 제보나 피해자의 신고로 실체화가 되고, 사건의 해결 또한 시민의 제보에 매달릴 수밖에 없는 상황도 엿볼 수 있다.

특히 「조디악」은 경험이 인간을 어떻게 변화시키는지를 탐구하려는 웅대한 의도를 가지고 만들어진 영화라고 할 수 있다. 영화의 구성도 그것에 맞춰져 있다. 6명을 살해한 '샘의 아들Son of Sam'이라는 별명을 가진 데이비드 버코위츠David Berkowitz, 1953~를 상대하며 살아온 뉴욕 시민들과 '목 졸라 죽이는 살인자'라는 뜻의 힐사이드 스트랭글러Hillside Strangler를 경험했던 로스앤젤레스 시민들은 자연재해나 재앙보다 연쇄 살인이 도시의 삶의 질을 심각하게 떨어뜨린다는 사실을 잘 알고 있다.

하지만 사회적 반향이 큰 연쇄살인 등을 크게 겪지 않은 샌프란시스코 지역의 시민들은 조디악의 살인 사건이 더욱 충격적으로 다가왔을 것이다. 범죄학적으로 살펴보면 시민들의 범죄에 대한 두려움이나 공포는 사회의 물리적 그리고 정서적 환경의 영향을 크게 받는다고 할 수 있다.

영화 속 범죄 코드 3 :
결국 조디악은 누구인가?

현재까지도 조디악의 실체는 밝혀지지 않았다. 피해자가 있으면 가해자가 있어야 하는데 형체가 드러나지 않으니 사법 정의의 실현에도 의문을 제기하게 만든다. 한 언론인의 집요하고 열정적인 집념으로 유력한 용의자가 밝혀졌고, 피해자가 그 용의자를 지목했지만 상황과 정황 증거만 있을 뿐 물리적 증거가 확보되지 않았다.

누구도 기소되지 않았고, 재판을 받지 않았고, 처벌되지 않았다. 여기서 우리는 형사사법에 있어서 증거의 중요성을 다시 한 번 확인하게 된다.

그나마 언론인의 집념으로 유력 용의자를 확인할 수 있었지만 이것은 경찰이 자기만의 독자적인 수사를 고집했다면 불가능했을 것이다. 언론인과의 정보 교류와 협력이 있었기에 용의자 추적이 가능했던 것이다. 여기서 다시 한 번 경찰과 지역사회의 관계PCR; Police-Community Relations, 즉 시민과의 관계의 중요성이 대두되는 부분이다.

조디악은 미국판 잭 더 리퍼Jack the Ripper◉라고 할 수 있다. 잭 더 리퍼는 짧은 기간 매춘부를 잔인한 방법으로 살해하고 경찰과 언론을 조롱하고 사라진 연쇄살인범이다. 대부분의 연쇄살인범은 오랜 시간을 거쳐 붙잡히는데 그는 붙잡히기는커녕 신원조차 알려지지 않았다. 심지어는 그가 누구인지, 어떤 유형과 특성의 사람인지 전혀 밝혀지지 않았다.

이런 점에서 「조디악」은 소위 해결되지 않은 미제사건cold case, 특히 장기 미제사건에 대해서 뭔가를 암시하고 있다. 영화의 로버트 그레이스미스와 같은 아마추어 수사관이 나타나 새로운 제보를 통해 살인범의 실체를 찾아 그것이 경찰의 행동력으로 이어지기를 바라는 마음을 담고 있는 것이다. 특히 필체와 유전자 정보를 확보했다면 발전된 과학 수사 기법에 힘입어 사건을 해결할 수 있다는 믿음을 주기도 한다.

◉ 1888년 8월부터 11월까지 3개월에 걸쳐 런던 지역에서 매춘여성을 최소 다섯 명 이상 연쇄적으로 살인하고도 아직까지 검거되지 않은 연쇄살인범이다.

한국의 화성연쇄살인사건은 30년이 넘도록 미해결로 남아 있었지만 2019년 유전자 정보를 통해 진범을 잡을 수 있었다. 이 사건 또한 「살인의 추억」으로 영화화되었다.

조디악이라는 연쇄살인범은 그 자체가 하나의 미스터리다. 그리고 「조디악」이라는 영화는 그 미스터리가 오랜 시간에 걸쳐 어떻게 형성되고 형상화되었는지를 보여주는 과정이다. 이 영화는 연쇄살인이라는 '문화적 테러cultural terror'가 대중들의 시야에서 멀어질 수는 있지만 여전이 그 미스터리를 풀기 위해 매달려 있는 사람들의 절실한 마음을 표현한 것은 아닐까 싶다.

참고 자료

- https://en.wikipedia.org/wiki/Zodiac_(film)
- https://www.indiewire.com/2016/01/the-new-classics-david-finchers-zodiac-124900/
- https://www.theguardian.com/film/2007/apr/15/usa.world
- 'Building suspense along the trial of an invisible man' Manohla Dargis, 「The New York Times」, 2008. 1. 6
- 'Hunting a killer as the age of Aquarius dies' 「The New York Times」, 2007. 3. 2

썸머 오브 샘

Summer of Sam, 1999

형체가 드러나지 않는 공포로 물들여지다

더 이상 내 주변에 있는 사람들을 믿지 못할 때 우리는 불안해진다. 그리고 의심하기 시작한다. 그 의심은 일말의 동기도, 일말의 진실도 없이 그저 망상 속에서 서서히 부풀어 오른다. 그것이 또 하나의 범죄를 파생한다는 사실을 모른 채.

「썸머 오브 샘」은 1970년대 후반 뉴욕 전역에 걸쳐 일명 '샘의 아들'이라고 알려진 데이비드 버코위츠가 벌인 일련의 연쇄살인이 뉴욕의 브롱크스 지역에 거주하는 이탈리안계 미국인들에게 미친 영향을 그린 영화다. 스파이크 리Spike Lee, 1957~가 감독하고, 존 레귀자모John Leguizamo, 1964~와 애드리언 브로디Adrien Brody, 1973~, 미라 소르비노Mira Katherine Sorvino, 1967~ 등이 주연을 맡았다.

영화의 주제는 '샘의 아들'이라는 데이비드 버코위츠의 연쇄살인과 그 수사에서 시작되지만 이 영화가 여타의 범죄영화와 다른 점이 있다면 바로 영화의 초점이 범인이나 그 수사보다는 범죄가 시민들에게 미치는 영향을 중심으로 전개된다는 것이다. 대부분의 범죄영화가 가해자 측면에서 바라보는 관점이라면 이 영화는 상대적으로 피해자 측면에서 바라보는 관점이라고 할 수 있다.

영화는 이탈리아계 미국인 거주 지역의 두 젊은 남성, 불륜을 저질러 가정이 흔들리는 비니Vinny, 존 레귀자모와 펑크 패션과 음악에 심취한 그의 어릴 적 친구 리치Ritchie, 애드리언 브로디에게 초점이 맞춰져 있다.

연쇄살인범에게 휘둘린
소시민들 사이에 일어난 분란

1977년의 여름, 뉴욕은 젊은 연인에게 총격을 가하는 '44구경 권총 살인마44 Caliber Killer'의 공포에 휩싸여 있었다. 44구경 권총 살인마는 샘의 아들이라고 불린 데이비드 버코위츠. 그는 지저분한 한 아파트에 살고 있었는데 이웃의 대형견이 짖는 소리에 화가 난다. 화가 나는 것에서 끝났으면 좋았으련만 그 개가 자신에게 사람들을 죽이도록 지시한다는 망상을 가지게 된다. 그 후, 샘의 아들의 살인 행각이 계속되고, 대담하게도 매스컴에 편지를 보내 다음 살인을 예고하기까지 한다.

한편 헤어드레서 비니와 아내 디오나Dionna, 미라 소르비노는 밤마다 파티를 즐기며 사는데 어느 날 파티를 즐기고 돌아오다 샘의 아들의 범죄 현장을 목격한다. 그리고 차 안에서 살해된 채로 발견된 시체가 자신과 내

연관계에 있는 여자임을 안 비니는 불안에 휩싸인다. 지역사회의 긴장 감이 최고조에 달하자 뉴욕 경찰에서는 그 지역 조폭 두목과 비니의 친 구들에게까지 연쇄살인범의 신원에 대한 정보를 묻게 된다. 그리고 그 들은 어릴 적 친구 리치가 펑크족으로 변하자 그를 용의자 명단에 포함 하면서 서로를 의심하기 시작한다. 그러나 얼마 후 진범인 샘의 아들, 데 이비드 버코위츠가 검거되었다는 뉴스가 방송된다.

연쇄살인을 통해
당신의 혼란한 문화를 보여주다

이 영화는 실제의 인물인 데이비드 버코위츠를 다룬 영화지만 그가 주 인공은 아니다. 더불어 범죄영화의 공식은 살인범이 있고 그를 쫓는 수 사관을 다루는데 이 영화는 연쇄살인범이 살인 행각을 벌이는 지역에 거주하는 가공의 이탈리아계 미국인 집단에 초점을 맞추고 있다. 실제 적으로 연쇄살인은 주로 퀸스 지역에서 발생했지만 영화는 브롱크스에 서 촬영됐다고 한다.

실제 이야기를 바탕으로 했지만 가공의 인물에 초점을 맞추고 있는 이 영화는 뉴욕의 사회적이고 문화적인 역사를 보다 상세하게 묘사하고 있다는 평가를 받고 있다.

실제로 「썸머 오브 샘」은 1970년대 문화의 탐색이며, 연쇄살인으로 인해 불붙기 시작한 피해망상적 편집증paranoia이 인간 본성의 가장 추악 한 면을 어떻게 조명하는지 탐구하고 있다.

결국 영화는 연쇄살인이나 연쇄살인범 그 자체보다는 1970년대 사회
적 불안과 혼란이 관습적 사회의 관행에 어떤 영향을 미치는가를 보여
주기 위해 연쇄살인으로 인한 도시의 위기를 활용했다고 할 수 있다.

영화 속 범죄 코드 1 :
범죄는 공간적으로 획일적 또는 균일하게 분포하지 않는다

영화가 주는 메시지는 다양하다. 더불어 영화의 배경이 된 브롱크스가
이탈리아계 미국인 주거 밀집지역이라는 점에서 범죄학적 코드가 여럿
나올 수 있다. 범죄는 공간적으로 획일적 또는 균등하게 분포되지 않
는다. 오히려 범죄는 차등적으로 공간적인 분포가 일어난다. 그것에 대
한 설명으로 물리적 환경이 범죄에 미치는 영향을 말하는 범죄다발지역
hot-spot에 대한 위험성이 대표적이다.

　이를 대처하기 위해 '깨진 유리창 이론 Broken Windows Theory'®이 대두
되었다. 이 이론은 1969년 스탠포드대학교의 심리학 교수였던 필립 짐
바르도Philip Zimbardo의 실험에 기초한다. 유리창이 깨지고 번호판도 없
는 자동차를 브롱크스 거리에 방치하고 사람들의 행동을 관찰한 결과
많은 사람들이 그 차에서 배터리나 타이어 같은 부품을 훔쳤는데 더 이

　® 미국의 범죄학자 조지 켈링(George Kelling)과 정치학자 제임스 윌슨(James Wilson)
　이 최초로 명명한 이론으로 1994년 뉴욕시장으로 뽑힌 루돌프 줄리아니(Rudolf
　Giuliani)는 이 이론을 적용해 지하철의 낙서를 금지했고, 신호 위반, 쓰레기 투기와 같
　은 경범죄를 적극 단속함으로써 강력범죄까지 줄이는 효과를 얻어냈다.

상 훔칠 것이 없자 그 차를 마구 부수는 행위를 한 것이다. 깨진 유리창 하나를 방치하면 그 지점을 중심으로 범죄가 확산되기 시작한다는 의미로, 사소한 무질서를 방치하면 큰 문제로 이어질 가능성이 높다는 것을 말한다.

이 이론을 기반으로 뉴욕경찰청에선 '무관용 경찰 활동Zero-tolerance policing'이 시행되었다. 사소한 일탈도 용납되지 않고 철저하게 단속해 더 큰 범죄를 막을 수 있도록 하는 정책이다. 뉴욕시에선 이 정책으로 범죄율을 줄이는 효과를 얻기도 했다. 이런 내용들을 종합해서 '생태학적 범죄학Ecological Criminology'이 생기기도 했다. 이 학문은 기존의 범죄와 그 현상을 생물학적, 심리학적, 정신의학적 관점에서 이해하는 것이 아니라 자연계의 생태계처럼 인간사회도 사회적 힘이 범죄를 유발한다는 이론이다.

영화 속 범죄 코드 2 :
국가가 국민을 지켜주지 못할 때 국민이 스스로 자신을 보호하다

영화를 살펴보면 살인 행각이 몇 개월 동안 계속되자 지역주민들의 긴장은 극에 달하게 된다. 지역주민들은 경찰이 살인을 막지 못할 것이라고 믿으며 스스로 경계하기 시작한다. 연쇄살인에 대한 지역주민들의 두려움과 공포가 급상승하고, 뉴욕은 살기 위험한 곳이 된다.

뉴욕이 공포로 휩싸인 유령 도시가 되자, 지역주민들은 스스로 자신들을 지키기 위해 '자경주의'의 면모를 보인다. 자경주의란 국가 권력만으로 국민의 생명과 재산을 지켜주지 못할 때 국민 스스로 자신의 생명과 재산을 지키고 보호하자는 태도를 말한다. 이를 위해 미국에선 범죄 예방 자선 단체들이 곳곳에 생겨났는데 '크라임 스톱퍼Crime Stoppers', '맥그루프 더 크라임 도그McGruff the Crime Dog', '네이버후드 왓치 Neighborhood Watch' 등이 대표적이다.

더불어 영화 속에서 리치가 용의선상에 오른 것은 '영역성의 감시 기능'도 활성화됐기 때문이다. 그는 펑크 머리에 개목걸이를 하고 게이바에서 쇼를 하며 밤이면 어디론가 사라지는데 그의 행동은 그가 속한 집단과 어울리지 않는다. 영역성의 감시 기능은 특정한 지역에 속할 수 없는 사람이 그 안에서 확연하게 구별됨으로써 그들에 대한 감시가 용이해지는 것을 말한다.

예를 들어, 비벌리힐스를 자정이 넘어 배회하는 불량소년이라거나 여자대학 기숙사를 밤늦게 배회하는 젊은 남자라면 해당 공동체사회에 소속되지 않는 이방인으로 구별되어 감시와 신고가 바로 이루어지는 것과 같다.

이런 소속감과 영역성을 통한 감시 기능의 강화는 최근 강조되고 있는 '환경 설계를 통한 범죄 예방Crime Prevention Through Environmental Design:CPTED'의 한 부분이기도 하다. 즉, 건축 환경의 적절한 설계와 효과적인 사용을 통해 범죄 불안감과 발생 범위를 줄이고 삶의 질을 증대시키는 것이다.

한편, 영역성이 범죄 예방을 위한 감시 기능을 강화할 수 있다는 점에서는 긍정적으로 작용하지만 지나치거나 편견이 개입되면 때로는 인종차별이나 인종 갈등, 더 나아가 범죄학의 주요 쟁점 중 하나인 '인종차별적 프로파일링'이 될 수 있다. 인종적 편견으로 범죄용의자를 잘못 프로파일링하는 문제를 낳을 수도 있는 것이다.

현재까지도 수많은 국가에선 범죄가 발생하면 가장 먼저 흑인 등 소수인종을 용의선상에 올리는데 리치에게 쏟아진 주민들의 의심이 바로 그런 장면이라고 할 수 있다. 이 영화에서 리치는 다양한 시각의 한 전형으로 표출되는데 아마도 스파이크 리는 자신이 흑인으로서 받아야 했던 편견들에 대한 표출이 리치로 형상화되었는지도 모른다.

영화 속 범죄 코드 3 :
때마침 그 시간, 그 자리에 있었기 때문에

해가 지고 어둠이 내리면 사람들은 거리로 나오지 않고, 리치와 같은 외지에서 온 사람들은 주민들로부터 의심의 눈초리를 받는다. 작은 실수라도 하면 범죄의 용의자가 될 수 있고, 조직폭력의 표적이 될 수도 있는 상황이다.

범죄에 대한 두려움과 공포는 시민들로 하여금 외출을 삼가거나 범인이 노리는 표적이 되지 않기 위하여 염색을 하거나 가발을 착용하는 등 범죄에 대한 두려움과 공포에 대응하기 위하여 자신의 행동 유형을 바꾸거나 심지어 생활유형까지도 바꾼다. 위험한 시간이나 지역 그리고 사람들을 피하는 회피 전략avoiding strategy에 의지하는 사전주의事前注意, 일이 벌어지기 전에 그것에 대해 조심하는 것를 하는데 이것은 피해자학적 시각을 보여주는 것이다. 피해자학은 피해자의 특징과 피해자를 양산하기 쉬운 환경을 분석하는 학문으로서 가해자와 피해자, 형사사법과 사회조직, 그 제도 사이의 상호작용을 연구한다.

여기서 한 걸음 더 나아가면 피해자학의 주요 내용 중 하나인 '표적 선택'의 문제도 제기될 수 있다. 범죄자는 자신의 범행을 쉽게 성공하기 위해 발각되거나 검거될 위험이 낮은 표적을 선택한다.

그러나 현대사회의 큰 문제로 떠오르는 '묻지마 범죄'나 '무동기 범죄'는 표적이 선택된다기보다는 표적이 때마침 그 시간, 그 자리에 있었기 때문에 피해를 당한다. 범죄의 유형에 따라 표적 선택은 맞지 않을 수 있다.

범죄 피해자는 여러 유형이 있는데 그중에서 이 영화와 같은 연쇄살인 피해자는 대부분 표적이 바뀔 수 있기 때문에 누구나 그 시간 그 장소에 있었으면 피해자가 될 수 있다. 「썸머 오브 샘」에서 비니는 '샘의 아들'의 범행 현장을 목격하게 되는데 피해자가 자신과 내연관계에 있는 여성이었다. 그것을 목격한 비니는 자신도 피해자가 될 수 있다는 사실에 불안해한다. 한 순간에 피해자와 비니의 운명이 갈렸던 것이다. 연쇄살인범의 표적은 아무 관계도 없고, 동기도 없이 무작위로 뽑힌 폭력의 희생자였던 것이다.

이런 위기에 빠진다면 지역주민의 삶은 곧 상대적 박탈감과 좌절을 초래하고, 다시 그들은 사회와 누군가를 증오하게 되면서 그것을 풀기 위해 불특정 다수에게 폭력을 행사할 수 있다.

영화 속 범죄 코드 4 :
나와는 다른 세계에 사는 네가 범인이다?

사회가 위기에 봉착하면 많은 사람들이 비난할 대상을 찾게 된다. 그 대상은 자신들과 다른 누군가가 되기 쉬운데 「썸머 오브 샘」에선 리치가 그 대상이 된다. 그가 용의선상에 오르고 용의자 명단에 포함된 것은 다분히 그가 이탈리아계 미국인 공동체와 다른 부류의 존재였기 때문이며, 이는 또 하나의 인종차별으로 더 심각한 경우 일종의 외국인 혐오 xenophobia가 될 수도 있음을 보여준다.

특히 영화에서는 인간 본성의 민낯, 즉 누군가 비난의 대상을 찾아야 하고 그 누군가는 자신들과 다른 그 누군가여야 하는 것이며, 그 누군가가 바로 이 영화에서는 리치였던 것이다. 왜 리치여만 하는가는 살인마가 자신들의 집단에서 함께 살아가는 보통의 사람이라는 사실을 믿고 싶지 않았던 것은 아닌지 생각해봐야 한다. 따라서 동네에서 자신들과 가장 다른 리치가 비난의 대상으로 선택되었을 것이다.

앞에서도 언급했지만 이 영화는 범인이나 그 수사보다는 범죄가 시민들에게 미치는 영향을 중심으로 이야기를 펼치고 있다. 그래서 때론 코믹하게, 때론 야하게 표출되는데 이 부분이 1977년 당시 데이비드 버코위츠에 의해 살해된 수많은 남성과 여성 피해자들의 가족들의 분노와 눈물을 촉발했다는 비난으로 연결됐다.

이뿐만 아니라 영화의 소재가 되었던 데이비드 버코위츠로부터도 거센 비난을 받았다. 비난의 요지는 영화에서 풀어내는 살인에 대한 시각이 잘못되었고, 그것을 악용하고 착취했다는 것이다. 이 영화의 평가는 관객의 몫이니, 독자 여러분이 함께 고민해보는 것은 어떨까 싶다.

참고 자료

- https://en.wikipedia.org/wiki/Summer_of_Sam
- http://www.pluggedin.com/movie-reviews/summerofsam
- https://culturevulture.net/film/summer-of-sam
- https://web.archive.org/web/20141007190035/http://www.
  theguardian.com/film/2012/apr/26/summer-sam-spike-lee
- http://preview.reelviews.net/movies/s/summer_sam.html
- http://tech.mit.edu/V119/N29/Review-_Summer_.29a.html
- https://spectrumculture.com/2012/06/21/oeuvre-spike-lee-
  summer-of-sam
- http://www.mediacircus.net/summerofsam.html
- https://www.rogerebert.com/reviews/summer-of-sam-1999
- http://sensesofcinema.com/2017/feature-articles/summer-of-sam-
  and-the-70s-white-working-class
- https://edition.cnn.com/SHOWBIZ/Movies/9907/06/review.summerofsam
- http://articles.latimes.com/1999/jul/02/entertainment/ca-52148
- https://tvtropes.org/pmwiki/pmwiki.php/Film/SummerOfSam
- https://nypost.com/1999/06/23/bum-rap-for-summer-of-sam

CHAPTER
05

오르고 싶었다

–

주체할 수 없는
욕망과
끝이 없는 추락

원스 어폰 어 타임 인 아메리카

Once Upon A Time In America, 1984

너도 상처받았고, 나도 상처받았다

옳고 그름에 대한 분별력을 기르기도 전에 거리로 내몰린 아이들은
비상식적인 성공을 꿈꾼다. 그 안에서 키워온 우정은 그땐 유효할지
모르지만 나이가 들면, 성공이 눈앞에 보이면, 무효가 될 수도 있다.
등에 팍 꽂힌 비수는 자신의 등을 보여줄 수 있는, 가장 가까운 사람
만이 꽂을 수 있다.

「원스 어폰 어 타임 인 아메리카」는 해리 그
레이Harry Grey, 1901~1980의 소설 『더 후즈The Hoods』를 바탕으로 세르지오
레오네Sergio Leone, 1929~1989 감독이 1983년에 만든 미국 범죄영화다. 뉴
욕의 조직범죄 세계의 사다리를 통해 부와 명예를 거머쥐는 4명의 유대
인 청년의 일대기를 그리고 있다. 로버트 드 니로Robert De Niro, 1943~가 주
연을, 제임스 우즈James Howard Woods, 1947~, 조 페시Joe Pesci, 1943~, 제니퍼
코넬리Jennifer Connelly, 1970~ 등이 조연을 맡아 열연했다.

해리 그레이의 이름은 허셸 골드베르그Herschel Goldberg로, 실제 조직
범죄에서 은퇴한 러시아계 미국인 작가다. 영화는 폭력과 탐욕의 서사
시로, 특별한 충성과 유대를 가졌던 4명의 뉴욕 갱스터들의 삶을 담고
있다. 그들 중 누구 한 사람이 배신을 했다고 생각했는데 그것이 사실이
아니었음을 인생의 늦은 시기에 깨닫게 되면서 죄책감이 드는데, 세르
지오 감독은 이런 이야기를 복잡하지만 느리게 회상, 기억, 꿈으로 표현
하고 있다. 이 영화를 이해하기 위해선 감독이 원했던 러닝타임이 필요
할 수도 있다.

**아무런 희망도 없던 시절,
법을 어기면서라도 성공하고 싶었던 어린 건달들**

이 영화의 러닝타임은 4시간 10분이다. 하지만 감독은 이것보다 더 긴
영화로 만들고 싶었다고 한다. 미국에선 1984년 139분 러닝타임으로
첫 개봉을 했고, 그 해의 칸영화제에선 229분 러닝타임으로 개봉되었
다. 이후 한국에선 139분 러닝타임으로 개봉했다. 2012년 칸영화제에
서 246분 러닝타임으로 선보였고, 2015년 250분 감독 확장판으로 배급
되었다. 이 때문에 한국에서 개봉 당시 이 영화에 대한 의견이 분분했
다. 「원스 어폰 어 타임 인 아메리카」는 기승전결의 확실한 구분이 없고,
주인공 누들스Noodles, 로버트 드 니로의 행적에 따라 시간을 넘나들며 천천
히 전개된다.

　누들스는 뉴욕의 빈민가에서 태어난 하층계급의 10대 청소년으로,

친구들인 콕아이Cockeye, 패시Patsy, 리틀 도미닉Little Dominic과 함께 갱단으로의 성공적인 삶을 꿈꾼다. 그들은 미성숙하지만 서로에게 충성하고 그들이 행한 범죄에 대해 침묵하는 것을 강령으로 삼는다. 그리고 평생 친구가 된 맥스Max, 제임스 우즈를 만나 의기투합한다. 다른 하부 조직과의 영역 다툼에서 리틀 도미닉이 사살당하자, 누들스는 복수하고자 도미닉을 죽인 사람을 살해한다. 그 혐의로 체포되어 12년을 교도소에서 보내게 된다.

그가 석방되었을 때 맥스를 비롯한 다른 친구들은 금주법 기간 동안 계속 활동하여 매우 성공적인 갱스터와 주류밀매자로 변모해 있었다. 그리고 누들스의 첫 사랑 데보라는 할리우드에서 새로운 직업을 찾기 위해 그곳을 막 떠나려던 참이었다. 그런 데보라에게 깊은 인상을 주기 위해 누들스는 그녀만을 위한 화려한 데이트를 하지만 그녀가 키스를 하자 자신의 욕망을 제어하지 못하고 힘으로 그녀를 제압한다. 다음 날, 그는 그녀가 기차를 타고 떠나는 것을 바라보며 막심한 후회를 하며 죄책감을 갖는다.

그때부터 누들스의 삶은 하향곡선을 겪게 된다. 금주령이 끝나고, 갱의 대규모 은행 강도 계획도 누군가의 배신으로 실패하면서 누들스를 제외한 전원이 사망하는 결과를 초래한다. 영화 초반에 나오는 장면은 여기에 해당한다. 그는 누군가에게 쫓김을 받는데 그를 추적하기 위해 괴한은 그의 애인을 살해하고 친구를 고문하면서 그의 위치를 알아내려고 한다. 아편굴에 숨었다가 간신히 도주한 그는 비밀 락커에 숨겨두었던 돈도 없어진 것을 확인한 후 뉴욕을 떠난다.

35년 후인 1968년 그는 자신의 친구들이 묻혀 있는 공동묘지가 팔려서 이장해야 한다는 통지서를 받게 된다. 그는 자신의 신분이 확인되었다는 사실을 깨닫고는 다시 뉴욕으로 돌아가 옛 동네에 사는 데보라의 오빠 팻 모Fat Moe와 함께 살게 된다. 그러던 중 그는 공동묘지의 지하 납골실에서 자신을 위해 두고 간 것 같은 의문의 열쇠를 하나 발견하는데 그것은 35년 전 비밀 락커의 열쇠였다. 누들스가 비밀 락커를 다시 열자 돈이 들어 있었다.

맥스의 옛 애인 캐롤을 통해 그는 은행 강도의 실패와 친구들이 죽을 수밖에 없는 배신의 근원을 알게 된다. 복수를 위한 그의 여정은 막강한 정치권력과 부패의 성으로 이끌게 되는데 그 안에서 과거의 숨겨진 비밀이 밝혀진다.

영화 속 범죄 코드 1:
이민 2세대와 범죄의 관계

「원스 어폰 어 타임 인 아메리카」는 미국이라는 소위 '인종의 용광로Melting pot'의 바닥을 긁어내는 이민 2세대인 유대계 청소년들의 범죄적 연대기라고 할 수 있다. 이 관점에서 범죄 코드는 매우 다양하다.

우선 영화 속 어린 건달들이 이민 2세대라는 점에서 이민과 범죄의 관계를 살펴볼 수 있다. 1920년대 시카고 시의 도심 범죄를 연구한 시카고 대학교 사회학과 교수들은 '범죄생태학' 또는 생태학적 범죄학을 탄생

시켰다. 시카고 시의 범죄 발생이 도심에 가까울수록 높아지고, 도심에서 멀어질수록 낮아진다는 사실에 주목해, 그 원인이 도심의 지역사회가 해체된 결과 그곳에 대한 비공식적 감시가 약화되어서 주민들의 일탈이 그만큼 더 쉬워졌다고 주장한 것이다.

그런데 아이러니하게도 도심의 거주자들은 당시 세계 각국에서 밀려오는 이민자들이 채우고 있었다. 다양한 문화와 언어를 가진 인종이 이주하게 되면서 문화적 갈등을 불러일으켜 그 결과의 하나가 일탈로 규정될 수 있기 때문이라는 것이다.

물론 이런 생태학적 주장이나 문화 갈등에 대해서도 이견을 보일 수 있다. 한국을 비롯한 아시아계 이민자들은 같은 도심으로 이주하지만 일탈에 가담하지 않았다. 그래서 두 가지의 상반된 주장이 일어났는데 하나는 도심지역의 해체가 일탈하기 쉬운 사람들이 이주했기 때문에 일어났다는 것이고, 다른 하나는 이주한 사람들의 성향과 상관없이 이미 도심지역의 사회가 해체되었기 때문이라는 것이다.

그러나 한 가지 분명한 것은 어느 인종이건 어느 지역이건 해체되지 않은 지역이 해체된 지역보다 비공식적 사회 통제가 강하고 따라서 일탈도 그만큼 더 어려울 것이라고 추정할 수 있다는 점이다.

이런 가정에서 살펴본다면 범죄를 예방하기 위해서는 당연히 해체된 사회가 다시 조직화되어야 사회의 비공식적 통제력이 살아나서 일탈을 방지할 수 있다는 의견이 제기될 수 있다. 이런 가정을 기반으로 시카고 대학교 사회학과를 중심으로 한 시카고학파에서는 도심의 비행 예방

을 위해 해체되었다고 판단한 도심의 지역사회를 재조직화하려는 운동
이 벌어졌다. 그것이 어쩌면 최초의 조직적, 체계적 범죄 예방 프로그램
이라고 할 수 있는 '시카고 지역 프로젝트Chicago Area Project'다.

이 프로젝트는 지역사회를 재조직하기 위하여 지역사회의 지도자를
중심으로 모든 가용자원을 동원하자고 부르짖었다. 이런 운동은 1960
년대에 들어서면서 닉슨 행정부의 '범죄와의 전쟁'의 주요 축이 되면서
바로 '빈곤과의 전쟁War on Poverty'이 시작되었고, 그것을 실천하기 위해
'청소년을 위한 사회 자원Social Mobilization for Youths'이 생겼다.

청소년들이 비행에 가담하는 것은 합법적 기회가 차단되어 목적을
이룰 수 없기 때문이며, 이들에게 합법적 기회를 제공한다면 다른 사람
의 돈을 훔치고 뺏을 이유가 없다고 본 것이다. 청소년들에게 기회를 주
기 위해 사회가 가진 모든 자원을 청소년들을 위하여 총동원하자는 것
이었다.

앞에서 언급된 이민과 범죄 관계의 연결고리에는 다중문화 사회에서
의 문화적 갈등이 주요 요인으로 지목되곤 한다. 이와 관련해서 더 구체
적으로 실행하기 위해 이민 청소년들의 '문화적 동화cultural assimilation, 文
化的同化' ⑩와 '문화변용Acculturation, 文化變容' ⑩⑩을 차용하는 경우가 있다.

---

⑩ 특정한 문화가 지니고 있는 관념과 가치관 그리고 믿음과 행동 유형을 습득하는 것을
말한다.
⑩⑩ 둘 이상의 서로 다른 문화가 연결될 때 한쪽 또는 양쪽의 문화 형태에 변화가 일어나
는 현상을 말한다.

즉, 자신의 모국어와 모국 문화를 간직하는 경우와 이민 온 미국 사회의 문화에 순응하고 동화하는 경우를 비교하여 어느 쪽이 비행에 가담할 우려가 더 높은가 알아보는 것이다.

이는 청소년들에게는 자아정체성self-identification과도 관련이 되어 매우 중요한 변수로 작용할 수 있다. 순응과 동화를 제대로 하지 못하면 주류사회에서 낙오가 되어 상대적 박탈감과 긴장이 더 커지고 당연히 일탈의 가능성도 더 높아질 수 있다. 반대로 도심지역의 한국인 이민자들의 경우 아직 주류문화에 순응하거나 동화하지 못해 자신들의 문화적 정체성을 지니고 있어서 일탈을 하지 않는다는 주장도 제기되고 있다.

영화 속 범죄 코드 2 :
가지지 못하고 배우지 못하면 범죄를 저지를 확률이 높다?

이런 주장의 저변에는 아마도 '긴장이론'이 자리하고 있었을 것이다. 긴장이론은 프랑스의 사회학자 에밀 뒤르켐Émile Durkheim, 1858~1917의 아노미, 즉 무규범 사회에서 높은 자살률을 설명하기 위한 시도에서 시작되어 미국의 사회학자인 로버트 K. 머튼Robert K. Merton, 1910~2003으로 완성되었다.

머튼은 미국에서 물질적 성공이라는 문화적으로 수용되는 목적과 이를 성취하기 위한 합법적 수단이 괴리될 때 사람들은 긴장을 느끼게 된다고 주장했다. 그중 일부는 자신의 목표를 위해 합법적 수단이나 기회가 차단되거나 제한될 때 불법적 수단이나 기회에 호소해서라도 목표를 성취하고자 하는데, 이것이 곧 일탈로 이어진다고 주장했다. 이것이 긴장이론의 요지다.

최근 긴장의 범위가 확대되어 일반긴장이론General Strain Theory이 대두되고 있는데 범죄학자인 로버트 애그뉴Robert Agnew, 1953~가 주장한 이론이다. 기본적으로 머튼이 제시했던 긴장이론에 기반하지만 애그뉴는 긴장은 계층과 상관없이 개인적 또는 사회심리학적인 원인에 의해 일어날 수 있다고 말한다. 이 이론은 범죄행위가 하류계층에만 일어나는 것이 아니라 사회의 모든 구성원들이 일으킬 수 있다는 점에서 범죄의 일반화를 말하고 있다.

영화 속 범죄 코드 3 :
청소년들의 망상으로 얻게 된 잘못된 강간 통념

「원스 어폰 어 타임 인 아메리카」의 누들스와 친구들은 스스로 자신들을 공격적이고, 근육질적이며, 여성을 비하하고, 성적 지배에 함몰되어 있다고 말한다. 바로 이런 점은 청소년들에게 보이는 독특한 특성이기도 하며 '관심의 초점Focal concerns'이 되기도 한다. 이런 특징을 가지고 있는 청소년들은 때론 기득권 사회의 기성세대나 주류문화와의 갈등과 충돌을 일으킨다. 그 결과 주류문화의 관점에서 본다면 그들의 특성은 일탈로 규정될 수도 있다.

미국의 인류학자인 월터 B. 밀러Walter B. Miller, 1920~2004에 따르면 청소년들은 근육질, 강함, 영리함, 문제 일으키기 등이 관심의 초점이 되는

데 이것들은 「원스 어폰 어 타임 인 아메리카」의 어린 건달들의 모습이 기도 하다. 이 이론은 청소년비행론의 하위문화이론subcultural theory에서 비롯되었다. 이런 특성으로 청소년들은 여성을 지배하고자 하면서 성에 대한 환상을 가지기 쉽고, 이런 성향들로 인해 강간에 대한 잘못된 통념을 받아들인다. 영화 속에서 누들스는 첫사랑인 데보라를 강간한다. 아마도 그는 잘못된 인식 속에서 사랑하는 사람도 강간으로 자기 것으로 만들고자 하는 이상한 욕망을 가졌는지도 모르겠다.

강간 통념이란 강간당하는 여성도 원했다거나 여성이 먼저 유발, 촉발했다고 책임을 돌리는 남성 시각적인 그릇된 주장이다. 이런 시각이 잘못되었음을 분명하게 밝힐 수 있는 것은 바로 강간은 자기방어가 있을 수 없기 때문이다. 어떤 이유에서든 강간당하기를 원하는 피해자는 없으며 자신이 살기 위하여 여성을 강간한다는 자기방어도 용납될 수 없다. 모든 강간은 전적으로 남성의 책임이어야 한다.

영화 속 범죄 코드 4 :
형벌의 정도를 정하는 척도가 된 '술'

영화에서 범죄와 밀접한 관련이 있는 시대적 특수성이 나오는데 바로 '금주법Prohibition Law'이 그것이다. 우리나라에서도 과거 술을 제조하는 것을 엄격하게 금지한 적이 있었다. 이때 단속을 피해 밀주를 담그던 시절이 있었는데 그 이유는 바로 세금 문제와 직결되기 때문이다. 몰래 만들어 파는 술은 세금이 부과되지 않았으나 허가를 받은 제조자는 과세

대상이었다.

물론 미국에서의 '금주법'은 우리보다 더 엄격해 술의 제조, 판매, 음용 일체를 금지했다고 한다. 술은 마약과 함께 범죄를 유발하거나 촉진하거나 적어도 용이하게 하는 요소로 알려져 있어 실제로 미국 교정 시설에 수용 중인 재소자의 과반 이상이 범죄 전후에 음주나 약물의 영향 하에 있었다는 연구 결과도 나오고 있다. 미국에서는 이에 따라 음주가 양형의 요인으로 작용한 반면 얼마 전까지 우리나라에선 음주가 형을 낮추는 감경 요인으로 작용했다.

마지막으로 미국 사회는 다인종, 다문화 국가의 상징으로 알려져 있다. 하지만 그 속에서 다양한 인종들이 어떻게 인식되고 취급을 받았는지에 대해선 바로 이웃하고 있는 캐나다와는 정반대의 모습을 보인다고 한다.

음식을 예로 들어보면, 미국의 요리는 모든 인종과 문화가 용광로처럼 녹아드는 것이 특징이라면 캐나다는 다인종과 다문화가 샐러드처럼 다양한 재료가 각자의 맛을 그대로 살려서 제 맛을 내는 것에 주력한다.

「원스 어폰 어 타임 인 아메리카」는 '옛날 옛적에Once upon a time'에 아메리칸 드림을 꿈꾸던 샐러드 같은 한 소년이 갑작스럽게 시들어버린 자신에 대해 의아해하며 여생을 보낸다. 사실 영화는 매우 폭력적이지만 그 안을 들여다보면 미국 사회가 가진 문제 즉, '배제정책exclusive policy'보단 '포용정책Inclusive policy'이 더 필요한 것은 아닐까 하는 바람을 암시하기도 한다.

참고 자료

- https://cinephiliabeyond.org/once-upon-a-time-in-america-a-butchered-film-rising-up-as-a-phoenix
- https://www.rogerebert.com/reviews/once-upon-a-time-in-america-1984
- https://scrapsfromtheloft.com/2017/12/20/upon-time-america-review-mary-corliss-film-comment
- https://brandontalksmovies.com/2019/04/24/once-upon-a-time-in-america
- https://www.independent.co.uk/arts-entertainment/films/features/elizabeth-mcgovern-de-niro-and-me-109588.html
- revealbaltimore.com/the-cinevangelist-once-upon-a-time-in-america-1984
- https://www.esquire.com/entertainment/movies/a22028586/once-upon-a-time-in-america-sergio-leone
- https://thestacks.deadspin.com/if-you-never-loked-once-upon-a-time-in-america-give-th-1749995621

좋은 친구들

Goodfellas, 1990

달면 삼키고 쓰면 뱉는 친구들의 값싼 우정

남자다워지려면 친구를 배신하지 않고 입을 다무는 것이라고 한다. 하지만 내가 죽게 생겼는데 이를 지킬 수 있는 사람이 몇 명이나 될까? 가장 현명한 것은 누군가를 배신하거나 입을 다물어야 하는 상황을 만들지 않는 것이 아닐까?

　　　　　　　　　　「좋은 친구들」은 1990년 마틴 스콜세지 Martin Scorsese, 1942~가 감독한 미국의 범죄영화로, 1985년에 출간된 니콜라스 필레기 Nicholas Pileggi, 1933~의 논픽션 『와이즈가이 Wiseguy』를 바탕으로 만들어졌다. 니콜라스는 후에 마틴 스콜세지와 함께 이 영화의 시나리오 작업에 동참하기도 했다. 「원스 어폰 어 타임 인 아메리카」의 주연을 맡은 로버트 드 니로와 레이 리오타 Ray Liotta, 1954~, 조 페시 등이 열연했다.

영화는 헨리 힐Henry Hill, 레이 리오타을 중심으로 그의 친구들과 가족의 30년에 걸친 흥망성쇠를 다루고 있다. 마틴 스콜세지의 작품 중에서도 이 영화는 범죄 부문에서 최고의 걸작으로 평가받고 있어서, 2000년 미국 의회도서관은 이 영화가 '문화적, 역사적 그리고 미학적으로 매우 중요'하다고 판단하고 국립영화등록소에 보존하기로 선정했다.

「좋은 친구들」을 고전의 반열로 올린 이유 중 하나는 마피아의 삶을 사실적으로 묘사했기 때문일 것이다. 이 영화는 한 조직폭력원과 그의 동료 이야기에서 멈추지 않고 실제적으로 미국 역사상 가장 대담한 강도 사건을 사실적으로 그려내고 있다.

세상의 모든 법칙은 필요없다, 그저 돈만 생기면 어떤 일이든 다 해

1955년, 고등학생인 헨리 힐은 마피아의 범죄행위에 매료되어 마피아 두목 폴리Paulie, 폴 소르비노와 그 조직원들 심부름꾼으로 일하면서 마피아 생활에 젖어든다. 그때 조직원들에게 존경을 받지만 도통 속내를 모르는 지미 콘웨이Jimmy Conway, 로버트 드 니로를 만나게 된다.

지미는 전문 킬러였지만 화물 트럭을 습격하는 것을 더 좋아했다. 그를 통해 분노 조절을 잘 하지 못하는 토미 데비토Tommy DeVito, 조 페시와 알게 되고 헨리는 지미와 토미와 함께 바람막이와 장물아비로 활동하며 부수입을 올린다. 그때 잠복한 FBI에게 걸려 체포되는데 조직의 도움으로 풀려나게 된다. 이 일로 조직 내에서 인정받기 시작하는 헨리는 범죄 활동이 점점 대범해질수록 마피아 내 지위는 점점 더 올라갔고, 더 심각한 범죄에도 가담하게 된다.

헨리, 지미, 토미는 낮에는 범죄를, 밤에는 나이트클럽에서 술과 여자들과 노는 데 시간을 보냈다. 그러던 중 헨리는 나이트클럽에서 만난 롱아일랜드의 유대인 여성인 카렌 프리드맨Karen Friedman과 눈이 맞아 데이트를 시작하게 된다. 카렌은 헨리가 조직범죄원이라는 사실에 당혹해하지만 결국 화려한 생활에 현혹되어 부모의 반대에도 불구하고 그와 결혼식을 올린다.

그리고 항공 화물 속 돈 가방을 탈취하는 데 성공한 세 사람은 일부를 폴리에게 상납하고 나머지 돈은 지미의 고리대부업 자금으로 사용한다. 그리고 헨리와 지미는 채무자에게 돈을 받기 위해 그들을 쫓는다. 헨리와 지미, 토니는 서로를 '좋은 친구들'이라고 부르며 적이 생기면 함께 반격하곤 했는데 1970년, 범죄조직 갬비오Gambio 가문의 조직원 하나가 헨리 소유의 나이트클럽에서 토미를 놀리자 세 사람은 그를 살해한다. 조직원의 살인은 곧 조직의 보복이 따른다는 사실을 아는 세 사람은 살인을 은폐하기 위해 시신을 자동차 트렁크에 싣고 뉴욕 상부 지역에 매장한다. 그 후에도 세 사람은 승승장구하며 온갖 나쁜 짓은 다 하고 다닌다.

1974년 헨리와 지미는 채무자를 폭행하며 돈을 받으러 다니는데 한 채무자의 친누나가 FBI의 속기사로 바로 신고하자 꼬리가 잡혀 10년 형을 선고받는다. 헨리는 가족들을 먹여 살리기 위해 교도소에 마약을 불법으로 반입해 재소자에게 판매한다. 1978년 헨리는 보호관찰을 조건으로 가석방되는데 두목 격인 폴리의 지시를 어기고 마약 사업을 확장하고 곧 이어 지미와 토미도 가담한다.

지미는 패거리를 조직하여 존 F. 케네디국제공항의 루프트한자 항공사 금고를 습격하여 600만 달러를 탈취하는 데 성공하지만 그 일로 인해 불운의 그림자가 뒤덮는다. 결국 토미는 죽고, 헨리는 마약중독으로 인한 불면증으로 신경이 쇠약해진다. 그 후 피츠버그의 조직원과 마약 거래를 계약하지만 마약단속원에게 체포되어 수감된다. 카렌은 보석금으로 헨리를 석방시키지만 6만 달러 상당의 코카인을 변기에 흘려보내 가족에게 남아 있는 돈은 없었다.

헨리는 폴리에게 도움의 손길을 청하지만 그 자신도 경찰의 포위망 안에 있어 그를 외면한다. 이어 지미는 헨리에게 살인청부 일을 시키는데 헨리는 이를 자신을 죽이려는 함정이라고 직감한다. 여러 상황이 복잡하게 얽혀버린 상황에서 헨리는 연방정부 검찰의 증인보호 프로그램을 신청해 지미와 폴리의 범죄를 고발한다.

자신은 현명하다 생각하지만
타인은 어리석다고 생각하는 한 남자의 삶

이 영화의 바탕이 된 『와이즈가이』의 사전적 의미는 '현명한 사나이 또는 남자'다. 책의 제목이 표현하고자 했던 것은 아마도 '현명하지 못한 영악한 사내 또는 약은 사내'라는 의미가 더 클 것이다. 범죄 문화가 팽배한 험악한 지역사회에서 쉽고 폼 나게 성공할 수 있는 길을 일찍이 알아챈 한 남자의 삶을 되돌아보는 「좋은 친구들」은 지역 폭력과 조직범죄원으로서의 거침없이 야비하고 비루한 삶을 그대로 보여주고 있다.

사실 「좋은 친구들」은 일종의 관찰영화라고도 할 수 있다. 시카고 도심의 공공임대주택단지 내에서의 범죄와 폭력조직에 대한 참여 관찰을 토대로 쓰인 『괴짜 사회학』처럼 이 영화는 뉴욕 지역에서의 조직범죄와 조직폭력 그리고 그들의 생활상을 마치 직접 참여하여 관찰하듯이 그려내고 있다. 현재 범죄학 연구에선 양적 연구Quantitative Research ◉가 대세지만 20세기 초반만 해도 관찰 연구observational research ◉◉에 의한 대작들이 다수 출간되었다.

동성애 연구인 『공중화장실의 거래Tearoom Trades』나 『동네 폭력집단에 가입한 청소년들의 연구』 등이 그 대표적인 산물이다. 관찰 연구 중에서도 『괴짜사회학』의 저자처럼 직접 참여하며 관찰하는 경우와 직접 참여하지 않으면서 관찰하는 경우가 있지만 조직범죄나 마약범죄 등의 경우는 대부분 직접 참여 관찰로 진행한다.

◉ 숫자로 양화될 수 있는 자료를 사용해서 이뤄지는 경험적 연구에 속한다. 경험적 연구는 자료의 성격에 따라 크게 양적 연구(quantitative research)와 질적 연구(qualitative research)로 구분한다.

◉◉ 관찰을 통해 변인들 간의 관계성을 알아보는 연구로, 변인을 조작하지 않고 자연스런 상황에서 관찰하고 그 관계를 분석한다.

이 영화는 마치 조직범죄와 마약범죄에 대한 참여 관찰 보고서 같기도 하다. 이와 더불어, 영화의 기초가 된 책이 범죄보도를 전문으로 하는 기자의 심층면접을 통한 범죄집단 조직원의 일대기를 다룬 것이기에 범죄학 연구에 있어서 전문가집단면접Focus Group Interview 등의 심층면접이 범죄 연구의 새로운 도구가 되기도 한다.

영화 속 범죄 코드 1 :
사회적 이동 사다리가 존재하지 않았던 남자들의 야망

범죄학에서는 조직범죄의 원인을 두 가지 차원에서 조명하고 있다. 첫째는 조직범죄의 원조 격이요 대명사처럼 된 마피아를 중심으로 설명하는 입장으로서, 이들 마피아들의 절대다수가 이탈리아의 시칠리아 섬 출신들이라는 점에 착안하여 미국 마피아는 결국 이탈리아의 시칠리아에서 이민을 온 사람들과 함께 유입된 것이라고 파악하고 있다. 다른 하나는 미국 마피아의 창궐은 특정 지역출신의 사람들에 의한 유입의 결과가 아니라 오히려 미국 사회 자체의 문제에서 시작되었다고 보는 시각이다.

영화의 배경이 된 뉴욕의 도심에서 공정하고 합법적인 기회가 차단되거나 부족한 사람과 계층에게 소위 사회적 이동의 사다리는 먼 나라의 이야기일 수밖에 없다는 것이다. 이를 '이상한 사다리'라고 하며, 이런 관점의 시각을 우리는 '음모이론Conspiracy theory'이라고도 한다.

일부 비평가들은 이 영화를 두고 마피아 문화를 미화했으며, 곧 사회의 성인이 될 청소년들에게 나쁜 영향을 줄 수 있다고 비판했다. 실제로 카렌이 헨리를 좋아하고 결혼하게 된 결정적인 동기가 그의 화려한 생활이었고, 결혼 후에도 그의 활동이 범죄라기보다 사업이라고 여긴 것은 일부 사람들에게 좋지 않은 영향을 미칠 수 있다고 주장한다.

이들의 주장은 언론학계나 범죄학계에서 관심을 가지고 연구해온 언론의 폭력성과 폭력행위의 관계인데, 지금까지의 보편적인 결론은 언론의 폭력성은 시청자에게 학습되고, 시청자는 학습된 폭력을 모방함으로써 범죄율이 증가할 수 있다는 것이다. 관객이나 시청자들이 영화 속 폭력을 학습하고 모방하는 것은 여러 동기와 이유가 있겠지만 우선 폭력적인 주인공을 멋지게 보고 그것을 자신과 동일시하는 경향이 크기 때문이다. 과거 우리나라에서도 「모래시계」가 최고의 인기를 얻었을 때 전국 초등학생의 장래희망이 조직폭력배였던 적이 있었다.

영화의 배경이 되는 지역은 마피아 일원들로 가득한 곳이다. 그래서 폭력이 난무하던 범죄문화, 폭력의 부문화가 만연한 곳이었으며, 이런 동네에서 태어나고 자란 헨리도 당연히 보고 배운 대로 어린 시절부터 그들과 그들의 행동 그리고 생활을 존경해왔다.

긴장이론처럼 전통적인 범죄학에서는 합법적인 기회의 부재나 차단으로 일부 사람들이 불법적 기회나 수단에 호소하는 범행에도 가담하게 된다고 주장한다. 반면 일부에선 기회구조란 합법적인 기회만이 사람과 지역, 계층 등에 따라 차등적인 것이 아니라 불법적인 기회도 차별적이고 차등적이라고 주장한다. 헨리가 자연스럽게 조직범죄에 가담하고 조직원 생활을 하는 것은 이런 면에서 어쩌면 당연한 귀결인지도 모른다.

영화 속 범죄 코드 2 : 왜 조직범죄는 마약 거래에 손을 댈까?

범죄영화를 보면 하나의 의문이 생긴다. 왜 마약범죄 관련 영화는 조직범죄와 연결되어 있을까? 또 반대로 조직범죄 관련 영화는 왜 항상 마약 거래가 주요 활동이 되는 것일까?

우선 마약에 대한 강력한 규제로 인한 수요와 공급이 일치되지 않기 때문에 마약 가격은 상승한다. 값싸게 들여와 비싸게 파는 거래는 이득 격차가 크기 때문에 조직범죄는 이를 통해 경제적 야망을 취하려는 것이다. 그 이득을 놓치지 않으려고 조직범죄 간의 이권 다툼이 일어나고 영역을 확대하기 위해 싸움이 벌어지는데 점점 더 국제적으로 범죄화가 일어나는 것이 문제라고 할 수 있다. 즉, 손쉽게 돈을 벌 수 있는 것이 마약 거래기 때문에 조직범죄가 손을 대는 것이다.

이 영화에서 정통성을 지키고픈 마피아 두목 폴리는 마약에 손을 대지 않으려 하고, 헨리에게도 조심하라고 경고한다. 하지만 경제적 야망을 성취하고자 하는 목적이 큰 헨리는 그의 경고에도 무시하고 마약 거래를 시작한다. 결국 자신까지도 마약에 중독되고 만다.

영화 속 범죄 코드 3 :
조직범죄에서 여성의 역할

조직범죄의 저변에는 언제나 경제적 야망이 숨어 있다. 헨리와 결혼한 카렌은 화려한 삶을 동경하고 그것을 즐기기 위해 남편과 함께 마약 판매상으로서의 삶을 살면서 이것은 사업일 뿐이라며 자신을 정당화한다.

캐딜락 같은 고급승용차를 타고, 고가의 모피를 입고, 라스베가스에서 도박을 즐기려면 돈이 필요했기에 어쩔 수 없이 불법행위를 저지르는데 영화에서 카렌이 헨리에게 총을 겨누는 장면은 카렌의 혼란스러운 가치관을 잘 표현해주는 것이기도 하다.

지금까지 폭력범죄, 특히 조직범죄와 관련한 전문가들은 이런 문화가 남성의 전유물이라는 의견에 절대적이었다. 그렇기에 남자가 차지하는 비중이 매우 높았다. 하지만 흥미롭게도 이 영화는 조직폭력과 여성의 예사롭지 않은 관계를 보여주고 있다. 헨리, 지미, 토미와 함께 헨리의 아내 카렌에게 많은 비중을 쏟고 있는 점을 보면 감독이나 각본가의 의도를 쉽게 읽을 수 있다.

최근 여성범죄가 증가하는 추세지만 여전히 조직범죄에서 여성의 역할은 적은 편인데 이런 현실에 비춰 카렌의 비중이 높은 것은 이 영화가 시사하는 바가 무엇인지 알 수 있다.

영화 속 범죄 코드 4 :
너도 나쁘지만 너보다 더 나쁜 사람을 불면 조금 대접해줄게

영화의 마지막 부분으로 가면 조직범죄로부터 생명의 위협과 함께 사법
당국의 기소와 처벌의 위험에 놓인 헨리는 현실과 타협하게 된다. 헨리
는 조직원들에 대한 증언을 하는 대신 자신에 대한 감형과 신변보호를
조건으로 연방정부의 증인보호 프로그램을 신청한다.

　실제로 조직범죄나 마약범죄 등의 수사와 처벌에 있어서 목격자나 증
인의 증언이 절대적이지만 신변의 위험 등으로 증인이 증언대에 서는
것은 그리 쉬운 일이 아니다. 그래서 미국에선 이를 감안하여 테러, 조직
범죄, 마약 등 중요하고 강력한 범죄에 필요한 증인에 대한 신변보호를
위하여 이주는 물론이고 극단적으로는 개명과 성형까지도 제공한다.

　훗날 헨리는 "난 이제 아무것도 아니다. 이제 남은 인생을 얼간이처럼
살아가는 것밖에 안 남았다"라고 말한다. 그저 폼나게 살고 싶었던 고
등학생의 말로는 결국 누군가에게도 인정받지 못하고 숨죽여 살아야
하는 현실이었다.

영화 속 범죄 코드 5 :
갱생이 아니라 더 큰 범죄로 이끄는 수형 생활

더불어 영화에서 보여주는 재소자들의 수형 생활은 그야말로 상상 밖
이다. 「좋은 친구들」이란 제목에 걸맞게 헨리와 동료들은 교도소 내에
서 우아한 식사와 파티를 즐긴다. 흔히들 교도소는 자유가 없고 생활도

불편할 것이라고 생각하지만 반드시 그렇지만은 아닐 수 있음을 엿보게 한다. 물론 돈과 권력이 있어야만 가능한 이야기다.

헨리는 카렌을 통해 교도소 안에 마약 등 불법 물품을 밀반입해 재소자들에게 판매한다. 범죄자들이 교도소에 수용되면 자유를 박탈당하는 것 외에도 담배와 같은 기호품이나 인터넷과 같은 용역 서비스를 받지 못하는데 헨리는 이 점을 악용해 불법 재화와 용역을 판매한다. 이는 교도소와 교도관의 부패와 타락에 기인하기도 하지만 다른 한편으로는 교도소 사회에서의 위계질서와 권력을 결정하는 요인이 되기도 한다.

참고 자료

- https://en.wikipedia.org/wiki/Goodfellas
- https://tvtropes.org/pmwiki/pmwiki.php/Film/Goodfellas
- https://allthatsinteresting.com/henry-hill-real-life-goodfellas
- www.reelviews.net/reelviews/goodfellas
- https://www.moviehousememories.com/goodfellas-1990-movie-synopsis
- https://www.thevintagenews.com/2017/07/20/the-real-life-wiseguys-behind-scorseses-goodfellas-who-pulled-off-the-multi-million-lufthansa-heist
- https://filmmakermagazine.com/93889-of-tarantino-and-tv-on-goodfellas-legacy/#.XTVaz_IzaUK
- https://www.rollingstone.com/movies/movie-reviews/goodfellas-101206
- https://www.rogerebert.com/reviews/great-movie-goodfellas-1991
- https://www.rogerebert.com/reviews/goodfellas-1990

LA 컨피덴셜

L.A. Confidential, 1997
진실에 대한 욕구를 충족시키려면 끝이 없다

그 나물에 그 밥이라는 속담처럼, 한 조직이 썩으면 개개인도 썩기
마련이다. 다만 한 사람이라도 그것이 이상하다고 여겨 조금이라도
바로잡기 위해 노력한다면 덜 썩는 사과가 나올 수도 있을 것이다.
천사들의 도시에 살려면 날개가 필요하듯이.

「LA 컨피덴셜」은 커티스 핸슨Curtis Hanson,
1945~2016이 1990년 출판된 제임스 엘로이James Ellroy, 1948~의 동명소설을
바탕으로 각본, 감독, 제작까지 한 미국 범죄영화다. 케빈 스페이스Kevin
Spacey Fowler, 1959~와 러셀 크로우Russell Crowe, 1964~, 가이 피어스Guy Edward
Pearce, 1967~, 킴 베이싱어Kim Basinger, 1953~ 등이 주연을 맡았다.

이 영화는 1953년도 로스앤젤레스 경찰국 경찰관들의 이야기며,
동시에 경찰 부패와 할리우드 유명인의 교차점을 다루고 있다. 영화

의 제목은 '허쉬-허쉬Hush-Hush'로 이름이 붙여진 1950년대 부패와 스캔들을 전문으로 다루는 잡지「컨피덴셜」에서 따왔다고 한다. 영어 'Confidential'은 은밀함이란 뜻을 가졌는데 그것이 암시하는 바대로 이 영화는 경찰과 유명인의 유착 등 은밀한 거래와 부패를 그려내고 있다.

정의 구현을 꿈꾸는 경찰이 범죄조직의 대부를 꿈꾸다

1950년대 로스앤젤레스 경찰국은 범죄조직의 대부 미키 코헨Mickey Cohen에 대한 대규모 제거 작업이 시작되고 탈세 혐의로 그를 체포한다. 그의 공백으로 LA의 지하세계가 위험한 권력의 진공 상태가 된다.

1950년대 초반 로스앤젤레스 경찰국의 에드먼드 엑슬리Edmund Exley, 가이 피어스 경사는 아버지가 로스앤젤레스 경찰국의 전설적인 수사관이었던 프레스톤 엑슬리Preston Exley였던 만큼 자신도 그의 명성에 걸맞은 경찰관이 되겠다는 결의를 다진다. 에드먼드는 뛰어난 지능으로 정의를 실현하기 위해 규율을 지키고자 하지만 융통성이 부족해 동료 경찰관들에게 미움을 받는다. 그의 야망은 아버지가 신원을 알 수 없는 괴한에게 살해당함으로써 불붙은 것이기도 했다.

버드 화이트Bud White, 러셀 크로우는 에드먼드에 따르면 '아무 생각이 없는 인정사정없는 남자'로, 폭행을 일삼던 아버지에게 맞아 어머니가 숨지자 가정폭력범에 대해 매우 폭력적이고 엄격하게 처벌하는 데 사로잡힌 사복형사다.

잭 빈세니스Jack Vincennes, 케빈 스페이스 경사는 경찰 관련 유명 TV시리즈인 「명예의 배지Badge of Honor」의 기술자문 역할로 부업을 하는 마약수사관이다. 「허쉬 허쉬Hush-Hush」 잡지 편집장에게 잡지 구독률을 높일 수 있는 유명인들의 구속이나 체포 등에 관한 정보를 제공하며 부수입을 올리기도 한다.

이렇게 다양하고 상이한 욕망을 가진 세 경찰관이 크리스마스 전날 저녁에 같은 경찰 지구대에 모이게 되는데, 그날 다수의 경찰관들이 술에 취해 있었고, 그 김에 멕시코 재소자들에게 시비를 걸고 폭행까지 하는 사건이 벌어진다. 곧 그 자리에 있던 신문기자들에 의해 곧 기사화가 됐고, 경찰 고위관계자는 경찰의 이미지가 추락한 것에 대해 증언을 확보해 징계를 내리려고 세 사람에게 이 사건의 증언을 해달라고 요청한다.

성격대로 버드는 동료를 파는 일을 할 수 없다며 증언을 거절했고, 에드먼드는 정의를 구현하는 일이자 승진의 기회가 열렸다고 여겨 증언을 하겠다고 자원하는데 그의 이런 결정은 대의를 위해 범인에게도 총격을 가해야 한다는 상사 더들리 스미스Dudley Smith, 제임스 크롬웰 과장의 충고와는 반대로 가는 노선이었다. 잭은 처음에 거절했지만 당분간 「명예의 배지」에 출연하지 못하게 하자 바로 수락한다.

그 후 에드먼드는 경감에서 경사로 승진하고 강력계에서 일하지만 동료들의 미움을 받고, 버드의 자세를 높이 산 더들리 과장은 그에게 미키 코헨을 대신할 수 있는 요주의 인물을 감시하라는 임무를 맡긴다. 잭은 징계를 받고 마약반에서 풍기단속반으로 좌천된다.

그러던 중 커피숍 나이트 아울Night Owl에서 다중살인사건이 일어났고, 에드먼드가 사건에 급파되는데 피해자 중에 버드의 옛 파트너이자 퇴직 경찰인 스탠스랜드도 포함되어 있었다. 경찰은 이 사건을 단순 강도 사건으로 보고, 일단 3명의 흑인 용의자를 추적한다.

하지만 버드는 이 사건이 예사롭지 않음을 감지하고 단독 수사에 들어간다. 그는 피해자 중 한 여성이 이전에 만난 코에 붕대를 하고 있던 수전이라는 것을 확인하고 그녀와 동승했던 남자를 추적한다. 그 남자는 피어스 팻쳇으로, 우리나라로 치면 보도방을 운영하며 매춘여성을 유명 여배우처럼 성형시켜 일을 시키는데 수전도 그중 한 사람이었다. 버드는 이 남자를 더 깊게 조사하면서 그의 밑에서 일하는 릭 브레이큰Lynn Bracken, 킴 베이싱어을 만나게 된다.

한편 풍기단속반으로 옮긴 잭도 이 사건에 대해 이상한 낌새를 느껴 강력반을 어슬렁거리다 에드번드와 함께 수사를 시작한다. 그들은 3명의 흑인 용의자를 검거해 심문하던 중 나이트 아울 카페에서 한 여성을 납치해 감금했다는 사실을 알게 된다. 이에 화가 난 버드는 위치를 파악해 여성을 구한다. 그 사이 3명의 흑인 용의자들은 경찰서에서 탈출한다. 그들을 찾기 위해 쫓아간 에드먼드는 추격전을 벌이다 그들을 모두 사살한다. 더들리 과장은 그 상황을 기뻐하고, 에드먼드는 경찰 최고의 영예인 용맹의 메달을 수여한다. 잭 또한 사건을 해결하는 데 공헌했기 때문에 마약반으로 돌아간다.

버드는 계속 조직폭력단을 감시하는 한편 릭 브레이큰과 관계를 시작한다. 그리고 나이트 아울 사건에 대해서도 수사하는데 이윽고 옛 파트너 스탠스랜드의 애인이 수전이라는 사실을 확인하고 그녀의 어머니 집을 수색하면서 퇴직 경찰이자 피어스의 운전기사인 미크스의 시신도 발견한다.

마약반으로 돌아온 잭은 다시 「허쉬 허쉬」의 편집장과 함께 자신에게 불리한 판결을 내렸던 지방검사를 협박할 요량으로 남자배우 레이놀즈와 동성애 밀회를 즐기게 한다. 하지만 오히려 레이놀즈가 살인을 당하자 그 살인범을 찾기 위해 수사를 시작한다. 에드먼드 또한 나이트 아울 사건의 범인이 3명의 흑인 용의자가 아닐 것 같다는 느낌을 받으면서 잭에게 함께 수사할 것을 요청한다.

한편 잭은 더들리 스미스 과장을 찾아가 에드먼드와 함께 발견한 증거물과 수사 과정을 설명하는데 갑자기 더들리 과장은 잭에게 총격을 가한다. 마지막으로 할 말이 있냐고 물으니 잭은 '롤로 토마시Rollo Tomasi'라고 답한다.

더들리 과장은 잭에게 죄를 뒤집어쓰고 에드먼드에게 공범인 롤로 토마시를 아냐고 묻는다. 이에 에드먼드는 놀라는데 롤로 토마시는 자신이 만든 상상의 인물이기 때문이다. 또 더들리 과장은 에드먼드가 수사 도중 버드의 내연녀 린 브레이큰과 관계를 갖는 사진을 찍어 버드가 보게끔 만든다.

화가 난 버드는 에드먼드에게 싸움을 걸지만 두 사람은 모든 사건의 중심에 더들리 과장이 있다는 사실을 알고 공동으로 대처하기로 결정한다. 그리고 더들리 과장의 비리를 파헤치기 위해 지방검사를 협박해 증거를 확보한다. 얼마 후 피어스 팻칫이 살해당하자 두 사람은 미키 코헨를 대신해 로스앤젤레스를 평정하고자 하는 사람은 더들리 과장이며 모든 살인은 그와 관련된 것이라고 추론한다.

영화 속 범죄 코드 1 :
썩은 사과가 많아지면 박스채로 버려야 한다

전통적인 범죄영화가 경찰이나 형사의 활동에 중점을 두고 있다면 「LA 컨피덴셜」은 주인공의 심리 쪽에 더 치중하고 있다. 예를 들어 린 브레이큰과 관계를 가진 버드와 에드먼드 사이에 벌어지는 심리적 상호작용이 대표적이라고 할 수 있다. 물론 이 영화에서도 경찰 활동과 행위에 대한 모든 요소를 다 담고 있지만 이는 그 자체의 목적보단 주인공들의 개성이나 인성 등을 표현하기 위한 수단으로 표출된다.

이 영화 속에 비치는 경찰 내부는 마약 조직과 상류층을 대상으로 하는 매춘, 권력 암투 속에 숨은 속임수 및 작전 등으로 얼룩져 온갖 부패와 비리가 가득한데 가히 경찰영화의 진수라고 할 수 있다.

버드는 자신의 폭력적 성향을 이용하여 법이라는 안전망 속에서 가정폭력을 행사하는 남자들에게 자경주의적 사법을 행사하고자 하며, 에드몬드는 명예로운 경찰관의 지위를 얻기 위해 나름 정치적인 전략을 활용한다. 잭은 화려한 연예계 생활에 젖어 짭짤한 부수입으로 여유롭게 경찰 생활을 이어나가고자 한다. 이들 셋은 자기 주변 세상과는 전혀 맞지 않는 자신만의 도덕적 규율 안에서 활동하고 그 역할에 충실하고자한다.

최근 연예인이 운영하는 강남의 모 클럽과 관련된 경찰의 유착과 비리가 세인의 관심을 끌었지만 영화가 그리는 당시 LA 경찰도 이에 못지않게 부패하고 비리로 가득했던 것이다. 이런 상황에 우리는 왜 경찰은 부패하고 비리를 저지를까 하는 의문이 생기지 않을 수 없다.

한편에서는 '썩은 사과' 즉, 경찰 개인의 비리로 보는 측면이 있는가 하면 한편에서는 '썩은 상자' 즉, 개인의 문제라기보다는 경찰조직과 그 문화 전체의 문제로 측면도 있다. 즉 어떤 사과라도 썩은 상자에 담기면 썩게 마련이라고 보는 관점이다.

우리나라에서 1993년 개봉한 「투 캅스」가 좋은 예가 될 수 있을 것이다. 물론 이에 대한 가장 쉬운 답, 즉 경찰이 부패하기 가장 쉽고 빠른 길은 바로 '썩은 상자'에 '썩은 사과'를 담았기 때문으로 보는 것이 맞을 것이다.

「LA 컨피덴셜」에서 그나마 다행인 것은 경찰조직에 부패와 비리가 만연하게 되면 대부분의 경우 경찰관 개개인은 그들만의 부문화에 동화되기 쉬운데 이 영화에서는 정의를 구현하고 싶은 욕구를 가진 다양한 색깔의 경찰관을 보여주고 있다. 경찰조직의 직업적 부문화 중에서 가장 강력한 요소로 대부분 경찰의 냉소주의cynicism를 뽑고 있지만 이 영화에서는 이를 잘 피해가고 있다.

영화 속 범죄 코드 2 :
경찰이 시민을 보호하는 것이 아니라 시민이 경찰을 감시하는 시대

한편 영화는 경찰의 세계와 그 활동상이 일종의 오락산업, 쇼 비즈니스 분야까지 스며들었다는 메시지를 전하고 있다. 최근 경찰관의 일거수 일투족이 경찰관이 착용한 카메라는 물론이고 자동차의 블랙박스나 CCTV 그리고 시민들의 스마트폰으로 생생하게 기록으로 남고 있다. 그것들이 각종 사회관계망서비스나 동영상으로 언제 어디서나 누구라도 재생해볼 수 있는 시대다. 이를 반영하듯 범죄와 경찰 관련 텔레비전의 프로그램도 다양하게 증가하고 있어서 가히 현대는 인포테인먼트 Infortainment, 즉 정보와 오락을 합친Information + Entertainment 프로그램의 전성시대라고도 할 수 있다. 이러한 추세는 경찰에 대한 감시의 강화로 이어지고, 결과적으로 경찰이 더 투명해지고 더불어 더 전문화되는 데 기여할 수 있을 것으로 기대된다.

영화 속 범죄 코드 3 :
범죄 대체를 통한 새로운 범죄 출현

당시 LA 지역 조직범죄의 수장이었던 미키 코헨의 체포와 구금은 「LA 컨피덴셜」의 큰 줄거리를 제공하는 단초가 된다. 대부분의 국가에서 조직범죄가 들끓을 때면 가장 쉽게 꺼내드는 정책이 조직범죄와의 전쟁이며, 이는 곧 조직범죄와 그 구성에 대한 강력한 단속과 엄중한 형벌을 의미한다.

영화에서도 코헨이 구금되자 그 자리를 차지하려는 영역 싸움이 벌어진다. 이는 범죄자에 대한 강력한 처벌이 때론 현명한 답이 아닐 수 있음을 보여주기도 한다. 강력한 지도력이 존재했을 때는 조직범죄 집단 사이의 질서가 존재하기 때문에 상대적으로 조용했던 조직범죄가 대부의 구금으로 권력의 공백이 생기고 그 틈새로 권력 다툼이 벌어지고 사회는 더 폭력적이고 불안해진다.

또한 코헨의 구금으로 끝나는 것이 아니라 그를 대체할 수 있는 잠재적 범죄자는 얼마든지 있다는 것을 간과해선 안 된다. 즉 범죄자는 언제라도 대체될 수 있다는 '범죄자 대체Displacement of criminal'를 여실히 보여준다. 즉, 후보선수는 언제 어디서나 항상 기회만 엿보고 있기 마련이다.

범죄 대체란 쉽게 설명하자면 풍선 효과Ballon Effect라고도 표현하는데, 이는 풍선 안의 공기의 양은 동일하지만 압력을 가하는 위치에 따라 풍선의 모양이 바뀌는 것을 두고 이름이 붙여진 현상이다. 범죄와의 전쟁, 조직폭력과의 전쟁과 같은 강력한 형벌을 통한 범죄 억제에 대한 비판으로 제기되고 있다.

구체적으로 범죄 대체에는 범죄 유형의 대체로서 특정 범죄의 단속과 처벌을 강화하면 새로운 유형의 유사한 범죄로 대체되며, 특정 수법에 대한 수사가 강화되면 그 수법이 새로운 것으로 대체되고, 특정 범죄 발생 시간과 장소에 대한 단속이 강화되면 다른 시간과 장소로 대체되고, 조직폭력의 두목과 같은 특정 범죄자를 구금하면 새로운 두목으로 대체된다는 것이다.

참고 자료

- https://en.wikipedia.org/wiki/L.A._Confidential_(film)
- https://www.imdb.com/title/tt0119488/plotsummary
- https://thefilmspectrum.com/?p=21157
- www.reelviews.net/reelviews/l-a-confidential
- https://www.vice.com/en_us/article/qvjb7p/la-confidential-is-still-relevant-and-the-game-is-still-weired-as-hell
- https://culturevulture.net/film/l-a-confidential
- www.edition.cnn.com/SHOWBIZ/9709/30/review.la.confidential
- https://www.denofgeek.com/movies/la-confidential/30695/crime-classic-la-confidential
- https://www.washingtonpost.com/wp-srv/style/longterm/movies/videos/laconfidentialhowe.htm?noredirect=on
- https://www.brooklynfilmreview.com/home/2018/6/9/la-confidential-full-analysis
- https://variety.com/1997/film/reviews/l-a-confidential-1117329759
- https://www.rogerebert.com/reviews/great-movie-la-confidential-1997

아메리칸 허슬

American Hustle, 2013
자유롭고 싶지만 불안이 밀려올 때 사기를 친다

자신의 트라우마를 벗는 순간, 세상을 훨훨 날 만큼 자유로워지지만 그것이 좀체 벗겨지지 않을 때 우리는 가면을 쓴다. 혹은 사람들의 눈을 속임수로 가려버린다. 그래야만 불쌍한 자신이 보이지 않을 테니깐.

　　　　　　　　「아메리칸 허슬」은 1970년부터 1980년대에 걸쳐 진행되었던 미국 연방수사국 FBI의 ABSCAM◉이라는 함정수사Sting Operation◉◉를 모태로 데이비드 O. 러셀David O. Russell, 1985~이 감

◉ ABSCAM은 '아랍 스캠(Arab Scam)'의 합성어라는 주장도 있고, 아랍에서 일반적이고 흔한 이름인 '압둘 스캠(Abdul Scam)'의 합성어라는 설도 있다. 아랍인을 가장한 사기극이라는 의미를 가지고 있다.

◉◉ 일반적으로 특정한 표적, 대표적으로 마약이나 조직범죄 등을 수사하기 위한 목적으로 함정을 이용한다는 의미에서 '함정수사'라고 하는 특수수사활동 또는 작전이라고 할 수 있다.

　　　　　　　　　　　　　　　　　　　CHAPTER 5

독한 2013년도 미국의 범죄영화다. 크리스찬 베일Christian Bale, 1974~과 브래들리 쿠퍼Bradley Charles Cooper, 1975~, 에이미 아담스Amy Lou Adams, 1974~, 제니퍼 로렌스Jennifer Shrader Lawrence, 1990~, 제레미 레너Jeremy Renner, 1971~ 등이 주연을 맡았다.

이 영화는 연방수사국 FBI에서 FBI 요원 리치 디마소Richie Dimaso, 브래들리 쿠퍼가 당시 뉴저지 주 캠덴 시의 현직 시장과 연방하원의원 등 타락하고 부패한 정치인들을 검거하기 위해 사기꾼 커플 어빙 로젠펠드Irving Rosenfeld, 크리스찬 베일과 시드니 프로서Sydney Prosser, 에이미 아담스를 스카웃해 벌이는 내용을 다루고 있다. 당시 미국 사회의 어두운 모습을 고발한 영화로 평가받았다.

영웅도 없고 악인도 없는, 하지만 양심을 제거하는 수술을 받고 싶은 사람들의 이야기

영화는 자신이 운영하는 세탁업을 악용하여 대출사기를 벌이는 소규모 전문 사기꾼인 어빙과 인척관계가 좋은 영국 귀족 행세를 하는 어빙의 내연녀 시드니 중심으로 이야기가 전개된다. 날이 갈수록 사기 사업은 승승장구하지만 대출자로 위장한 FBI 요원인 리치에게 덜미를 잡힌다. 하지만 리치는 뉴저지 주 캠덴 시의 이상주의자 시장의 비리를 파헤치기 위해 함정수사에 협조하면 모든 게 없던 일로 하겠다는 솔깃한 제안을 한다. 결국 그들은 리치의 요청에 따라 함정수사에 협조한다.

작전명은 'ABSCAM'으로 아랍 족장을 가상의 투자자로 만들어 뇌물을 주는 것이다. 어빙은 사기를 치면서 알게 된 지인을 통해 캠덴 시의 현직 시장 카마인 폴리토Carmine Polito를 소개받는다. 카마인 시장은 재개발사업을 추진하며 일자리를 만들기 위해 도박 합법화를 이뤄냈지만 재개발사업 자금이 부족한 탓에 어려움을 겪고 있었다. 바로 이 점을 노려 리치는 상사의 반대에도 불구하고 카마인 시장을 함정수사의 표적으로 삼고, 그를 부패한 정치인으로 만들기 위한 계획을 세운다.

리치는 카마인 시장을 만나 뇌물을 받을 것을 강요하지만 그는 거절한다. 이때 어빙은 시장에게 은근히 접촉해 아랍 족장을 통해 자금을 조성할 수 있도록 도와주겠다고 말한다. 이 일로 어빙과 카마인 시장은 가까워진다. 그 사이 어빙은 아내 로잘린 로젠필드제니퍼로렌스와 함께 카마인 시장 부부와 친해지고, 리치는 시드니와 깊은 관계를 맺는다.

리치는 카마인 시장과 아랍 족장을 만나게 하는데 아랍 족장으로 변신한 사람은 멕시코계 미국인 FBI 요원이다. 카마인 시장은 카지노계의 거물인 마피아와의 동업을 제안하는데 어빙은 생각보다 판이 커진 상황에 놀라지만 리치는 호재라고 여긴다. 때마침 마피아 두목 빅터 텔레지오Victor Tellegio가 그 자리에 있어 아랍 족장을 만나는데 그는 아랍 족장의 정통성을 확인하기 위해 1천만 달러를 송금할 것을 요구한다.

이에 어빙과 리치는 놀라지만 어찌됐든 카마인의 도움으로 그들은 하원의원들이 뇌물을 수수하는 장면을 녹화하고, 텔레지오를 잡기 위해 1천만 달러 대신 20만 달러만 보내게 된다. 다만 어빙은 텔레지오에게 걸릴 것을 두려워해 카마인 시장에게 모든 게 사기극이라고 털어놓는다.

어쨌든 작전은 나름 성공해 카마인 시장과 해당 하원의원은 기소되어 18개월의 자유형을 선고받고, 어빙과 시드니는 감면되어 합법적인 미술관을 개관한다. 반면 어빙의 불륜 사실을 알고 분노에 찬 아내 로잘린은 마피아 단원과 사랑에 빠진다.

영화 속 범죄 코드 1 :
국가와 정부에 대한 범죄와 국가와 정부에 의한 범죄

「아메리칸 허슬」에서 전하는 강력한 메시지는 아마도 미국 사회, 특히 정치권을 비롯한 지도층의 어두운 부분에 대한 경고가 아닐까 싶다. 이런 점에서 이 영화는 우리에게 범죄학적 관점에서 다양한 부분을 건드리고 있다. 특히 상류층의 일탈이라고 할 수 있는 정치범죄나 경제범죄에 속하는 사기범죄를 코믹하게 다루고 있다.

이 영화의 주연은 어빙과 시드니인데 이들은 애당초 전문 사기범으로, 체포되지 않기 위해 연방수사국과 함정수사를 꾸미는 한 축을 담당하고 있다. 이런 유형을 통해 범죄는 결코 가난한 하류층의 전유물이 아니며 어떤 면에서는 상류층의 일탈이 더 추악하고 악질적이며 그 폐해와 사회적 파장과 영향도 훨씬 더 크고 오래갈 수 있음을 보여주고 있다.

정치인이나 관료들이 뇌물을 수수하는 행위는 이 영화가 추구하는 목적과도 같은데 정치범죄의 대표적 형태라고 할 수 있을 것이다.

정치범죄는 크게 두 가지 형태로 나뉘는데 하나는 국가와 정부에 대한 범죄고, 다른 하나는 국가와 정부에 의한 범죄다. 이 영화가 보여주는 정치범죄는 국가와 정부를 대표하고 대변하는 정치인과 관료들의 부패다.

영화 속 범죄 코드 2 :
자신의 트라우마를 숨기기 위해 사기를 벌이다

「아메리칸 허슬」은 확실한 영웅도 나오지 않고, 분명한 악당도 나오지 않는다. 정의를 구현하는 일에 매진해야 할 FBI의 요원 리치도 그저 야망이나 승진에 눈이 멀어 함정수사를 통해 실적을 올리고자 노력하는 사람이다. 더불어 어빙은 사람들을 속여 돈을 갈취하면서 살아가는 전문 사기꾼이지만 더 큰 부패한 체제와 제도에 의하여 이용당한다.

카마인 시장 또한 부패한 정치인이라고 하지만 그는 진정으로 시민을 위한 이상주의를 펼치고자 하는 이타주의를 가졌다. 물론 목적을 위해 부당한 방법으로 일을 성사시키려고 하지만 그의 목적은 지역주민들의 삶을 향상시키는 것이었다.

어빙의 아내 로잘린은 약간의 돌아이 기질을 가졌지만 남편과 불륜을 저지른 시드니를 보며 깊은 상처를 받는 가여운 여성이기도 하다. 물론 여기서 가장 영악한 사람은 시드니일 것이다. 그녀는 자신의 목적을 이루기 위해 사람들을 속이고, 리치와 어빙 사이를 왔다 갔다 하지만 결국 어빙과 함께 새로운 삶을 개척한다.

이 영화가 범죄영화이면서도 블랙코미디인 것은 등장인물들이 자신의 아픔을 감추기 위해 자신들의 파트너나 동반자를 속이고 있기 때문이다. 이런 측면에서 보자면 「아메리칸 허슬」은 삶이 자신이 원하거나 의도했던 방향으로 가지 못한 사람들을 위한 일종의 비극이라고 할 수 있다. 사기를 칠 수밖에 없는 어빙이나 그런 그를 이용하는 리치 모두 자신의 트라우마를 치유하려고 노력하지만 그것이 뜻대로 되지 않는 사람들이다.

어떻게 보면 이 영화의 주인공들은 범죄학에서 빈번하게 인용되는 범죄 원인인 긴장이론의 희생자일 수도 있다. 성공하고자 하는 욕망이 크지만 그것을 사회가 허용하지 않을 때 괴리가 생기는데 이것이 곧 긴장이다. 물론 대다수의 사람들은 이런 긴장을 느끼더라도 합법적 목표와 수단을 그대로 받아들이고 동조하지만 일부는 목표를 위해서라면 사회가 허용하지 않는 불법적 수단에 호소해서라도 그것을 이루고자 하는데 이것이 곧 일탈이고 범죄다.

실제로 시나리오 작가와 감독은 영화의 배경이 되었던 1970~1980년대를 사람들이 자신의 목표를 지속적으로 확인하고, 자신이 원하는 사람이 될 때까지 그것에 필요한 역할수행에 몰두함으로써 자신을 재발견하는 자기실현self-actualization에 매달리던 시절이라고 회상한다. 그 결과 영화는 영감aspiration과 망상delusion 그리고 숭고한 의도와 나쁜 결과 사이의 긴장에 매달린다.

그래서 감독은 영화 속 주인공들을 조롱하는 것 같으면서도 동시에 동정한다. 특히 도덕적 상대주의에 대한 암시와 그것을 건전하게 받아들이는 자세를 표출하고 있다. 영화의 두 주인공 어빙과 시드니 둘 다 '지금보다 더 나은, 그리고 더 우아한 삶'을 원했다. 그래서 그들은 사랑에 빠졌고, 그 결과 절망적인 재정적 어려움에 처한 사람들의 돈을 탈취했던 것이다.

영화 속 범죄 코드 3 :
보상이 크면 동기도 올라가지만 실패 확률도 높아진다

인지과학 측면에서 보자면 영화 주인공들의 행태를 과잉동기over-motivation로 이해할 수 있을 것이다. 사실 이 용어는 하나의 역설일 수 있다. 일반적으로 우리는 동기가 혼합적 가치를 가지고 있다고 생각하는 경향이 있다. 즉, 보상이 클수록 성공하고자 하는 동기도 그만큼 크고, 그만큼 실패의 비용도 커지는 것이다.

사람은 무언가를 이루기 위해 '원하는' 바를 '추가'하는 것으로 바꿔야 하는데, 우리 뇌의 보상센터는 그저 '원하는 것'으로 가득하여 '추구하는 것'을 의식적으로나 양심적으로 평가하고 그것을 통제하는 능력에 장애를 받게 된다. 일종의 충동조절능력에 결함이 생기면서 잘못하면 범죄로 이어지기도 한다. 실제로 이런 가설들은 뇌과학이나 신경과학에서 과학적으로 검증된 것이기도 하다.

범죄심리학에서도 이 영화를 통해 확인할 수 있는 것이 있다면 아마도 원초아Id⊚, 자아ego⊚⊚⊚와 초자아super-ego⊚⊚⊚를 중심으로 하는 프로이트의 정신분석이지 않을까 싶다. FBI 요원 리치는 종종 어빙의 아내 로잘린에게 '너는 내 하수인'이라고 말하는데 이런 측면에서 그는 억제되지 않은 욕망의 자기망상self-delusion을 가진 듯하다. 자신이 원하는 것은 무엇이든 다 가지기 위해 자신의 모든 것을 정당화하기 위한 합리화를 내세우는 것이다.

이에 반하는 캐릭터가 있었으니 리치의 상사 스토다드 쏘센Stoddard Thorsen, 루이스 C.K.으로 리치의 원초아에 대한 초자아의 역할을 하고 있다. 그러나 그의 초자아도 오래가지 못하는데 그도 더 많이 가질수록 더 많은 것을 원하게 된다는 현실에 사는 사람이기 때문이다.

영화 속 범죄 코드 4 :
불법으로 간주되는 '함정수사'와 자금세탁 그리고 부정 청탁

영화는 또한 수사기관에서 활용하는 특수수사 기법을 중심으로 전개되는데, 이 부분에서 우리는 범죄학적 코드를 다수 읽을 수 있다. 영화의 주제라고 할 수 있는 'ABSCAM 작전' 그 자체가 사실은 상당한 논란의

⊚ 프로이트가 정의한 정신을 구성하는 요소로, 인간 정신의 밑바닥에 있는 본능적 요소인 쾌락에 지배당하며 극단적인 욕구 충족을 목적으로 한다.

⊚⊚ 프로이트가 정의한 정신을 구성하는 요소로, 사고나 감정 또는 의지 등의 주관자로서 자기 자신에 대한 관념의 주체다.

⊚⊚⊚ 프로이트가 정의한 정신을 구성하는 요소로, 자아가 원시적 욕구를 억제하고 도덕이나 양심에 따라 행동할 수 있게 하는 정신 요소다.

여지를 안고 있기 때문이다. 이 작전의 핵심은 '함정'이라고 할 수 있는데 여기에 합법과 불법의 논란이 있다. 이런 논란의 배경에는 먼저 사기범을 면책을 조건으로 '정보원'으로 활용하는데 바로 이 부분에서 형사절차와 과정의 적법성 논란이 일어나게 된다.

한편으로는 '함정'이라는 수사 기법 자체가 문제가 될 수 있으며, 불법적으로 수집된 증거는 가치가 있을 수 없다는 소위 '독수과실', 즉 독이 든 나무의 독이 든 열매이기 때문에 증거로 이용되어서는 안 된다는 주장이 나오는 것이다. 그러나 이 사건의 재판에서는 이런 논란에도 합법적이라는 판단이 내려졌고 결과적으로 FBI의 함정수사는 성공적이었다고 할 수 있다.

영화가 보여주는 주요 범죄는 관료와 정치인들의 부정과 부패를 중심으로 한 정치범죄이고, 수사 기법이 '함정수사'이며, 함정수사 작전에 동원된 주요인물이 전문 사기범들이었다. 이 영화에서 다뤄지는 범죄 유형에는 부패, 뇌물 등은 당연히 들어갈 테지만 이것 말고도 범죄 수법 또는 수단이라고도 할 수 있는 하위유형의 범죄가 있는데 바로 자금세탁과 요즘 우리나라에서 새롭게 강화된 '부정청탁방지', 소위 '김영란법' 위반 행위다.

먼저 '자금세탁'이란 부정한 또는 불법적인 혹은 최소한 정당하거나 떳떳하지 못하거나 출처가 밝혀지는 것을 원치 않는 방법이나 수단으로 취득된 금전, 그야말로 때가 묻은 더러운 돈을 깨끗하게 세탁하여 합법적이고 정당한 자금으로 바꾸는 금융범죄라고 할 수 있다.

'부정청탁방지법'은 그야말로 공직자들이 부정한 청탁을 받지도 들어주지도 못하도록, 그래서 공정하고 투명한 행정이 될 수 있도록 하기 위한 목적을 가진 특별법으로, 공무원 등에게 정해진 금액 이상의 식사 등 접대나 선물을 할 수 없도록 하고 있다. 하지만 영화에선 함정수사를 통해 정치인과 관료들에게 제공되는 부정한 금전을 미끼로 FBI 요원의 실적을 올리고 있다.

그렇다면 공무원이 자신의 실적을 만들기 위해 누군가를 이용하고 있다면 그것은 직권남용에 해당할 것이다. 이 영화는 요소 하나하나가 다 불법일 정도로 범죄 코드가 작열하는 작품이라고 할 수 있다. 그래서 우리는 이 영화를 보며 계속해서 실소를 내뱉게 되는 것인지도 모르겠다.

참고 자료

- https://en.wikipedia.org/wiki/American_Hustle
- https://tvtropes.org/pmwiki/pmwiki.php/Film/AmericanHustle
- https://www.rollingstone.com/movies/movie-reviews/american-hustle-103080
- https://www.vulture.com/2013/11/american-hustle-7-things-to-know.html
- https://www.nytimes.com/2013/12/13/movies/american-hustle-with-christian-bale-and-amy-adams.html
- https://ew.com/article/2014/01/15/american-hustle-moview
- https://www.filmcomment.com/blog/review-american-hustle-david-o-russell
- https://therumpus.net/2014/01/the-rumpus-review-of-american-hustle
- https://www.newyorker.com/magazine/2013/12/16/grand-scam
- https://www.rogerebert.com/reviews/american-hustle-2013
- http://www.catholicnews.com/services/englishnews/2013/american-hustle.cfm
- https://www.forbes.com/sites/daviddisalvo/2013/12/23/the-lessons-american-hustle-teaches-about-the-irresistible-chaos-of-desire/#16a7dbb156b
- http://www.historyvshollywood.com/reelfaces/american-hustle.php

갱스 오브 뉴욕

Gangs Of New York, 2002

한 세대에서 끝내지 못한 싸움은 대물림된다

살아가기 위한 몸부림은 터전에서부터 시작한다. 그 땅을 밟고 살아갈 수 있는 자유를 얻기 위한 투쟁은 그것을 이루기까지 자신이 죽더라도 후손에게 대물림되고 또 한 번의 처절한 전쟁이 벌어진다. 이것이 나의 삶이자 누군가의 삶이다.

「갱스 오브 뉴욕」은 허버트 애즈베리Herbert Asbury, 1889~1963의 실화소설이자 동명인 『갱스 오브 뉴욕』에서 자극을 받아 마틴 스콜세지가 감독하고, 레오나르도 디카프리오, 다니엘 데이 루이스Daniel Day Lewis, 1957~, 카메론 디아즈Cameron Diaz, 1972~, 리암 니슨 Liam Neeson, 1952~ 등이 주연을 맡은 시대극 영화다. 미국에서 2002년에, 한국에선 2003년에 개봉했다.

1863년 초 뉴욕 최고의 슬럼가 맨하튼의 파이브 포인츠는 도박, 살인, 매춘 등의 범죄가 만연하는 위험한 곳이자 아메리칸 드림을 꿈꾸는 아일랜드 이민자들이 수없이 들어오는 곳이다. 이 영화는 파이프 포인츠의 토착민과 아일랜드 이주민 사이에서 벌어지는 전쟁을 다루고 있는데 이는 천주교-신교Catholic-Protestant의 불신과 갈등으로 번지게 된다.

내가 너와 다르고, 네가 나와 다르기 때문에 싸울 수밖에 없었던 집단

1846년 맨하탄의 파이브 포인츠는 뉴욕의 슬럼 구역으로, 파이브 포인츠의 원주민과 아일랜드 이주민의 조직이 그 지역에 대한 지배력을 누가 갖느냐를 놓고 파라디이스 스퀘어에서 마지막 승부를 벌인다.

천주교를 믿는 아일랜드 이주민 집단 '데드 레빗파'의 우두머리 프리스트 발론Priest Vallon, 리암 니슨은 프로테스탄트인 토착민파 빌 더 부처Bill the Butcher, 다니엘 데이 루이스라는 인물에 의해 무참히 살해된다. 이로써 파이브 포인츠 거리에서 '데드 레빗파'의 존재는 영원히 사라지게 되고 이 광경을 두 눈으로 지켜본 발론의 어린 아들은 아버지를 살해한 칼을 파이브 포인츠에 숨기고 고아원으로 보내진다.

그로부터 16년이 흐른 뒤, 발론의 아들은 암스테르담Amsterdam, 레오나르도 디카프리오라는 가명으로 아버지를 죽인 빌 더 부처에게 복수하기 위해 『성경』을 버리고 파이브 포인츠로 돌아가 숨겨두었던 칼을 되찾는다. 파이브 포인츠의 빌은 여전히 조직의 보스로서 군림하고 노예제도를 폐지한 링컨을 저주하면서 이주민들을 핍박한다. 더욱이 뉴욕은 정경유착이 빈번하게 이뤄지고 있는 암흑의 도시였다.

암스테르담은 옛 친구인 자니 시로코Johnny Sircco, 헨리 토마스와 만나 그를 통해 빌 휘하에 있는 조직원이나 절도단원을 소개받는다. 또한 그는 빌이 자신의 아버지이자 경쟁자인 프리스트 발론을 이긴 날을 기념한다는 사실을 알게 되고 비밀리에 그 자리에서 그를 살해할 계획을 세운다. 그리고 자니의 소개로 제니 에버딘Jenny Everdean, 카메론 디에즈의 환심과 함께 빌의 신뢰도 얻으며 그에게 칼 쓰는 법을 배우기도 한다.

그러던 어느 날 빌과 함께 연극을 보던 암스테르담은 빌을 암살하려는 누군가의 낌새를 알아채고 재빨리 그에게 덤벼 빌을 구한다. 하지만 자신의 이해할 수 없는 행동에 자책하며 슬퍼한다. 그 후 빌은 암스테르담을 아들처럼 대한다.

기념일 저녁, 자니는 제니가 암스테르담에게 호의를 가진 것에 앙심을 품고 빌에게 그의 진짜 신분과 의도를 고자질한다. 빌은 제니를 이용해 암스테르담이 자신에게 도발하게 한 뒤 부상을 입힌다. 그리고 그가 죽기보다는 오히려 부끄러움 속에 살아야 한다고 선포하고는 그의 볼을 뜨거운 칼로 지진다. 제니의 간호로 건강을 되찾은 암스테르담은 제니와 함께 샌프란시스코로 도주하지만 그는 복수를 위해 다시 파이브 포인츠로 돌아와 파라다이스 스퀘어에 죽은 토끼를 걸어서 자신이 돌아왔음을 알린다.

암스테르담과 빌은 결국 파라다이스 스퀘어에서 결투를 벌이는데 때마침 시도된 징병 법안에 반대하는 군중집회와 시위가 발발하고 연합군대 장병들이 시위 진압을 위하여 배치되는 등 혼란을 가중시켰지만 결국 빌은 암스테르담의 결투를 통해 심하게 부상을 당하고 결국 발론을 살해한 자신의 칼에 맞아 죽는다.

영화 속 범죄 코드 1:
살아가기 위해 거칠고, 천박해질 수밖에 없었다

이 영화는 수십 년 전의 뉴욕 역사를 한눈에 볼 수 있는 서사시며, 실제 역사적 사건과 함께 실존 인물에 기초한 시대극이라는 점에서 상당한 의미를 가진다. 특히 미국에서 아일랜드계의 뉴욕 범죄조직갱의 역사를 잘 보여주기도 한다. 그렇기에 「갱스 오브 뉴욕」에선 다양한 범죄 코드가 숨어 있다. 예를 들면 청년범죄, 집단폭력과 조직원들의 결투, 대도시 슬럼과 범죄의 관계, 조직원들의 특성, 범죄에 대한 생태학적 접근과 분석, 인종과 계층 갈등이 빚은 범죄 등이 있다.

먼저 이 영화는 대도시의 폭력집단, 특히 청소년 폭력집단이라고 할 수 있는 범죄조직의 역사를 가늠해볼 수 있는 현장이자 참고 문헌이라고 할 수 있다. 남북전쟁으로 뉴욕 시민들 사이에는 긴장과 의견의 차이가 존재하고, 그 속에서 범죄조직들은 자신만의 영역을 스스로 확보하기 위해 싸움을 벌인다.

「갱스 오브 뉴욕」에서 미국은 '거리에서 태어났다Born in the streets'고 부르짖는다. 전문화된 경찰, 사회복지와 봉사 그리고 주거 규범 등이 출현하기 전, 대도시 슬럼 거주자들은 혼란스럽고 절망적이면서도 때론 폭력적인 환경에 고스란히 노출되어 있었다. 더불어 그 구역의 조직원들은 자신들의 영역을 확보하기 위해 전쟁을 벌이는 것이 흔한 일상이었다.

당시 미국의 대도시 풍경은 몰려드는 아일랜드 이민자들이 생존을 위해 노상에서 저항하며 폭력행위를 하는 것이 일상적이었다고 말할 수 있다. 이런 현상은 뉴욕만의 이야기가 아니라 시카고를 비롯한 다른 대도시도 마찬가지였을 것이다. 당시의 미국 시민들의 생활은 거칠고, 천박하고, 유혈적이었다고 한다.

시카고대학교 사회학자들은 동심원이론⊛을 바탕으로 이런 현상을 면밀하게 관찰한 결과, 도심에 가까울수록 범죄가 다발한다는 사실을 확인하고, 이는 도심 지역사회가 해체되었기 때문이라는 사회해체이론 Social Disorganization Theory ⊛⊛을 설파했다.

이처럼 거주자의 이동이 심한 전이지역transitional area ⊛⊛⊛은 당연히 지역사회가 해체되고 그 결과 비공식적 사회 통제가 약화되기 때문에 범

⊛ 1925년 버제스(E. Burgess)가 시카고를 대상으로 연구한 결과 도시 성장은 사회 계층의 공간적 분화에 따라 5개의 동심원이 형성된다는 이론이다. 제1지대는 중심 업무 지구로 금융과 상업 활동이 집중되고, 제2지대는 그 주변의 상업과 주택, 경공업 기능이 혼재되어 있고, 제3지대는 저소득층 주택 지구, 제4지대는 중산층 주택 지구, 제5지대는 교외 지구 순으로 나타나는데 저소득층일수록 출퇴근의 편리성 때문에 도심 가까이 살려고 하고, 고소득층일수록 경관이나 쾌적함으로 도심 외곽에 살려고 한다는 내용이다.

⊛⊛ 기존의 사회조직이 해체되면서 사회문제가 발생한다는 입장을 가지고 있다.

⊛⊛⊛ 서로 상이한 경관의 생태계가 접하게 되면서 한쪽의 경관이 다른 한쪽의 경관과 유사하게 변해가는 지역을 말한다.

죄가 증가할 수밖에 없다는 입장이다. 이 사회해체이론을 대표로 하는 소위 생태학적 범죄학은 발전을 거듭하여 현재도 범죄의 지리적 분포Spatial Distribution of Crime, 또는 범죄와 지리적 장소Crime and Place, 더 최근에는 환경 설계를 통한 범죄 예방이나 상황적 범죄 예방Situational Crime Prevention의 기초로 활용되고 있다.

사회해체이론 외에도 다양한 문화와 언어, 종교를 가진 이민자들의 도심 집결은 부족한 자원, 주거 공간, 일자리 등을 놓고 경쟁을 벌일 수밖에 없고, 경쟁이 아니더라도 문화와 종교적 갈등을 초래할 수밖에 없게 된다. 결국, 이러한 임계상황에서는 폭력이 삶의 방식이 될 수밖에 없게 되고, 급기야는 그 다음 단계로 조직범죄가 이뤄지는 것이다.

실제로 영화의 무대가 되었던 파이브 포인츠는 폭력의 역사로 물들여진 지역이며 인종폭동이 주기적으로 발생했으며, 질병들이 산불처럼 퍼지는 도둑들의 세계였다. 더불어 심각한 빈곤의 지역이었으며, 뉴욕 범죄조직의 발상지이기도 했다.

영화 속 범죄 코드 2 :
공통된 지역과 그곳에서 살아가는 사람들을 분석하다

문제는 여기서 끝나지 않는다는 점이다. 당시 뉴욕시 범죄자의 대부분이 아일랜드 출신들이었다. 재소자들을 운반하는 경찰 차량은 아일랜드 사람들의 애칭인 '패트릭Patrick'에서 따온 약자를 써서 'Paddy wagon'으로 불릴 정도로 경찰들은 아일랜드 출신자들을 연행하기 바빴다.

특히 종교와 인종차별로 인해 아일랜드 이민자들은 상당한 어려움을 겪어야 했다. 이에 반발해 그들이 보여준 파괴적인 행동들은 종교나 인종차별을 더욱 심화시켜 일종의 악순환의 고리가 되었다. 이런 식의 인종적 편견이나 차별을 바탕으로 범죄자를 분석하고, 분류하는 것을 현대 형사사법에서는 '인종 프로파일링'으로 불리면서 우려를 표하기도 한다.

이와 관련된 범죄학적 코드의 하나로 현재 형사정책에서 매우 유용하게 활용되고 있는 개념이 있는데 바로 '범죄다발지역Hotspot'이다. 범죄는 모든 지역에 균등하게 분포되지 않고 지역에 따라 차등적으로 분포되고 있는데, 그중에서 가장 빈번하게 범죄가 발생하는 지역을 '다발지역, 즉 핫스폿'이라고 한다. 사법당국에서 만약 어디서 어떤 범죄가 얼마나 많이 일어나고 있는지 지역별로 정확하게 알 수 있다면 경찰의 전략적 활동이 가능해진다. 즉, 같은 지역과 범죄 정도의 특성에 맞는 맞춤형 전략을 실행할 수 있어서 매우 효율적인 범죄 통제가 가능해질 수 있다.

여기에 지리적 자료와 통계를 더한다면 지리적 프로파일링과 범죄의 시간적 분포까지 분석할 수 있어 더욱 효율적으로 사용할 수 있을 것이다.

영화 속 범죄 코드 3 :
뉴욕 갱과 마피아가 생길 수밖에 없었던 이유

영화의 제목에서 알 수 있듯이 「갱스 오브 뉴욕」은 청소년을 중심으로 조직화된 일종의 갱, 즉 범죄조직에 대해서 많은 것을 시사하고 있다. 우선 범죄조직은 어떻게 조직되었을까? 마치 마피아가 이탈리아의 특정한 지역 출신들을 중심으로 발전했던 것처럼 당시 뉴욕 범죄조직들도 이민으로 형성된 다인종 사회에서 인종 집단을 중심으로 형성되고, 부족한 일자리와 경제적 어려움 그리고 지역에서의 주도권 다툼이 계기가 되었을 것으로 추정한다.

　미국 범죄조직의 상징처럼 된 마피아의 원인을 혹자는 일종의 음모론으로 설명하는 데 반해, 다른 한편에서는 미국 사회에서 이민자와 같은 사회적이나 경제적으로 하류계층에 속하는 소수인종에게 차단되거나 제한된 합법적 기회와 수단에서 성공하기 위한 몸부림이 만들어낸 현상이라고 보기도 한다.

영화 속 범죄 코드 4 :
가진 자들이 기득권 유지와 확대를 위해 경찰을 이용하다

「갱스 오브 뉴욕」이 우리에게 주는 또 다른 범죄학적 암시는 바로 부패한 관료와 정치로 대표되는 정치범죄와 엘리트 범죄의 단면들이다. 사실 당시 뉴욕을 비롯한 미국 사회 전반은 문화적으로 질이 떨어지고, 폭력적이고, 부패한 정치인이 시민을 지배하고, 경찰을 통제하는 부유층이 지역사회를 주도하는 사회였다. 그저 이민자들은 그들의 소모품이었을 뿐이다.

　한편, 가진 자들이 자신의 기득권 유지와 확대를 위한 수단이요 도구로 경찰을 이용하고 이민자들을 생산의 수단으로 이용하려는 것에서

일부 마르크스주의Marxism® 범죄학의 일면도 엿볼 수 있다. 이런 부분은 어쩌면 1950~1960년대, 심지어 1980년대까지도 완전히 사라지지 않았던 소위 한국의 '정치 깡패'와도 닮은꼴이다.

⑨ 마르크스(Marx, Karl Heinrich, 1818~1883)와 엥겔스(Friedrich Engels, 1820~1895)가 확립한 혁명적 사회주의 이론으로, 헤겔(Georg Wilhelm Friedrich Hegel, 1770~1831) 과 포이어바흐(Ludwig Feuerbach, 1804~1872)에서 변증법적 유물론, 리카도(David Ricardo, 1772~1823)의 경제학에서 노동가치설, 프랑스의 사회주의자들로부터 사회 주의 사상을 계승하고 발전시키고 통일시켜 형성되었다.

참고 자료

- https://www.cinemablend.com/reviews/Gangs-York-483.html
- https://www.telegraph.co.uk/comment/personal-view/3586345/
  Scoreseses-film-portrays-racist-mass-murders-as-victims.html
- https://geeks.media/who-were-the-real-gangs-of-new-york
- http://ashbrook.org/publications/oped-mattie-03-newyork
- https://reelrundown.com/film-industry/The-History-of-The-Gangs-
  of-New-York-A-Look-Behind-The-History-That-Inspired-The-Movie
- https://www.claddaghdesign.com/history/irish-new-york
- https://allthatsinteresting.com/five-points-gangs-bowery-boys
- http://www.thecinessential.com/gangs-of-new-york-in-context
- https://blogs.shu.edu/nyc-history/gangs-of-new-york-19th-century
- https://www.newenglishreview.org/custpage.cfm/frm/82009/sec_
  id/82009
- https://medium.com/@Daniel_Suarez/revisiting-gangs-of-new-york-
  61110aab3044
- 'istorical fiction to Historical Fact: Gangs of New York and Whitewashing
  of History', Benjamin Justice, Social Education, 2003, 67(4): 213-216

시티 오브 갓

City Of God, 2002
신의 도시인가? 신이 버린 도시인가?

유유상종이라는 말처럼 편견어린 말도 없다. 우범지대에 산다고 모두 조직폭력배가 될 리 없고, 부모가 마약중독자라고 해서 자녀가 마약중독자가 될 리 없다. 우리에게 필요한 것은 삶의 목표, 바로 꿈이다. 지금보다 한층 더 나은 사람이 되고 싶다는 갈망이, 우리를 구원한다.

「시티 오브 갓」은 2002년 페르난도 메이렐레스Fernando Meirelles, 1955~와 카티아 런드Katia Lund가 공동으로 감독한 브라질 범죄영화다. 브라질 작가 파울로 린스Paulo Lins, 1958~가 실제로 리우데자네이루에서 일어난 일을 담은 동명소설을 바탕으로 만들어졌다. 그는 10년 동안 이 소설을 집필했다고 한다. 우리에게 낯선 배우들이 열연을 펼치는데 알렉산드레 로드리게즈Alexandre Rodrigues, 1983~가 로킷Rocket 역을, 리안드로 퍼미노Leandro Firmino, 1978~가 릴 제L'il Ze 역을 맡아 열연했다.

1960년대 말에서 1980년 초 사이 리우데자네이루의 외곽인 사다드드 데우스Cidade de Deus 즉, 신의 도시에서 범죄조직 간 전쟁이 일어나면서 도시는 악마의 도시, 범죄의 도시로 불린다. 영화는 대도시 리우데자네이루 중 가장 악명이 높은 슬럼가의 마약 밀거래, 조직폭력단 간의 싸움, 불타는 욕망과 폭력적 응보를 그리고 있다.

싸우는 이유도 모른 채
총격전을 벌이는 사람들

1960년대 리우데자네이루 중심가에서 멀리 떨어진 빈민가 신의 도시에 삼인방으로 알려진 가난한 아마추어 도둑 샤기, 클리퍼, 버스케이프의 형 구스 세 사람은 근처 가게를 약탈하며 강도질을 저지른다. 그들은 약탈한 것을 빈민가 사람들과 나누고 그 대신 그들로부터 보호를 받는데 어린 소년들은 이들을 우상화한다.

릴 다이스는 샤기, 클리퍼, 구스에게 모텔 습격을 제안한다. 세 사람은 투숙객을 죽이지 않기로 하고 다이스에게 망을 보라고 한다. 그러나 다이스는 경찰이 왔다고 거짓 보고를 한 다음 투숙객에게 총격을 가하자 세 사람은 각기 흩어지는데 클리퍼는 교회로 숨고, 샤기는 현장을 떠나려다가 경찰의 총에 맞고, 구스는 다이스에게 살해된다.

1970년대에 접어들면서 신의 도시는 하나의 도시 정글로 변한다. 로킷버스케이프은 젊은 히피 집단에 합류해 사진작가를 꿈꾼다. 릴 다이스는 릴 제로 이름을 바꾸고 샤기의 형인 베니와 함께 캐롯이라는 이름의 마약 거래상을 제외한 모든 경쟁자를 제거함으로써 신의 도시에 마약 왕국을 건설한다.

얼마 동안 신의 도시는 릴 제의 지배 하에 평화가 찾아오지만 베니는 여자친구인 안젤리카와 함께 안정적으로 지내기 위해 신의 도시를 떠나기로 한다. 그들의 환송회에서 릴 제와 베니는 언쟁을 벌이고 캐롯의 매니저인 블랙키는 릴 제를 살해하려다 실수로 베니를 죽인다. 베니가 캐롯을 봐주는 유일한 존재기 때문에 릴 제 일당은 그를 건드리지 않았지만 베니가 없어지자 그를 살해하기 위해 그의 거처로 쳐들어가려 한다. 이때 네드와 그의 여자친구를 마주치는데 네드를 구타한 뒤 여자친구를 강간한다. 릴 제에게 보복하기 위해 네드는 캐롯 편에 서게 되고 캐롯과 릴 제 사이에 전쟁이 벌어진다.

일 년 후 1980년으로 넘어가도 전쟁은 계속되지만 그들은 자신들이 싸워야 하는 이유도 잊었다. 어느 날 릴 제가 로킷에게 자신과 부하들의 사진을 찍어달라고 부탁하고, 로킷은 사진을 신문사에 근무하는 여기자에게 맡기는데 그녀가 릴 제와 부하들의 사진을 신문에 보도한다. 그 후 신의 도시는 마약 왕국으로 알려져, 아무도 그곳에 가려 하지 않는다. 로킷은 자신이 찍은 사진이 신문에 실린 것을 안 릴 제가 자신을 죽일 것이라고 생각하지만 오히려 그는 자신이 신문에 실려 사람들이 알아보게 되었다고 좋아한다.

로킷은 릴 제의 사진을 계속 찍어주기로 하고 신의 도시로 가지만 사진을 찍는 동안 경찰이 도착하고 곧이어 캐롯도 도착하는데 그들은 다시 전쟁을 벌인다. 총격전 속에서 네드는 자신이 살해했던 민간인 피해자의 아들에게 총에 맞아 죽고, 릴 제와 캐롯은 경찰에 체포된다. 경찰은 릴 제와 캐롯을 언론에 공개하려 하지만 경찰에 뇌물을 쓴 릴 제는 석방되고, 이 장면을 로킷이 사진으로 남긴다.

하지만 릴 제는 경쟁자 렌츠에 의해 즉시 사살되는데 그의 죽음 또한 보복의 산물이었고, 로킷은 릴 제의 시신을 찍어 신문사로 가져간다. 그는 잠시 릴 제에게 뇌물을 받은 부패한 경찰의 사진을 실어 유명해질지 아니면 릴 제의 시신을 찍은 사진을 신문사에 기고해 인턴십을 딸 것인지 고민하다 후자를 선택한다.

영화 속 범죄 코드 1:
공포로 한 도시의 시민들을 지배해온 범죄조직이 있었다

「시티 오브 갓」 덕분으로 리우데자네이루 근교의 공공주택 프로젝트였던 신의 도시는 국제적으로 무법도시의 상징으로 알려졌다. 당시 그 지역은 코만도 베르멜호Comando Vermelho라는 중무장한 마약 불법 거래 조직원이 6만 여명의 주민들의 삶을 지배했다고 한다. 조직원들 일부는 10대였고, 그곳의 경찰은 잔인할 정도로 무능하고 부패하고 타락했으며, 돈으로 매수된 무관심으로 코만도 베르멜호는 그 도시를 공포로 지배할 수 있었다고 한다.

당연히 이런 우범지대, 범죄다발지역, 퇴락한 물리적 환경, 가난으로 찌든 지역에서는 그에 맞는 경찰 활동, 아마도 지역사회 경찰 활동 community policing, 유능한 정부와 관료 그리고 강한 경제가 뒷받침되어야 법과 질서가 힘을 발휘한다.

영화 속 범죄 코드 2 :
가정 내 양육을 범죄조직에서 대신해준다면?

「시티 오브 갓」에서 엿볼 수 있는 범죄학적 코드는 당연히 빈곤과 관계 된 범죄다. 대부분의 범죄학자들이 범죄의 원인을 빈곤과 연관되어 설 명하고 있으며 통계적으로 보아도 빈곤과 범죄의 관계는 매우 깊다고 할 수 있다.

물론 이에 대한 반론도 만만치 않은데, 주로 빈곤이 절대적, 유일한 원인이라기보다는 아마도 매개적 또는 중재적 간접요인으로 작용할 것 이라는 것과 절대적 빈곤보다는 상대적 빈곤이 더 큰 문제라는 지적 때 문이다. 빈곤이 직접적으로 영향을 준다기보단 빈곤으로 인한 가정의 붕괴와 교육과 양육의 문제, 그로 인한 수단과 기회의 차단이 범죄와 더 관계가 깊다고 주장하는 것이다.

청소년들의 '관심의 초점'과 같은 비행 하위문화이론에 따르면 빈곤 지역의 청소년들이 가정에서 적절한 사회화를 이루지 못하고 비슷한 처 지의 청소년들과 어울리면서 그들만의 하위문화에 빠지게 되고, 그로 인해 비행에 직접적 혹은 간접적으로 가담하게 된다고 한다. 이 영화에 서처럼 범죄조직이 청소년들에게 사회구조와 그 속에서의 지위를 제공하는 것과 같다.

영화 속 범죄 코드 3 :
범죄를 예방하려면 퇴락된 도시를 재생하라

한편 현대 범죄학계에서도 물리적 환경이 범죄에 미치는 영향에 대해서 많은 관심을 기울이고 있다. 다른 영화에서 여러 번 언급한 '깨진 유리창 이론'도 이 영화에 적용할 수 있다. 깨친 유리 창 하나를 제대로 수리하지 않고 방치한다면 그 지역 전체가 우범지대로 변할 수 있다.

유리창이 깨진 채 그대로 방치되는 곳이라면 주민들의 관심도 없다는 의미고 버려진 동네라는 인식을 주게 되어 범죄조직이나 마약 거래상들이 그곳을 아지트로 삼게 된다. 그럴수록 주민들은 그곳을 더 피하게 되면서 감시와 통제가 이뤄지지 않는 우범지대가 되는 것이다.

이런 주장에 근거하여 물리적 환경의 퇴락과 범죄를 연관시키고 있고, 이를 근거로 현재는 '환경 설계를 통한 범죄 예방'이 성행하고 있으며, 다른 한편에서는 지역의 무질서가 더 큰 범죄로 전이될 수 있는 우려에서 작은 무질서도 용납하지 않는 '무관용 경찰 활동'이 시행되기도 한다.

이 영화의 주 무대인 '신의 도시'는 빈곤층을 위한 공공주택개발지역에서 일어나는 일상을 이야기한다. 시카고 공공임대주택의 범죄조직에 직접 참여하여 관찰한 결과인 『괴짜 사회학』에서도 유사한 이야기들이 나온다. 조직화, 마약 거래, 매춘 등 우범지대에 있을 수 있는 거의 모든 범죄 현상들이 벌어지는 것이다. 따라서 이 영화가 주는 범죄학적 코드의 핵심은 빈곤과 범죄 조장을 유발하는 물리적 환경, 범죄 문화, 그 속에 기생하는 조직폭력배의 마약 거래 그리고 범죄조직에 대처하는 경찰과의 전쟁이라고 할 수 있다.

「시티 오브 갓」은 어린 폭력배들이 성인 폭력배로 성장하는 과정, 그 속에서 벌어지는 각종 범죄, 범죄조직과 관료의 유착 등을 너무나도 잘 그리고 있다. 이런 이유들로 도심지역이 범죄가 다발하는 지역, 즉 핫스폿이 된다는 전제하에 시카고대학교 사회학과 교수들을 중심으로 주장했던 생태학적 범죄학의 '사회해체이론'은 아직도 주류 범죄사회학의 한 축을 이룬다.

우범지대는 건전한 사회가 정착하지 못하고 해체되기 마련이어서 지역사회 공동체 안에서의 비공식적 사회 통제가 붕괴되어 범죄와 일탈이 쉽게 일어난다.

1920년대 시카고에선 범죄 예방 차원에서 도시를 재조직하기 위해 '시카고 지역 프로젝트'를 시행했는데 핵심은 지역사회의 모든 자원을 동원하자는 것이었다. 이는 현대사회에서도 유용하게 사용하는데 물리적 퇴락을 막기 위한, 아니면 퇴락된 물리적 환경을 되살리기 위한 노력으로서 '도시 재생Urban Regeneration'과 같은 정책을 시행하고 있다.

고전학파 이론에 따르면 사람들이 범죄의 비용과 편익을 계산하여, 범죄의 편익이 비용을 능가하기 때문에 범죄를 선택한다고 설명한다. 특히 '합리적 선택이론rational choice theory'에 따르면, 범죄의 선택은 범행의 공과 사, 표적의 보호성과 취약성, 경찰 등 당국의 능력과 효율성을 고려한 다음 합리적으로 선택한다는 것이다. 여기에다 잠재적 범죄자가 자신의 범행으로 사회에서 자신의 지위와 위상을 얻을 수 있다는 것을 안다면 그때도 범행이 선택될 수 있다. 영화에서 릴 제, 캐롯, 네드의 범행이 이에 해당된다고 할 수 있다.

누구나 경제적 욕망을 가지고 있다. 다른 사람보다 더 많은 경제력을 가지고 싶은 게 인간의 본성이다. 자신의 본능대로 규칙 없이 탐욕을 부리다 보면 어느새 그 사람을 포함한 모든 사람들은 악惡과 선善을 구분하지 못하고 자신의 욕망을 충족시킬 것이다. 이런 경제적 불균형이 '무규범의 사회' 즉 '아노미'를 증대시키고, 따라서 범죄도 증대시킨다.

여기서 우리는 사회해체이론과 아노미이론 그리고 차별적 접촉이론을 적용할 수 있다. 차별적 접촉이론은 범죄학의 아버지로 불리는 에드윈 H. 서덜랜드가 주창한 것으로, 범죄는 일반적인 행위와 마찬가지로 학습을 통해서 배우게 되고, 학습은 주로 친밀한 사람들과의 상호작용을 통해 일어난다는 것이다. 청소년들이 나쁜 친구를 만나 범죄를 학습했기 때문에 일탈을 저지른다는 것이다.

영화 속 범죄 코드 4 :
분노와 증오의 대상이 사회로 향할 때

현대사회에서 빈번하게 발생하고 있는 새로운 유형의 범죄, 가해자와 피해자가 특별한 관계가 없고 그래서 특별한 범행의 동기도 개입되지 않은 흔히 말하는 '무동기 범죄' 또는 '묻지마 범죄'의 원인 중 하나로 빈부의 격차, 상대적 박탈감과 좌절 그리고 이어지는 사회적 분노와 증오를 들고 있는데, 이 영화가 건드리고 있는 쟁점 중의 하나가 바로 지나친 빈부의 격차이다. 이를 범죄학에서는 주로 증오범죄로 이해하고 있는데, 그 증오가 개인을 향하면 치정이나 원한과 같은 전통적인 노상범죄에 지나지 않지만 분노와 증오의 대상이 집단이나 사회로 향할 땐 증오범죄가 되고 '무동기 범죄'나 '묻지마 범죄'가 된다.

한편, 영화의 주인공이라고 할 수 있는 로킷은 빈민가에서 자라고 범죄조직으로 빠진 친구들과 달리 자신만의 꿈을 향해 노력하는 사람이다. 그는 왜 다른 친구들과 같은 길을 가지 않았을까? 일부 범죄학자들은 그 대답을 '생애과정이론'에서 찾고 있다. 대부분의 사람은 어린 시절 한번쯤은 일탈을 경험하지만 대부분은 건전한 성인으로 성장하는 반면에 소수의 비행소년들은 일탈과 범죄를 지속하는데, 그 차이는 바로 각자의 생애과정에서 경험하는 '생애 사건life event' 때문이라고 한다. 입학, 졸업, 취업, 결혼, 자녀 등과 같은 인생의 계기가 될 만한 긍정적인 사건이 대부분의 일탈소년들을 정상적인 삶을 살도록 성장시켰기 때문이라는 것이다.

이런 점에서 이 이론을 흔히 '생애과정-발달이론Life-Course, Developmental Theory'이라고도 한다. 로킷은 사진작가가 되고 싶다는 꿈이 자신의 인생에 강하게 작동했기에 친구들과 다른 성장의 길을 걸었던 것이라고 할 수 있다.

「시티 오브 갓」은 우리가 너무나 당연한 것으로 여겨왔던 문명사회가 누구에게 어디서나 언제라도 당연하게 주어지는 것이 아니라 현실은 그것마저도 하나의 호사라는 사실을 일깨워주는 가장 강력한 영화라고 할 수 있다.

매슬로우Abraham Harold Maslow, 1908~1970가 일찍이 주창했던 인간욕구 5단계 중 겨우 두 번째인 안전의 욕구도 당연한 것이 아니며, 심지어 안전욕구 이전의 가장 원초적인 욕구인 생리적 욕구마저도 당연시되지 않는 현실임을 일깨워주고 있다.

참고 자료

- https://en.wikipedia.org/wiki/City_of_God_(2002_film)
- https://www.nytimes.com/2003/01/17/movies/film-review-boys-soldiering-in-an-army-of-crime.html
- http://www.bbc.co.uk/films/2002/12/02/city_of_god_2003_review.shmtl
- www.identitytheory.com/meireles-city-god-movie
- https://www.independent.co.uk/arts-entertainment/films/features/city-of-god-show-me-the-money-135007.html
- https://lawaspect.com/criminology-movie-city-god
- https://www.thenational.ae/world/why-ro-s-city-of-god-neighborhood-is-far-from-blessed-1.164203
- https://www.rogerebert.com/reviews/city-of-god-2003
- https://www.theguardian.com/culture/2003/jan/03/artsfeatures2
- https://www.economist.com/the-americas/2010/06/10/a-magic-moment-for-the-city-of-god
- https://www.theatalantic.com/entertainment/archive/2004/06/the-movie-review-city-of-god/69527

CHAPTER
06

훔치다

–

내 것이 아닌 것엔
손대지 말아야

영화 「인셉션」은 크리스토퍼 놀란Christopher Nolan, 1970~이 각본을 쓰고 감독한 2010년도 미국 공상과학 영화다. 그리고 주인공을 말하려니, 새삼 웃음이 나오려고 하는 것은 이번 영화의 주인공도 레오나르도 디카프리오기 때문이다.

이번 책의 주연은 레오나르도 디카프리오일 정도로 그의 영화를 많이 언급하고 있으니, 범죄영화에 있어선, 물론 다른 장르의 영화에서도 대단한 활약을 벌이고 있지만, 그의 비중이 만만치 않음을 다시 한

번 느끼게 된다. 이 외에 와타나베 켄Watanabe Ken, 1959~, 조셉 고든 레빗 Joseph Gordon-Levitt, 1981~, 마리옹 꼬띠아르Marion Cotillard, 1975~, 엘렌 페이지 Ellen Page, 1987~ 등이 열연했다.

이 영화 속 주인공은 다른 사람의 꿈에 들어가 생각을 훔치는 산업스 파이로 복잡한 상황에 얽혀 국제적으로 수배를 당한 처지다. 그를 이용 해 경쟁 기업의 정보를 빼내고자 하는 일본인 사업가는 주인공에게 생 각을 훔치는 것이 아니라 생각을 심어달라고 요청한다. 그것에 대한 대 가는 그의 전과 기록을 지울 수 있는 기회를 제공받는 것이다.

「인셉션」은 일종의 숨바꼭질과도 같아서, 오로지 행동은 꿈을 꾸는 동안 그들의 마음속에서만 일어난다. 영화의 핵심은 도둑이 다른 사람 이 꿈꾸는 동안 그 사람의 뇌에 들어가서 그 사람의 아이디어를 훔치는 어쩌면 새로운 차원, 새로운 유형의 기업 첩보 영화라고 할 수 있다.

현실과 꿈에 대한 분별력을 잃으면
죽음만이 유일한 탈출구다

영화의 주요 내용은 이렇다. 도미니크 코브Dominick Cobb, 레오나르도 디카프리 오와 아서Arthur, 조지 고든 레빗는 정보를 빼내는 '추출자Extractor'로, 그들은 실험적인 군사기술을 활용하여 표적의 잠재의식에 침투하여 꿈의 세계 를 공유하고, 가치 있는 정보를 추출, 발췌해가는 일종의 산업스파이자 경제 스파이다.

코브는 아주 높은 수준과 지위를 갖춘 기업 사냥꾼이지만 그에게도 약점이 하나 있는데 국제적으로 수배를 받고 있다는 점이다. 권력과 재력을 모두 갖춘 억만장자 사이토Saito, 와타나베 켄는 이와 정반대의 과제, 어떤 생각을 사람의 잠재의식에 이식하는, 어쩌면 불가능해 보이는 과제, 즉 '인셉션Inception'을 제안한다. 그리고 이것이 성공하면 전과 기록을 지워 미국으로 돌아올 수 있게 해주겠다고 약속한다.

그러나 우리의 면역체계가 병원균에 대항하는 것처럼 우리의 마음도 외부의 낯선 아이디어에 대해서 매우 경계하기 때문에 전대미문의 분야라 성공을 장담할 수 없다.

하지만 코브는 그 제안을 받아들인다. 이런 제안에 대해 아서는 불가능하다고 확신하지만 그는 할 수 있다고 자신한다. 사이토의 목적은 경쟁자 모리스 피셔Maurice Fisher의 거대 에너지 기업을 와해시키기 위해서다. 인셉션의 대상은 모리스의 아들인 로버트 피셔Robert Fisher, 킬리언 머피로, 그로 하여금 아버지의 기업을 분리하게 만들려고 한다.

코브는 이 프로젝트를 성공시키기 위해 사기꾼이자 신분위조범인 임스Eames, 톰 하디, 강력한 안정제를 조합하는 화학자 유서프Yusuf, 딜리프 라오, 코브의 장인인 스티븐 마일스Stephen Miles 교수가 끌어들인 건축을 전공하는 학생 애리어든Ariadne, 엘렌 페이지을 섭외하여 일종의 TF 팀을 구성한다.

코브는 애리어든에게 꿈속으로 침투한다는 개념과 꿈의 설계법 '토템'의 개념을 가르치고, 아서는 패러독스에 대해 가르친다. 애리어든은 토템 훈련 과정 중 미완성된 꿈의 공간인 림보에서 코브와 맬러리 코브

Mallorie Cobb, 마리옹 꼬띠아르가 있음을 확인한다.

꿈속에선 고통도 느낄 수 있고 죽을 수도 있다. 죽는다면 꿈에서 깨게 되는데 코브는 꿈과 현실을 구분하기 위해 토템을 가지고 다닌다. 꿈속에서 토템은 끊임없이 회전하지만 현실로 돌아오면 곧 멈춘다.

이전 맬러리는 림보를 현실로 인식했다. 코브는 꿈에 정착하고 싶은 그녀를 현실로 불러들이는데 결국 맬러리는 정신적 혼란 상태에 빠져 자살을 선택한다. 그리고 코브는 그녀를 살해했다는 혐의를 받아 미국을 떠나게 된 것이다.

모리스 피셔가 하와이에서 사망하자 로버트는 항공기를 통해 아버지의 시신을 LA로 옮기는데 이때 코브와 팀원들은 로버트에게 진정제를 먹여 꿈속으로 데려간다. 이들의 계획은 성공할 수 있을까? 이 영화는 오픈 엔딩으로 끝나기 때문에 결말이 알고 싶은 분들은 직접 이 영화를 보기 바란다.

다른 누군가와 꿈을 공유한다는 것, 그리고 그것을 현실에서 이해한다는 것

「인셉션」의 주제는 꿈과 현실 또는 현실과 꿈의 간극이다. 크리스토퍼 놀란 감독은 사람들이 꿈의 공간을 공유하는 것을 탐구하고 싶었다고 한다. 꿈의 공간을 공유한다는 것, 그것이 우리에게 누군가의 잠재의식에 접근할 수 있는 기회를 준다는 것, 그것을 들여다보고 싶었다고 한다. 당연히 영화 구성의 대부분은 서로 연결된 꿈의 세계에서 일어난다.

누군가가 나의 꿈을 공유할 수 있다는 것, 그것은 매력적이지만 한편은 공포영화보다 더 두려운 일이 아닐 수 없다.

결국 「인셉션」은 꿈과 현실의 밀봉을 뚫고 들어가는 투쟁, 꿈속의 현실, 현실 없는 꿈을 파헤치려는 모든 것에 관한 영화다. 영화의 관객들은 아마도 경험과 시간을 표류하게 될 것이다. 우리는 꿈과 현실의 시간 사이의 관계가 어떤 것인지도 확실히 알지 못한다. 우리는 결코 꿈의 시작을 기억하지 못하며, 여러 시간에 걸친 꿈도 사실은 아주 짧은 시간에 불과할 뿐이다.

이 영화는, 사람의 잠재의식은 이성reason이 아니라 감정emotion이 지배하는 것이며, 이것이 바로 '인셉션' 착상이 이뤄지는 방식이며, 긍정적인 감정은 훨씬 더 효과적이라고 가정한다.

영화 속 범죄 코드 1:
기업범죄를 줄이려면 당근이 필요할까? 채찍이 필요할까?

일부 영화평론가들은 마키아벨리의 『왕자The Prince』에서 이 영화를 이해하는데 도움이 되는 정치적 이론을 찾아내기도 했다. 마키아벨리는, 군주는 필요할 때 주저 없이 사악해지라는 말을 남길 정도로, 통치자나 지배자는 사랑을 받기보단 두려움을 주는 것이 더 낫다고 확신했다. 다른한편에선 마키아벨리는 자신을 투옥시켰던 메디치를 위장된 사보타주로 속여 폭군처럼 행동하게 하고 혁명을 촉발하게 했다고 해석하기도 한다.

이는 마치 기업범죄의 통제와 관련해 기업범죄를 예방하기 위해서는 기업을 강력하게 규제하고 처벌할 것인가, 아니면 기업에게 긍정적 인센티브를 제공하여 스스로 규정을 준수하게 할 것인가의 문제와 같다.

영화의 핵심주제 중 하나는 아마도 기업첩보 또는 산업첩보, 경제첩보 등을 포함하는 산업보안Industrial Security이라고 할 수 있을 것이다. 이 영화를 보면서 우리는 가까운 미래에 산업첩보 기술의 급격한 향상으로 누군가에게 고용된 산업스파이가 경쟁사 CEO의 꿈속을 침입해 상업적으로 민감한 정보를 빼내올지 모른다는 상상을 할 수도 있다.

다른 사람의 잠재의식에 침입해 생각과 정보를 훔쳐오는 것만으로도 대단히 놀라운 일인데 「인셉션」은 한 발 더 나아가 경쟁자의 마음속에 내 아이디어와 생각을 심어서 그 사람이 내 생각을 마치 자기 생각인 것처럼 결정하고 행동하도록 하여 결국 내 뜻대로 그 사람을 움직이고자 하는 발상은 굉장히 새롭다.

사실 지금까지 산업스파이나 경제첩보 등은 첨단 산업기술이나 영업기밀 등을 훔치는 행위로 규정되고 있다. 가장 쉬우면서 가장 보편적인 방법으로 경쟁사의 연구개발자나 전문 인력을 스카웃이라는 명목으로 빼오거나 정보와 기술을 가져오는 대가로 특별채용을 해주는 등 전, 현직 직원을 이용한 기술과 정보를 훔치는 것이었다. 이것은 엄격한 범죄 행위라고 할 수 있다. 그렇기에 현재는 지속적인 디지털혁명과 그 의존도의 증대로 기술과 정보의 유출이 심각한 범죄로 부상하면서 정보보호와 보안이 매우 중요해졌다.

그런데 「인셉션」에선 훔치는 대상이 꿈의 정보일 뿐이다. 재화와 용역도 아니고, 지적 재산권도 아니다. 이와 관련해서 하나의 논쟁거리가 만들어질 수 있다. 영화 속 사이토의 목적은 분명했다. 경쟁 기업사를 와해시키기 위해 코브를 통해 후계자에게 자신이 원하는 생각을 인식시켜 그 기업을 분리하고자 함이다. 이는 명백한 범죄라고 할 수 있다. 특히 범죄 유형을 찾아보자면 경쟁 기업의 일급비밀을 훔치는 기업범죄 또는 산업범죄라고 할 수 있다.

하지만 현실에서 일어났다고 가정해보자. 그저 코브는 상대방의 꿈을 공유할 뿐이다. 형태가 있는 물건을 훔치는 것도 아니고, 일급 기술을 다른 데에 팔아넘기는 것도 아니다. 이것을 과연 산업스파이라고 할 수 있을까? 범죄는 범죄가 형성될 수 있는 조건에 맞아야만 구분을 지을 수 있기 때문에 이런 애매모호한 발상은 범죄라고 말하기가 쉽지 않다.

예를 들어, 누군가가 스티브 잡스의 꿈속으로 들어가 아이패드를 만들 아이디어를 공유했다고 상상해보자. 과연 그를 지적 재산권이나 특허를 훔쳤다고 할 수 있을까. 아마도 그럴 수 없을 것이다. 아직 아이패드가 존재하지도 않았고, 설계나 도면 어느 것 하나 있지 않기 때문이다.

오히려 무단침입죄를 적용시키는 것이 더 나을지도 모른다. 코브는 다른 사람의 꿈속에 들어가, 그의 깊은 잠재의식 속에 자신의 아이디어를 심어 그 사람이 그 아이디어를 자신의 것처럼 생각하게 만들려고 한다. 어찌 보면 코브는 그 사람의 허락도 없이 그 사람의 꿈속, 그것이 깊이 자리잡은 잠재의식 속에 무단으로 침입한 꼴이 된다.

　물론 현재 법령에는 잠재의식 속으로의 침입이라는 규정이 없지만 언젠가는 이런 범죄 유형이 생기지 말라는 법은 없을 것이다. 실제로 「인셉션」에선 새로운 형태의 피싱phishing 수법을 하나 찾아낸 것이다. 영화의 제목도 바로 거기서 유래한 것이라고 한다. 영화에서 피싱은 우리를 위조된 현실에 올가미를 씌우고 가두는 것을 말한다.

영화 속 범죄 코드 3 :
인셉션이 주는 다양한 의미와 해석

「인셉션」의 사전적 의미는 최초, 맨 먼저로서 '원조, 시작, 졸업' 등으로 정의하고 있다. 그처럼 다양한 의미가 있음에도, 영화가 의미하고자 했던 것은 아마도 '주입in-take'이라는 의미일 것이다. 아니면 어머니의 자궁에 아이가 들어서는 것처럼 생각이나 아이디어가 사람의 잠재의식 속에 자리를 잡는 '착상'에 더 가까울 수도 있다. 실제로도 대부분의 사람들은 '인셉션'을 '컨시빙conceiving', 즉 마음에 품다, 착상하다 등의 의미로 사용하기도 한다. 그럼에도 영화 제목은 시작이나 기점, 기발이라는 의미보다는 오히려 '어브서션absorption', 즉 흡수의 의미가 더 강하다고 할 수 있다.

　물론 이런 정의도 정확하지는 않다. 영화에서 '인셉션'은 '추출extraction'과 함께 코브와 같은 사람들에 의해 취해지는 행동으로서, 집어넣는다기보다 이입하다는 말이 더 정확하며, 더 확실한 것은 '끼워 넣기insertion'에 가깝다고 할 수 있다. 결론적으로 인셉션은 외부 근원으로부터 아이디어를 주입하는 것이라고 할 수 있을 것이다.

영화 속 범죄 코드 4 : 꿈의 해석이 주는 의미

꿈에 관한 것이라면 프로이트를 논하지 않을 수 없다. 그가 『꿈의 해석 The Interpretation of Dreams』을 통해 전하고자 하는 꿈의 의미는 잠재의식의 주요대상과 일상생활의 무미건조한 사건들이 혼합되어 만들어지는 것이었다. 당시 그의 이론은 마음의 이미지를 만드는 힘에 기초한 것으로 「인셉션」 또한 이를 반영하는 듯하다.

　범죄학과 관련해서도 프로이트의 정신분석은 상당히 중요하다. 프로이트는 꿈을 '잠재의식으로 가는 길'이라고 설명한다. 물론 현재는 정신분석보다는 신경과학기술을 활용하여 인간의 뇌를 들여다보고, 이를 기초로 인간의 범죄행위를 설명하려는 시도가 활발하게 이루어지고 있는데, 이를 '신경과학범죄학Neurocriminology'이라고 한다.

　「인셉션」에선 이러한 꿈과 잠재의식 그리고 정신분석이라는 도구로 '착상'이라는 과정을 통해 다른 사람의 잠재의식 속에 많은 생각들을 인식시킬 수 있다고 말한다. 그리고 그 잠재의식은 이성이 아니라 감정에 의해 동기가 부여되며, 긍정적인 감정이 부정적인 감정을 이긴다고 말한다.

특히 가장 깊숙한 단계의 잠재의식은 우리의 마음이 가장 사적인 사고나 기억들을 간직하는 내부의 금고다. 누군가가 그곳을 건드린다면, 그리고 그 사실을 알고 있다면 여러분은 어떤 기분이 들겠는가? 아마도 크리스토퍼 놀란은 이런 질문을 통해 관객의 반응을 보고 싶었는지도 모른다.

참고 자료

- https://en.wikipedia.org/wiki/Inception
- https://www.hollywoodreporter.com/review/inception-review-2010-movie-29792
- https://personalexcellence.co/blog/inception
- https://www.rogerebert.com/reviews/inception-2010
- https://www.archdaily.com/322376/films-architecture-inception
- https://inception.fandom.com/wiki/Inception_(film)
- https://www.everymoviehasalesson.com/blog/2010/07/movie-review-inception
- www.whatculture.com/film/film-theory-cobb-is-the-real-dream-target-in-inception
- https://arcdigital.media/the-ultimate-is-inception-a-dream-theory-11152a73a226
- www.cahartmanfiction.com/film-analysis-inception-and-the-language-of-dreams
- https://www.phishprotection.com/blog/inception-the-movie-is-now-an-undetectable-phishing-method
- https://www.economist.com/johnson/2010/07/20/the-conception-of-inception
- https://www.nytimes.com/2010/07/16/movies/16inception.html
- https://offscreen.com/view/inception_dreams_freud
- https://www.vulture.com/2010/07/inception_theory.html

오션스 일레븐

Ocean's Eleven, 2001
훔치자, 더 이상 잃을 것도 없으니

불가능에 가까운 범행을 계획하는 누군가도, 그것에 동참하는 누군 가도, 간절하게 원하는 것은 경제적 이욕이다. 더 이상 잃을 것이 없을 때 바닥을 치고 올라갈 수 있다. 하지만 올라가면? 그것이 옳지 못한 일이라면, 그것이 범죄라면, 그저 바닥에 남아 있는 것이 더 나을 지도.

「오션스 일레븐」은 스티븐 소더버그Steven Soderbergh, 1963~가 1960년 개봉한 동명의 영화를 2001년 리메이크한 작품이다. 당시에도 프랭크 시나트라Frank Sinatra, 1915~1998, 딘 마틴Dean Martin, 1917~1995 등 스타들이 총출연했는데 리메이크작도 마찬가지다.

조지 클루니George Clooney, 1961~, 브래드 피트Brad Pitt, 1963~, 앤디 가르시아Andy Garcia , 1956~, 맷 데이먼Matt Damon, 1970~, 줄리아 로버츠Julia Roberts, 1967~, 케이시 애플렉Casey Affleck, 1975~ 등 쟁쟁한 배우들이 출연했다. 탄

탄한 시나리오와 배우들의 열연으로 흥행에 성공한 덕에 속편 「오션스 트웰브Ocean's Twelve」와 「오션스 서틴Ocean's Thirteen」이 만들어졌다. 2018년에는 여성이 주축인 「오션스 에이트Ocean's 8」가 제작될 정도로 큰 인기를 얻었다.

사기를 치지 않으면
몸에 두드러기가 나는 사람들의 간 큰 도둑질

사기 혐의로 교도소에서 수형 생활을 하던 데니 오션Danny Ocean, 조니 클루니은 보호관찰을 조건으로 가석방으로 출소하자마자 새로운 한탕을 계획한다. 그는 바로 캘리포니아로 떠나는데 영화 시작부터 보호관찰 조건을 위반한다.

이 영화에는 11명의 도둑이 등장하니 간단하게 알아보고 가는 것이 좋겠다. 오션과 절친이자 현장 상황을 관리하는 러스티 라이언브래드 피트, 카지노 딜러로 사기를 치는 프랭크 캐턴베니 맥 남부럽지 않은 부자로 오션 일당의 자금줄인 루벤 티시코프엘리어트 굴드, 자잘한 사기 겸 운송 담당인 버질케이시 애플렉과 터크 맬로이스콧 칸 형제, IT계로 빠졌으면 좋았겠지만 도둑질에 빠져 전자공학적 지식을 뽐내는 리빙스톤 델에디 제미슨, 폭발과 전자공학 분야에서 우수한 실력을 보이는 배셔 타든 치들, 서커스단에서 곡예사로 활동한 옌샤오보 퀸, 고위급 인물 행세를 하며 사기 치는 사울 브룸칼 라이너, 기막힌 손놀림을 보여주는 라이너스 캘드웰맷 데이몬.

오션과 러스티는 우선 루벤에게 동참을 제안하는데 처음엔 꺼리지만 자신의 경쟁자인 테리 베네딕트앤디 가르시아에게 맞서기 위한 좋은 방법이라고 생각해 자금을 조달하기로 한다. 카지노는 네바다 주 게임위원회로부터 고객들이 건 액수만큼의 보상금을 확보하도록 요구를 받기 때문에 오션스 일당은 그날을 목표로 정한다. 특히 그날은 유명한 권투 시합이 열리기도 하기 때문에 1억 6천만 달러 이상의 현금을 확보하고 있을 것으로 알려졌다.

범행을 준비하는 과정에서 오션은 전 부인인 테스 오션줄리아 로버츠이 테리의 여자친구라는 사실을 알게 된다. 러스트는 전 부인이 개입되어 있는 것을 알고 범행을 포기하자고 제안하지만 오션은 이를 거절한다.

범행 당일, 오션은 테리의 눈에 띄기 위하여 일부러 카지오 벨라지오에 나타나는데 이를 본 테리는 경호원을 시켜 그를 감금한다. 하지만 이미 오션 일당에게 매수된 경비원은 환기체계에 접근할 수 있게 눈감아주고 팀에 합류한다. 러스티는 테리에게 전화를 걸어 금고의 돈 중 반은 남겨둘 테니 반은 대기 중인 밴에 실으라고 협박한다. 그렇게 하지 않으면 금고실을 폭파해버리겠다고 으름장을 놓는다.

테리는 금고를 지키기 위하여 SWAT를 부르고, 나머지 돈은 밴에 실되 보안팀이 따라가 회수할 작정이었지만 오션 일당인 SWAT는 돈을 빼돌린 뒤 금고를 폭발해버린다. 허를 찔린 테리가 금고를 살피던 중 무언가 수상함을 느꼈지만 이미 한 발 늦었다. 공항으로 간 수송 차량은 미끼였고 안에 든 돈은 전부 전단지라는 무전을 받자, 감시카메라에 찍힌 영상에는 금고 바닥에 벨라지오 문양이 없다는 것을 알아챈다.

　오션의 짓임을 직감한 테리는 오션이 감금된 방으로 달려가지만 오션은 감시자에게 맞은 척하며 기진맥진해 있었다. 이때 오션은 돈을 찾게 해주면 테스를 버리겠냐고 묻는데 테리는 "돈만 찾을 수 있다면 테스를 포기할 수 있다"라고 말한다. 이 장면을 CCTV로 본 테스는 그를 떠나고 만다.

　하지만 테리는 오션의 계획에 만족하지 못하고 오션이 보호관찰 조건을 위반했다며 경찰에 신고한다. 결국 오션은 다시 체포되지만 이 계획에 동참한 일당은 승리를 만끽하면서 떠난다. 보호관찰 조건 위반에 대한 처벌을 마친 오션은 러스티와 테스와 함께 어디론가 떠나는데 테리의 경호원들이 그의 뒤를 따른다.

영화 속 범죄 코드 1:
수용하기엔 지나친 것 같고 석방하기엔 사회적 위험이 뒤따를 때

「오션스 일레븐」에선 몇 가지 중요한 형사정책과 제도가 소개된다. 먼저 오션이 형기를 다 마치기 전에 조기에 석방되는데 이것은 보호관찰 제도 때문이다. 이 제도는 교정 시설에 수용하기에는 지나친 것 같고, 그렇다고 그냥 석방하기에는 사회적 위험이 우려되는 수형자에게 보호관찰관의 보호와 관찰을 조건으로 가석방시켜주는 제도다. 즉, 일종의 사회 내 처우인 것이다. 이러한 보호관찰은 오션의 경우처럼 일정 기간 수형 생활을 하고 있는 수형자에게 가석방심사위원회의 심의와 의결을 거

쳐서 가석방되는 경우와 재판 과정에서 처음부터 교정 시설에 수용하지 않고 지역사회에서 보호관찰을 받도록 처분하는 경우, 즉 보호관찰부 형의 유예가 있다. 보호관찰 기간 동안 조건을 준수하고 법을 어기지 않으면 형기가 완전히 종료되지만 보호관찰 기간 동안 조건이나 법률을 위반하면 그 정도에 따라 기간이 연장되거나 시설에 수감되기도 한다. 보호관찰은 시설 수용의 폐해를 줄이고 사회복귀 가능성을 높이기 위한 지역사회 교정community corrections이라고 할 수 있다.

영화 속 범죄 코드 2 :
범행을 계획하기 전 먼저 표적을 선택하라

한편 테리 베네딕트는 자신과 현금을 지키기 위하여 SWAT를 부르는데 여기서 SWAT는 '특수무기 공격팀'을 뜻하는 영어의 머리글자, 'Special Weapons Attack Team'을 말한다. 다른 말로는 보통 경찰특공대와 유사한 개념으로 받아들여지기도 한다. 보통 경찰들이 사용하는 무기는 경찰봉, 가스총, 전기총 그리고 권총 정도를 휴대하지만 폭동이라거나 인질사건과 같은 중대사건의 경우 특수한 장비가 필요하거나 특수한 훈련을 받은 요원이 필요하다. 이런 상황에 효율적으로 대응하기 위한 조직이라고 할 수 있다.

그리고 이 영화는 범죄단체 구성과 범죄의 조직화와 전문화 그리고 그들 범죄의 특성의 일면을 여과 없이 보여주고 있다. 주인공 대니 오션은 출소하자마자 범행을 사전에 모의하고, 필요한 공범들을 전문 분야

별로 포섭한다. 그들의 범행은 오션이 교도소에 있을 때부터 모의된 것으로 여겨지는데 이미 범행의 표적도 선택되었을 것이다. 이를 범죄자 또는 범죄집단의 '표적 선택'이라고 한다. 표적 선택에는 쉽게 범행을 할 수 있고, 발각되지 않고, 발각되어도 쉽게 도주할 수 있고, 범행이 위험하지 않고, 성공하면 크게 금품을 취득할 수 있는 대상을 선택한다.

영화 속 범죄 코드 3 :
여성은 남녀관계에 고민만 하다 떠나버리는 남성의 종속물?

일부에선 「오션스 일레븐」이 일종의 반여성주의Anti-feminism 영화라고 비판하기도 한다. 물론 범죄산업 자체가 남성중심적이고 남성 지배적이긴 하지만 최근 들면서 여성범죄도 양적으로 증가하고 있으며 질적으로 더 악화되고 있다는 점에 비춰 이 영화에서 여성의 비중이 매우 적음을 지적하는 것이다.

이 영화에서 유일한 여성 주인공인 테스는 화려한 의상을 입고 멋있는 행동을 하지만 그저 오션의 전 부인이자 테리 베네딕트의 여자친구일 뿐이다. 그녀가 당당하게 제 목소리를 내는 장면은 없다. 그저 전 남편과 현 남자친구 사이에서 누구를 선택하느냐의 기로에 서 있기만 할 뿐 뚜렷한 메시지를 던져주지 못한 것이다. 결국 테리도 여자친구를 버리고 돈을 선택할 정도로 그녀의 역할은 미비했다.

이 영화는 형사정책과 범죄산업 전반에 걸친 남성중심적 사고를 들여다볼 수 있는 계기가 되지 않나 싶다. 그래서인지 2018년 여성으로 이뤄진 「오션스 에이트」로 화려하게 돌아오기도 했다.

영화 속 범죄 코드 4 :
상대적 박탈감으로 인해 생기는 이탈 행위

데니 오션은 친구 러스티를 범행에 끌어들이기 위해 이런 말을 한다.

"우리 아무것도 잃을 것이 없는 게임처럼 하자. 나는 무언가를 잃었고, 누군가도 잃었다. 그것이 내가 여기에 온 이유다."

이 대목은 사람이 더 이상 잃을 것이 없을 때 상대적 박탈감과 좌절에 빠져 폭력성을 드러낸다는 사회심리학의 '좌절-폭력Frustration-Aggression'의 고리를 연상케 한다. 또한 더 이상 잃을 것이 없다는 점은 사회로부터 아무런 통제도 받지 않는다는 것을 말한다. 사회의 통제에서 자유로워지면 일탈하기도 쉬워진다. 이는 사회통제이론의 한 관점으로, 영화 속 범죄 또한 출소자의 사회복귀와 재진입이 얼마나 어려운지를 보여주는 것과 연관해서 생각해볼 수 있다.

물론 데니 오션의 범행 동기는 경제적 이욕이었다. 물론 중간에 전 부인이 나타나면서 경쟁자에 대해 보복하고자 하는 동기가 추가되어 일종의 보복범죄의 형태를 띠게 된다.

여기서 더 나아가 형벌의 목적을 생각해보지 않을 수 없다. 공적이든 사적이든 형벌의 목적은 다양하다. 형벌은 일종의 죄에 대한 응보로, 범죄자를 처벌하고 범행 동기를 억제하기 위해 범죄자를 시설에 수용해 교육하고 개선한다. 여기서 그치지 않고 형벌은 피해자에게 피해를 원상복귀시켜주기 위한 목적도 가지고 있다. 이를 '회복적 사법Restorative Justice'이라 한다. 「오션스 일레븐」에서 주인공 대니 오션이 테리 베네딕트에게 가하는 응보가 매우 지나치다는 생각이 든다. 크게는 형사정책, 작게는 형벌의 목적을 생각하면 의문이 들지 않을 수가 없다. 물론 통쾌한 영화에서 이를 따지자면 한도 끝도 없겠지만 말이다.

영화 속 범죄 코드 5 :
21세기형의 도둑을 막기 위한 방범 전략

미국의 CNBC 방송은 「오션스 일레븐」을 통해 현대의 방범 전략으로 활용할 가치가 있다고 보도한 적이 있다. 범죄학적으로 말하자면 아마도 상황적 범죄 예방을 의미하는 것 같다.

현대의 강도들은 조금은 낙후되어 있을지 모르는 도둑 기술에 소셜미디어를 통해 취득할 수 있는 엄청난 규모의 정보를 덧입혀 21세기 새로운 도둑 기술을 만들어냈다. 소셜미디어에는 일반 시민들에 대한 개인 정보가 엄청난 양과 속도로 떠다니고 있는데 범죄자들에게 이것은 '판도를 바꿀 수 있는 혁신'인 셈이다.

따라서 이 새로운 형태의 21세기 도둑에 맞서기 위해서는 높낮이가 섞인 기술을 결합해야 하는데 먼저 낮은 수준의 기술과 관련해서는 강도를 막기 위한 가장 현실적인 방법을 도입하는 것이다. 범죄학적으로 이를 일종의 '표적의 견고화Target hardening'라고 하는데 이는 범죄 표적으로의 접근을 어렵게 하거나 불가능하게 함으로써 잠재적 범죄자가 다른 표적으로 옮겨가도록 만드는 것이다. 구체적으로 말하자면 거리의 가로등을 더 많이, 더 밝게 비추고, 잠금장치를 추가하거나 강화하고, 외진 곳을 없애는 방위법 등이 있다. 이런 노력들을 범죄학에서는 '환경 설계를 통한 범죄 예방'이라고 한다.

높은 수준의 기술은 시민 각자가 소셜미디어를 이용할 때 개인 신상정보의 관리와 보호를 강화하는 것이다. 보호 장치 없이 소셜미디어를 통해 자신의 개인정보를 노출하면 범죄자는 어떻게 출퇴근을 하는지, 어떤 일상을 보내는지, 집이 비었는지 등의 여부를 알 수 있기 때문에 잠재적 범행 표적이 될 수 있다.

노출의 경우가 높으면 범행 표적으로 선택되기 쉬운데 이를 피해자학에선 '표적 선택'이라고 하며 생활유형과 일상활동을 중심으로 하는 일상활동이론Routine Activity Theory⑨으로 설명하고 있다.

영화 속 범죄 코드 6 :
다중이용시설의 예상치 못한 폭탄 테러

영화에서 배울 수 있는 또 다른 범죄학적 코드가 있다면 그것은 아마도 다중이용시설에 대한 테러의 위협과 보호라고 할 수 있을 것이다. 다중이용시설은 호텔이나 모든 지하역사, 연면적 2,000㎡ 이상 지하도상가,

⑨ 미국의 제2차세계대전 이후 높아진 범죄율을 설명하기 위해 고안된 이론으로, 범죄자, 피해자, 보호자의 부재라는 3개의 요소로 범죄를 설명하는데 범죄가 일상생활과 밀접한 관련이 있음을 주장하는 이론이다.

여객자동차터미널의 연면적 2,000㎡ 이상인 대합실과 여객터미널 및 대합실 그리고 의료기관이나 실내주차장, 연면적 3,000㎡ 이상인 도서관이나 박물관 및 미술관 등이 포함된다.

영화에서는 다중이용시설인 호텔, 그것도 수많은 사람들이 오고가는 카지노가 개설된 호텔은 테러나 영화에서처럼 테러에 준한 사건과 사고가 발생한다면 그 피해는 엄청나기 때문에 현대의 테러리스트들의 주요 표적이 되고 있다.

특히, 최근 상대적 박탈감과 좌절, 다인종이나 다문화 사회의 갈등 등으로 인한 급진화radicalization가 사회적 문제로 등장하여 소위 '자생적 테러Home-grown terror/Domestic terror'의 우려가 높아지는 상황에서 이에 대비하는 준비의 필요성을 암시하고 있다.

참고 자료

- www.popmatters.com/oceans-eleven-2496254358.html
- https://www.rogerebert.com/reviews/oceans-eleven-2001
- https://www.nytimes.com/2001/12/07/movies/film-review-for-the-new-rat-pack-it-s-a-ring-a-ding-thing.html
- https://oceanscollection.fandom.com/wiki/Danny_Ocean_(George_C;ppney)
- https://tvtropes.org/pmwiki/pmwiki'php/Film/OceansEleven
- https://www.cnbc.com/2018/08/09/modern-burglars-bring-oceans-eleven-tactics-to your-neighborhood.html
- https://www.bizjournals.com/bizjournals/how-to/growth-strategies/2014/10/4-lessons-from-ocean-s-eleven-on-how-to-recruit.html
- https://www.aps.org/publications/apsnews/200203/oceans-eleven.cfm

- 『부동산용어사전』, 방경식, 부연사

내일을 향해 쏴라

Butch Cassidy And The Sundance Kid, 1969
볼리비아가 아니라면 이번엔 호주로 가자

우리가 방심하고 있는 사이, 우리를 쫓는 누군가는 바로 등 뒤에 다가와 있을 것이다. 볼리비아로 가면 나름 낙천적으로 살 것이라는 희망이 두려움으로 변하기까지 시간은 얼마 걸리지 않았다. 그래서 우리는 죄를 짓곤 못 산다고 하지 않는가?

「내일을 향해 쏴라」는 1969년에 조지 로이 힐George Roy Hill, 1921~2002이 감독한 미국의 서부영화다. 정확하게 일치하지는 않지만 거의 사실에 가까운 내용을 담은 이 영화는 폴 뉴먼Paul Newman, 1925~2008이 서부 황야의 무법자인 부치 캐시디Butch Cassidy, 1866~1908를 연기하고, 로버트 레드포드가 선댄스 키드Sundance Kid로 알려진 해리 롱어바우Harry Longabaugh, 1867~1908를 맡았다. 선댄스의 연인인 에타 플레이스Etta Place는 캐서린 로스Katharine Ross, 1940~가 열연했다.

명작으로 알려진 이 영화는 제42회 아카데미시상식에서 촬영상, 각본상, 음악상, 주제가상을 수상했다. 특히 이 영화의 OST인 'Rain drops keep falling on my head'는 경쾌하면서도 이상한 비애가 느껴지기도 한다.

미워야 하지만 밉지 않은 악당들의
세상을 향한 반항

1890년대 말 미국 서부 와이오밍, '벽에 난 구멍Hole-in-Wall'이라는 별명을 가진 갱단의 두목인 부치 캐시디와 그의 절친인 선대스는 갱단을 이끌고 은행만 전문적으로 터는 은행 강도들이다. 하지만 사람을 해치는 것을 좀처럼 좋아하지 않는 나름 무언가를 지키려고 하는 악당들이다. 두목인 부치는 붙임성이 좋고, 상냥하고, 머리가 좋고, 말도 잘하지만 총 솜씨는 좋지 않다. 반면 선댄스 키드는 부치와는 반대로 과묵한 스타일이지만 총 솜씨는 예술이다.

부치와 선대스가 잠시 자리를 비운 사이 그 틈을 타, 갱단의 새로운 두목으로 하비 로건Harvey Logan이 부상하자 부치와 선대스는 갱단의 숨겨진 근거지로 되돌아간다. 하비는 두목 자리를 차지하기 위해 부치에게 도전하지만 그의 잔꾀로 패하고 만다. 하지만 부치는 하비의 의견을 받아들여 열차 강도 계획을 승낙한다. 첫 번째 열차 강도가 성공을 하자 두 번째 열차 강도를 시도하는데 이때 부치가 너무 많은 폭약을 장착하는 바람에 금고가 터져 흩어진 돈을 수거하는 사이 최고의 멤버로 구성된 유니온 퍼시픽Union pacific 수색대에게 추격당하지만 높은 절벽에서 강으로 뛰어들어 수색대를 완전히 따돌린다. 하지만 그들을 잡기 위한 추격이 계속되자 부치는 선댄스와 그의 애인이자 교사인 에타에게 강도들의 천국이라고 불리는 볼리비아로 도주할 것을 제안한다.

볼리비아로 간 세 사람은 열악한 생활조건에 당황하지만 부치는 매우 희망적이다. 그들은 은행 강도를 하기에는 자기들의 스페인어 실력이 턱없이 부족하자 에타에게 스페인어를 배운다. 그녀는 어느새 강도의 공범이 되었고 그들의 은행털이는 순조롭게 진행된다.

하지만 그들을 쫓던 수색대 중 한 사람이 볼리비아까지 따라오자 그들의 자신감은 급격하게 떨어지고 체포에 대한 두려움을 갖는다. 부치는 이를 떨치고자 바르게 살자며 어느 광산회사의 현금지킴이로 취직하는데 첫 작업에서 그 지역의 노상강도의 습격을 받아 상사가 살해된다. 그 보복으로 부치와 선댄스는 그 강도를 습격해 보복 살해를 하는데 그때 처음으로 부치는 총을 쏘아 인명을 해친다.

에타는 다른 종류의 직업을 권하지만 그들은 정직하게 사는 것이 자신들에게 어울리지 않는다는 결론을 내린다. 이에 에타는 그들이 다시 강도로 복귀하면 죽게 될지도 모른다는 두려움에 미국으로 돌아가기로 결심한다. 부치와 선댄스는 급여 수송 차량을 훔쳐 작은 마을에 도착하는데 차량에 적힌 회사의 상호를 기억한 한 소년이 경찰에 신고하여, 경찰과 그들 사이에 총격전이 벌어진다. 그들은 한 건물을 장악하지만 둘 다 심각한 부상을 당한다. 볼리비아 군부대가 그 지역을 포위하자, 부치는 자신들의 다음 목적지는 호주라고 제시하며 총을 쏘며 건물을 빠져 나간다.

영화 속 범죄 코드 1:
선악 구분의 애매함을 주는 무규범 사회

「내일을 향해 쏴라」는 다른 범죄영화와는 달리 잔인하고 폭력적인 범죄나 범죄자를 내세우지 않는다. 은행과 열차를 터는 강도를 소재로 한 영화로 여타 범죄영화처럼 연쇄살인이나 기타 다중살인을 다루지 않으며, 여성에 대한 영혼의 살인이라고 하는 성폭행 등 성범죄도 다루지 않는다. 오로지 금전적 욕구를 충족시키기 위해 은행을 털고 열차를 세워 강도질을 한다.

영화에서 주인공 부치가 자신들을 습격한 지방 강도들에게 보복 총격을 가한 것이 그가 생애 처음으로 누군가에게 총격을 가한 것이라는 점에서 그나마 범죄영화에서 볼 수 없는 순수함까지 느낄 수 있다.

여기서 재미있는 사실 하나는 이 영화가 나오기 전까지 초기 서부 영화들은 대부분 '선한 자good guys'와 '악한 자bad guys'가 확연하게 구분되었다. 반면 이 영화는 서부 황야의 마지막과 당시 급속하게 진행되던 현대 문명화를 제대로 다룰 준비가 되지 않은 사람들에게 미치는 영향을 다루고 있다. 「내일을 향해 쏴라」는 주인공의 선과 악의 경계선이 약간은 희미하다. 그런 모습에서 관객은 악당에게 동정심을 느끼고 응원하게 된다.

이런 관점에서 보면 이 영화는 우리에게 사회해체와 같은 생태학적 범죄원인론을 엿보게 해주기도 한다. 선악 구분의 애매함은 어쩌면 규범이 없어진 무규범 사회, 즉 아노미 상태를 연상케 한다. 사실 영화에서 악당들을 쫓는 특별수색대의 핵심 요원인 로드 발티모어Lord Baltimore가 인디안 원주민이라는 것이 우연만은 아닐 것이다.

영화 속 범죄 코드 2 :
전과자라는 낙인이 누범자를 만든다

사실 많은 학자들은 범죄자와 전과자라는 낙인이 그들에게, 혹은 일반 시민에게 얼마나 큰 영향을 미치는지를 연구해왔다. 특히 첫 번째 일탈에 대한 사회적 반응으로서 전과자라는 낙인은 곧 그 사람이 누범자 recidivist◉가 될 수밖에 없도록 하는 데 지대한 영향을 미친다는 것을 경고해왔다.

영화의 주인공인 선댄스 키드도 예외가 아니다. 그가 15살 때 말을 훔친 혐의로 몇 년의 구금 생활을 한 후, 그의 범죄 행적은 계속된다. 결국 미국 서부 역사에서 가장 긴 연쇄범죄를 범한 것으로 기록되어 낙인과 재범의 관계 그리고 전과자의 교화 개선과 사회복귀의 어려움을 다시 한 번 이 영화가 확인해주고 있다.

미국에서의 추적을 피해 남미 볼리비아까지 도주하여 정직하게 살아보자는 의도로 합법적인 직업을 가져보지만 결국은 그곳에서도 범죄를

◉ 금고 이상의 형을 받아 그 집행을 종료하거나 면제를 받은 후 3년 내에 금고 이상에 해당하는 죄를 다시 범한 사람을 말한다.

계속하는 연쇄범죄의 고리를 끊지 못하는 것이다.

영화 속 범죄 코드 3 :
가정문제에서 벗어나기 위한 가출이 모든 범죄의 시작

일각에선 「내일을 향해 쏴라」는 '그 옛날 좋은 시절을 나눈 소년이었던 두 사람이 옳지 않게 밟았던 여정'을 다룬 영화로, 자신들이 알고 있는 유일한 길이자 방법으로 옳은 일은 아니더라도 그것으로 자기들의 길을 만들고 성취하는 이야기를 다루고 있다고 평하기도 한다. 이런 평가는 범죄학적으로 아마도 일종의 긴장이론에 해당된다고 볼 수 있다.

긴장이론에 따르면, 우리 사회의 모든 사람들은 누구나 다 합법적으로 수용되는 목표를 가지지만 그 목표를 성취하기 위한 수단과 기회가 누구에게나 공평하게 주어지지 않을 때 긴장을 느끼고 그 긴장의 결과를 대부분 동조하지만 일부는 불법적 수단과 기회에 호소해서라도 목표를 성취하고자 하는데 그것이 바로 범죄라는 것이다. 영화의 두 주인공인 부치와 선댄스도 그들의 성장환경과 처해진 상황으로 보아 그와 같은 긴장의 소유자였을 수도 있다는 느낌이 든다.

이와 함께 또 한 가지 범죄와 비행에서 중요하게 다뤄져야 하는 요소로서 가출의 문제를 언급하지 않을 수 없다. 위에서 언급한 낙인이 누범에 미치는 영향도 중요하지만 어쩌면 낙인 이전에 그가 처음 비행이나 일탈 혹은 범행을 하게 된 이유, 동기, 계기가 더 궁금해지지 않을 수 없다.

여기서 우리에게 보여주는 중요 단서는 바로 가출이다. 부치와 선댄스는 가난한 모르몬교의 가정에서 태어나 지긋한 가난에서 벗어나고자 가출을 감행한다.

가출은 그 원인이나 동기로서 가정불화, 가정의 곤궁, 가정폭력과 학대 등의 가정문제를 지적하지 않을 수 없다. 가출을 계기로 소년은 살아가기 위해 일종의 비행을 하지 않을 수 없었고, 그 과정에서 같은 처지의 친구들과 일련의 집단을 형성하게 되면서 비행 하위문화를 형성하고 학습한다.

가출생활은 일상생활이론이 강조하는 것처럼 그들의 일상활동과 생활유형 자체가 일탈에 노출되기 쉽기 때문에 범죄를 학습하면서 또다시 집단적 특성의 일탈을 벌일 수밖에 없는 것이다. 그야말로 악순환의 고리가 아닐 수 없다.

더욱이 가해자 입장에서 서는 것과 동시에 피해자가 될 수 있는 확률도 높다. 물론 이런 현상을 현대 청소년범죄에서는 '가해자-피해자 중첩'이라는 용어로 설명하고 있다.

영화 속 범죄 코드 4 :
급속도로 달라지는 문명에 적응하지 못하는 낙오자들의 범죄

아이러니하게도 어떤 비평가는 영화의 주인공들을 잘못된 세기의 시작에 태어난 불운한 사람이라고 한다. 그래서 「내일을 향해 쏴라」의 사랑스러운 두 악당이 서부의 황량함을 극복하려는 간절한 시도라고 해석

하기도 한다. 만약 그들이 15년 전에 태어났다면 당시 무법자들 사이에서 최고가 되었을 것이고, 만약 그들이 15년 후에 태어났다면 그저 동네의 친근한 깡패 정도였을 것이라고 비유한다. 그들이 향유한 그 시절을 전후로 급속도로 문명이 달라졌던 것이다.

그렇기에 그들은 미국보다 20년쯤 뒤처진 곳이라고 여긴 볼리비아로 갔지만 그곳은 그들이 생각했던 것보다 더 발전된 세상이었다. 여기서 우리는 도시화와 범죄의 관계, 사회의 발전과 범죄의 변화 그리고 범죄자의 해외 도피와 국제 범죄의 시작 등을 엿볼 수 있다.

어쩌면 이 부분은 범죄 원인으로서 시카고학파의 주장인 사회생태학과 동심원이론에 속하는 사회해체이론을 떠오르게 한다. 그들의 논리에 따르면, 1920년대 시카고는 도시화와 산업화로 세계로부터 밀려드는 이민자들로 도심의 인구가 급증하고 인구 이동이 심화되어 기존의 중산층이 교외로 나가는 소위 '서번 플라이트suburban Flight' 현상이 빚어졌다. 그 자리를 이민자들이 채우면서 도심의 지역공동체가 해체되고 그 결과 지역사회에 대한 비공식적 통제가 약화되어 범죄가 다발한다는 것이다.

영화 속 범죄 코드 5 :
형사사법의 민영화를 이룬 핑커톤의 시작

이 영화에서 배울 수 있는 어쩌면 가장 중요한 범죄 코드는 아마도 민간 경비 또는 산업보안의 발현과 그 역사 및 역할일 것이다. 현대 형사사법

에 있어서 가장 주도적인 변화 추세의 하나가 바로 형사사법의 민영화
인데, 바로 그 민영화의 흔적을 이 영화에서 확인할 수 있다.

세계 민간경비 또는 산업보안의 효시로서 학자들은 미국의 핑커톤
Pinkerton을 들고 있는데, 바로 그것이 「내일을 향해 쏴라」에 등장하는
것이다. 이때부터 핑커톤은 2,000명의 정규직 요원과 3만 명이 넘는 정
보원들을 두고 있었을 정도로 이미 형사사법의 민영화는 현실이 되어
있었다. 원래 민간경비의 시작은 광산의 광물이나 현금을 안전하게 수
송하기 위한 목적으로 생겨난 것이라고 하는데, 그 시작이자 중심에 선
것이 핑커톤이다.

영화에서 유니온 퍼시픽 레일로드Union Pacific Railroad 회사가 연이은 열
차 강도를 해결하려고 경찰이 아닌 민간 경비보안회사인 핑커톤 전미탐
정사무소Pinkerton National Detective Agency를 고용했던 것이다. 민간경비나
산업보안이 흥할 수 있는 것은 국가의 경찰만으로는 모든 시민이 언제
어디서든 안전할 수 없기 때문에 수익자가 부담하는 원칙 아래 안전과
보안, 경비를 담당하는 용역을 민간업체에 맡기는 것이다.

현대가 옛날보다 안전하다는 통계는 없기에, 더불어 범죄의 질적 악화
가 이어지기 때문에, 앞으로도 이런 용역은 더욱 수요가 증가할 것이다.

참고 자료

- https://en.wikipedia.org/wiki/Butch_Cassidy_and_the_Sundance_Kid
- https://www.rogerebert.com/reviews/butch-cassidy-and-the-sundance-kid-1969
- https://www.britannica.com/topic/Butch-Cassidy-and-the-Sundance-Kid
- https://tvtropes.org/pmwiki/pmwiki.php/Film/ButchCassidyAndThe SundanceKid
- https://gointothestory.blcklst.com/classic-60s-movie-butch-cassidy-and-the-sundance-kid-1ff4580a35eb
- https://www.sundaypost.com/fp/did-legendary-crooks-butch-cassidy-and-the-sundance-kid-escape-after-shootout
- https://www.biography.com/people/sundance-kid-9499214
- http://www.mtv.com/news/2765976/whats-the-big-deal-butch-cassidy-and-the-sundance-kid-1969

뜨거운 오후

Dog Day Afternoon, 1975
더럽게 운도 없었던 어느 여름날

만약 은행에 돈이 많이 남아 있었더라면, 만약 은행 장부를 태우지 않았더라면, 그들은 평생 편안하게 살 돈을 마련해 어디론가 떠날 수 있었을까? 세상의 중심에서 비켜나야 했던 사람들이 전하는 일탈의 흔적은 어느새 우리의 모습과도 조금 닮았는지도 모른다. 그래서 박수를 받았는지도.

「뜨거운 오후」는 1975년 시드니 루멧Sidney Lumet, 1924~2011이 감독하고 알 파치노Al Pacino, 1940~가 주연한 미국의 범죄 영화다. 영화의 제목은 글자 그대로 여름의 찌는 듯이 무더운 날, 즉 '복날'을 의미한다.

이 영화는 1972년 8월 22일 존 보이토비츠John Wojtowicz, 1945~2006와 공범 두 명에 의해 일어난 체이스맨하튼은행 브루클린 지점 은행 강도 미수사건을 토대로 소설가인 P. F. 클루게P. F. Kluge, 1942~가 「라이프Life」에게재한 '은행 안의 소년들Boys in the Bank'에서 영감을 얻어 만들어진 것이라고 한다.

꼬일 대로 꼬여 되는 일이 하나도 없는, 몹시 무더운 날의 하루

1972년 8월 22일, 초짜 도둑인 소니Sonny Wortzik, 알 파치노는 자신의 친구 살바토레Salvatore, 존 카제일와 스티브Stevie와 함께 브루클린의 한 은행을 털려고 들어간다. 그러나 그들의 계획은 생각대로 돌아가지 않는다. 살바토레가 총기를 꺼내자마자 바로 스티브가 냉정을 잃었고, 소니는 그를 은행 밖으로 내보낸다. 더욱이 어처구니없는 것은 은행에는 현금 운송 차량이 다녀간 지라 고작 100달러의 현금만 남아 있었다.

이를 보상하기 위해 소니는 일부 여행자수표Traveller's Cheques도 탈취하고 거래 내력을 추적당하지 않으려고 은행 장부를 휴지통에서 태워버린다. 연기가 많이 나자 맞은편 가게는 비상벨을 울려 경찰을 부른다. 단 몇 분 만에 경찰이 출동하면서 은행 건물 전체를 포위한다. 어찌할 바를 모르게 된 소니와 살바토레는 은행직원을 인질로 삼아 경찰과 대치하는데 경찰이 은행으로 진입하면 인질을 살해할 것이라고 경고한다.

그때 청원경찰이 천식으로 호흡이 곤란해지자 경찰은 신뢰의 징표로 그를 풀어달라고 요청하자 소니는 그를 내보낸다. 경찰이 그에게 대화를 요청하자 소니는 최고참 은행 창구 담당자를 방패로 삼고, 건물 밖으로 나와 대화를 시도한다. 하지만 대화 도중 경찰들이 총을 들며 다가오자 소니는 흥분하면서 아티카 교도소 폭동을 암시하는 '아티카'를 외친다. 그 모습을 구경하던 군중들은 소니에게 박수를 보내며 응원한다.

아티카 교도소 폭동은 1971년 9월 9일 1,200명의 죄수가 교도관 20명을 인질로 잡고 교도소를 점거한 사건으로, 기본적인 권리 보장을 요구했다. 일주일에 한 번 샤워를 할 수 있도록 해달라거나 한 달에 한 통씩 지급되는 휴지를 늘려달라고 한 것이다.

당시 넥슨 록펠러Nelson Aldrich Rockefeller, 1908~1979⑧ 뉴욕 주지사가 죄수들의 요구를 거절하자 죄수들도 점점 더 요구사항이 과격하게 변했다. 결국 록펠러 주지사는 무력 진압을 명했고, 그 결과 교도관 11명을 포함한 죄수 43명이 사망했다. 그리고 나머지 죄수들에 대한 잔인한 보복도 이뤄졌다. 소니에게 박수를 보낸 시민들은 그가 부르짖는 것이 무엇인지 잘 알기에 응원을 보낸 것이다.

소니는 살바토레와 함께 탈출할 수 있도록 제트기와 리무진 그리고 자신의 아내를 은행으로 데려다줄 것을 요구한다. 한편 인질들에게 줄 피자도 요청한다. 그의 아내 레온 셔머Leon Shermer는 성전환 수술을 기다리는 상태로 소니가 은행을 터는 목적도 그 수술비를 마련하기 위해서였다. 더불어 소니는 전 부인 사이에 자식도 있었다.

⑧ 미국 대부호 록펠러 가문 출신으로 아티카 교도소 폭동을 무력으로 진압하면서 그 방식이 적절치 못했다는 정부의 보고서가 있었지만 얼마 뒤 제럴드 포드 행정부에서 부통령으로 임명됐다.

이윽고 밤이 되면서 은행의 조명이 꺼진다. 사태는 더 커져 FBI가 현장을 지휘하게 되고 더 이상 소니에게 베푸는 선처는 없을 것이라고 한다. 하지만 은행 지점장이 당뇨 쇼크가 오자 의사를 들여보낸다. FBI 요원이 레온에게 전화를 걸어 소니를 설득해줄 것을 부탁하자 그 또한 소니의 폭력적 행동으로부터 벗어나고 싶어 자살을 시도해 경찰이 자신을 찾아올 때까지 정신병원에 입원 중이었다고 말하며, 그들과 함께 행동하기를 거절한다.

소니는 아픈 지점장을 내보내려고 하지만 그는 자기 직원들과 함께 남겠노라며 제안을 거절한다. FBI 요원은 소니와 그의 어머니를 대면시키지만 어머니 또한 그를 설득하는 데 실패한다. 더불어 소니는 자신의 보험금을 딸과 아내 레온에게 주라는 유서를 작성한다.

리무진이 도착하자 소니는 차 안에 숨겨진 무기나 폭약이 없는지 다시 한 번 살피고는 자신과 살바토레 그리고 남은 인질 전원을 태우고 공항으로 가지만 그곳에 도착하자마자 살바토레는 사살당하고 소니는 체포당한다.

영화 속 범죄 코드 1:
짧은 시간 인질범과 인질의 심경 변화에 대한 고찰

「뜨거운 오후」의 구성은 3가지 요소에 기초한다. 첫째는 시민들이 인질범을 동정하고 경찰을 비웃는 태도다. 당시 일어났던 아티카 교도소 폭동을 통해 경찰의 과잉 진압에 대한 분노도 내포되어 있다. 둘째는 은행 강도범이 동성애자, 더 정확하게 말해서 성전환자와 결혼식을 올렸으며 실제로 아내의 성전환 수술비를 마련하기 위해 범행을 계획했다고 주장하는 것이다. 셋째는 TV 카메라가 현장에 상주해 인질범과의 전화 인터뷰를 하며 협상에 깊이 개입하면서 '미디어 이벤트' 개념에 새로운 변화를 불어왔다는 점이다.

하지만 이 범행은 14시간 만에 처절하게 실패하고 만다. 그런 점에서 이 영화는 성공한 범죄가 아니라 실패한 범죄, 즉 은행 강도 미수 사건과 14시간 동안 인질범과 경찰이 대치했던 그 짧은 시간에 초점을 맞추고 있다.

「뜨거운 오후」는 범죄자 사이의 관계와 심정 그리고 그 역할의 변화, 인질범과 인질들과의 관계와 심경의 변화, 경찰을 비롯한 FBI와의 인질 협상을 통해 인질범의 친인척의 역할에 대한 범죄학적 코드를 읽을 수 있다.

그러나 이 영화에서처럼 인질 사건이 14시간이라는 짧은 시간 안에 끝난다면 인질들의 심경과 그 변화는 어떻게 흘러가는지 매우 궁금하다. 어쩌면 인명 살상도 있을 수 있는 심각한 인질 사건이었지만 영화 속에선 하나의 해프닝으로 변화됐다.

이런 상황이 일어날 배후에는 바로 언론, 특히 현장을 생방송으로 중계한 TV가 한몫을 한다. 마치 1980년대 초 우리나라에서 있었던 '지강헌 일당'의 영등포교도소 탈주 사건을 모태로 했던 「홀리데이Holiday」라는 영화에서처럼 당시 막 시작된 천연색 컬러 TV로 전국에 생중계된 인질 사건을 통해서 인질범들이 마치 국민적 유명인이 되었던 것처럼 이 영화에서도 비슷한 현상이 벌어진 것이다. 마치 인질범 소니가 세상의 온갖 악과 폭정에 대항하여 싸우는 작은 존재로 인식하게 되는 것이다.

영화 속 범죄 코드 2 :
경찰의 무력 사용, 어디까지 허용할 수 있을까?

개인과 경찰의 대치는 아티카 교도소 폭동에 대한 뉴욕 경찰의 과잉 진압이었다는 사실이 밝혀지면서 사회적으로 크게 논란이 됐던 시대였던 만큼 시민들의 마음 한구석을 울릴 수밖에 없었다. 폭동 사건 이후 경찰의 잔혹성에 대해 뉴욕 시민은 물론이고 미국 국민들의 공분을 샀고, 바로 이 점을 끄집어냄으로써 뉴욕 시민 군중들을 자기편으로 만들고자 소니는 아티카를 외쳤던 것이다. 이에 시민들은 환호로 그를 지지하고 동조했다.

이를 통해 경찰의 무력 사용은 어디까지가 그 한계인지, 과도한 무력 사용은 왜 발생하는지 등을 한번쯤 점검해보는 계기가 되었으면 한다. 이는 현재까지도 국민의 관심사가 될 수 있으며, 나아가 경찰권의 정당성까지 의심을 받을 수 있는 첨예한 문제기도 하다.

영화 속 범죄 코드 3 :
인질과 인질범의 관계에서 찾아볼 수 있는 여러 증후군

대부분 인질 사건을 살펴보면 처음 인질들은 자신들을 죽음의 상황까지 몰고 간 인질범을 향한 분노와 증오심을 갖는다. 하지만 그들과 함께 있는 시간이 많아지면서 서서히 인질범을 동정하게 된다는 '스톡홀름 증후군Stockholm Syndrome'⊛을 보인다.

스톡홀름증후군 증상을 보이는 인질들은 인질범이 겨눈 총구는 자신이 아니라 사회를 향한 것이기 때문에 오히려 한편이 되어야 한다고 생각한다. 인질범이 놓여 있는 극한의 공포 상황은 인질들로 하여금 약자가 강자에게 항변하는 것으로 보이게끔 만들기도 한다. 마치 살인사건에서 살인범이 약자가 강자를 이기기 위한 유일한 선택이라고 항변하고, 테러범들이 테러를 자행하는 이유가 강자에 대한 약자의 유일한 항변이라고 주장하는 일종의 통념과도 같다.

이와는 반대로 '리마증후군Lima Syndrome'도 있다. 스톡홀름증후군은 인질들이 인질범에게 동화되는 증상인 데 반해 인질범이 인질에게 동화되어 공격적 태도가 완화되는 현상이다. 물론 스톡홀름증후군도 리마증후군도 보편적인 현상은 아니어서, FBI의 한 분석에 따르면 인질 사건의 90% 이상은 이런 증후를 전혀 보이지 않았다고 한다.

결국, 인질범과 인질 사이의 동화는 인질 상황 자체가 아니라 인질과 인질범이 가지는 자신의 처지나 상황에 대한 공감이라는 해석이 강하다. 이런 현상은 현대 범죄학까지 확대되어 가정폭력이나 아동학대 사건에서도 종종 원용되고 있다.

⊛ 1973년 스웨덴 스톡홀름에서 일어난 은행 강도 사건의 인질이 보인 심리 상태에서 비롯된 현상으로 인질로 잡힌 사람이 인질범에게 심리적으로 동조하는 현상을 말한다.

영화 속 범죄 코드 4 :
좌절과 폭력으로 연계되는 범죄의 길

「뜨거운 오후」에서 은행 지점장이 현장을 떠나 자유의 몸이 될 수도 있었으나 이를 거절하고 직원들과 함께 있겠노라고 말할 때 그녀는 자랑스러워했다. 사실 그녀의 이런 행동은 이 사건이 TV에 생중계되어 국민적 관심에 있는 것을 즐기고 있다는 것을 의미하기도 한다.

문제는 여기서 끝나지 않고 범죄자조차 언론에서 유명인으로 만들어 버린다는 점이다. 그 결과 범죄자, 피해자, 경찰 그리고 언론 사이에 복잡하고 미묘한 관계가 자리잡는다. 소니가 '아티카'를 외친 것은 시민의 마음을 잘 알고 있기에 그들에게 동정과 응원을 받고 싶었기 때문일 것이다. 여기서 우리는 소위 '범죄 보도의 범죄'라고 할 수 있는 언론의 범죄 보도에서 범죄 코드를 찾을 수 있다.

물론 소니가 시민의 동정과 응원을 받을 수 있었던 것은 당시 미국 사회의 현실과 주인공의 처해진 상황에 대한 공감이 있었기 때문일 것이다. 소니는 월남전 참전용사로 직장을 잃은 하류계층 출신이자 동성애자로서 자신을 억누르는 세상에서 살아남기 위해 애쓰는 사람이다. 사회의 표본 속에서 자기 자리를 찾지 못한 그는 낙오자로서, 1970년대 미국 사회의 불평등과 낙담으로 고통을 받는 모든 시민을 대변하는 것처럼 보였던 것이다.

심각한 상대적 박탈감에서 생존을 위한 몸부림만으로는 자신의 길을 찾을 수 없었던 소니는 결국 범죄자가 되었다. 그를 통해 사회심리학자들이 말하는 좌절-폭력의 고리를 엿볼 수 있다. 소니는 범죄사회학에서 말하는 목표와 수단의 괴리에서 오는 긴장과 그 적응 방식으로서의 범죄를 선택할 수밖에 없었던 나약한 인간이었던 것이다.

이런 면에서 피해자학에선 범죄의 책임이 누구에게 있는지 논란이 되기도 한다. 일반적인 우리 상식으론 어떤 범죄라도 가해자를 비난하는 것이 정석이다. 하지만 피해자학에서는 피해자라고 해도 다 같은 피해자가 아니며 오히려 피해자가 더 많은 비난을 받는 경우도 있다고 설명한다. 범행 표적의 정당방위로 숨진 강도처럼 피해자가 자신의 범죄 피해를 촉발, 유발, 촉진 또는 적어도 용이하게 한 상황도 있을 수 있기 때문에 범죄의 책임을 피해자에게 돌리지 않을 수가 없다.

다만 혹자는 일부 범죄의 경우 가해자와 피해자가 비난의 대상이 아니라 오히려 가해자와 피해자 모두 피해자라는 시각도 있다. 비행청소년의 경우 그들의 일탈은 가정이나 사회, 학교가 제대로 보호하거나 육성하지 못한 책임도 분명 존재한다. 그렇기 때문에 그들을 탓하기보단 사회 체제나 제도 쪽에 비난을 두는 목소리도 적지 않다.

영화 속 범죄 코드 5 :
소수나 약자 집단이 처할 수밖에 없는 범죄의 취약성

범죄학자의 관심을 끄는 또 하나의 관점은 바로 성정체성sex identity과 동성애와 같은 LGBTLesbian, Gay, Bisexual, Trans-gender, 즉 성소수자 이야기다. 사건의 주범인 소니가 범행을 계획했던 이유는 자신의 동성애자 파트너

인 레온의 성전환 수술비를 마련하기 위해서다. 이 점에서 우리는 성정체성이 영화의 큰 자리를 차지하고 있다는 것을 확인할 수 있다.

사실 동성애자와 같은 성소수자들은 여전히 우리 사회의 소수자 약자 집단이기에 종종 범죄의 표적이 되기 쉽다. 이런 경우를 범죄학이나 피해자학에서는 '상황적 취약성situational vulnerability'이라고 한다. 동성애자라는 소수 즉, 약자라는 신분적 상황은 그들이 범죄 피해를 당하고 있음에도 제대로 신고도 하지 못하는 등 열악한 상황에 놓여 있다고 할 수 있다. 상황적 취약성은 더욱 범죄에 노출되기 쉬우며 잘 알려지지 않는 경우도 많다.

아이러니한 것은 소니는 동성애자이지만 친구인 살바토레는 동성애자가 아니다. 매스컴을 통해 소니가 동성애자라는 사실이 보도되면서 자신까지 동성애자로 몰린 살바토레는 애처로운 표정을 지으며 말한다.

"난 게이가 아니야. 나 게이 아니라고 해줘……."

모든 것이 꼬여 되는 일이 없었던 그 하루, 살바토레는 죽고 소니는 체포당하고 만다. 그리고 영화는 끝이 난다.

참고 자료

- https://en.wikipedia.org/wiki/Dog_Day_Afternoon
- https://www.nytimes.com/1987/10/01/obituaries/elizabeth-eden-transsexual-who-figured-in-1975-movie.html
- https://www.esquire.com/entertainment/moview/a23471/real-dog-day-afternoon
- https://www.nytimes.com/1975/09/22/archives/screen-lumets-dog-day-afternoon.html
- https://www.thinkingcinema.com/film-appreciation-dog-day-afternoon/
- https://tvtropes.org/pmwiki/pmwiki.php/Film/DogDayAfternoon
- https://www.rogerebert.com/reviews/dog-day-afternoon-1975
- http://www.thecinessential.com/dog-day-afternoon-counterculture
- https://www.tvguide.com/movies/dog-day-afternoon/review/113184

저수지의 개들

Reservoir Dogs, 1992

도둑 전문가라고 말하기엔 너무 양아치스러웠다

햇볕을 잘 받아 자란 새싹은 건강한 연두빛이 나지만 햇볕을 잘 받지 못한 새싹은 연두빛이 약하다. 그렇기에 어린 아이에게 싹이 노랗다는 표현은 결코 써서는 안 된다. 그 말을 하기 전 그 아이에게 햇볕을 잘 받을 수 있도록 도움을 주는 것이 먼저다. 하지만 어른인데 계속 싹이 노랗다면?

「저수지의 개들」은 쿠엔틴 타란티노Quentin Tarantino, 1963~가 각본을 쓰고 감독하고 연기까지 한 1992년 미국의 범죄영화다. 하비 케이틀Harvey Keitel, 1939~, 마이클 매드슨Michael Madsen, 1957~, 크리스 펜Chris Penn, 1965~, 스티브 부세미Steve Buscemi, 1957~ 등이 열연했다.

「오션스 일레븐」의 오션스 일당이 호탕하게 카지노를 털었다면 「저수지의 개들」의 6명의 전문 도둑들은 찌질하게 보석상을 털다가 실패한다. 특히 쿠엔틴 타란티노 감독의 특징이라고 할 수 있는 B급의 정서가 묻어 있기에 이 영화는 잔인성과 폭력성으로 논란이 되기도 했다.

똥인지 된장인지 구분도 못하는
얼빠진 도둑들의 위험한 한탕

로스앤젤레스의 한 식당, 전문 도둑인 조 캐봇Joe Cabot, 로렌스 티에니과 그의 아들 나이스 가이 에디 캐봇Eddie Cabot, 크리스 펜은 다이아몬드 도매상을 털기 위해 도둑들을 모으고 그들에게 가명을 정해준다. 미스터 화이트Mr. White, 하비 케이틀, 미스터 오렌지Mr. Orange, 팀 로스, 미스터 핑크Mr. Pink, 스티브 부세미, 미스터 블론드Mr. Blonde, 마이클 매드슨, 미스터 블루Mr. Blue, 에드워드 번커, 미스터 브라운Mr. Brown, 쿠엔틴 타란티노.

조는 서로의 신분을 노출시킬 어떤 정보도 교환하지 말라고 지시한다. 드디어 조와 에디의 지시를 받고 지정된 장소에서 지정된 방법으로 보석을 강탈한 그들은 성공을 자신하지만 문밖에는 경찰들이 대기하고 있었다. 서로의 존재와 역할에 대한 사전 정보가 없이, 오로지 누군가 배신했다는 사실에 서로를 의심하지만 아무런 단서도 찾지 못한다.

경찰의 추격에서 브라운이 죽고 가까스로 도주한 화이트는 총을 맞아 피를 흘리고 있는 오렌지를 태우고 조 소유의 창고로 간다. 그곳이 마지막 집결지였던 것이다. 다음으로 핑크가 집결지에 도착하면서 자신들이 음모에 당했다며 화를 낸다. 화이트는 그에게 브라운의 죽음과 블론드와 블루의 행방이 묘연하다고 알려준다. 그 사이 블론드는 수 명의 민간인을 살해하는데 그것에 대해 불만이 높아지면서 그들은 다이아

몬드의 행방과 오렌지를 어떻게 치료받게 할 수 있는지를 두고 언쟁을
벌인다.

이들의 언쟁은 영화가 끝날 때까지 계속되는데 이 영화는 저예산으
로 만든 독립영화로, 기존의 범죄영화가 화려한 명장면을 보이며 관객
을 유혹했던 것과 달리 주인공들의 대화를 통해 배신자를 추리하도록
만들고 있다. 「저수지의 개들」은 기존의 전형성에서 벗어나 쿠엔틴 타
란티노만의 스타일을 정립한 영화로서 큰 의미가 있다고 할 수 있다.

한 가지 확실하게 말할 수 있는 것은 다이아몬드를 탈취하는 데 성공
했으니 누군가는 다이아몬드를 소유하게 되었다는 것이다. 그것이 누
군지 직접 확인해보기 바란다. 그리고 '함정수사'라는 키워드도 염두에
두길 바란다. 이런 상황을 모른 채 6명의 도둑들은 서로를 의심하면서
몰락한다.

영화 속 범죄 코드 1 :
공범이 될 수 밖에 없었던 이유

「저수지의 개들」을 보면 고개를 갸우뚱하게 되는 점이 있다. 과연 전문
도둑이 자신의 아들까지 범행에 가담시킬 수 있나 하는 문제다. 조직의
세습은 있을 수 있다 하더라도 범죄를 대를 이어 가르치는 것은 쉽사리
이해되지 않는다. 범죄는 세대에서 세대로 전수되지 않는 것이 기본이
다. 아무리 흉악한 범죄라고 하더라도 자신의 아들과 함께 범행을 공모
하지 않는다. 하지만 이 영화의 주인공 부자는 범행을 주도하는 공범 관

계에 있다. 더불어 오렌지와 화이트 사이의 유사-부자 유대quasi-paternal bond와 같은 잘못된 운명의 우정을 통한 공범 관계도 있다.

공범으로 범행에 가담하는 결정은 다양한 이유와 동기에 기인하지만 우정, 금전적 동기, 거부할 수 없는 종속 등이 있으며, 그중에서 범죄학 이론 중 하나인 '중화이론'이 주장하는 중화기술, 즉 자기 범행에 대한 합리화와 정당화를 위한 기술로서 '상위의 충성심 호소Appeal to higher royalty', 즉 자신이 중요시하는 개인이나 집단에 대한 자기 충성심을 거역할 수 없어서 공범이 된다는 주장을 연상케 한다.

영화 속 범죄 코드 2 :
강도는 성공하지만 도주에 성공하지 못하면?

다이아몬드를 절취하기 위해 조와 에디 부자는 일시적으로 구성원들을 모은다. 이들은 이전부터 같이 일한 동료라기보단 일시적으로 모인 일회성 집단일 뿐이다. 그렇기 때문에 집단 강도로 포장되어 있지만 정확하게 조직범죄라고 말할 수는 없다.

그들은 서로의 신분을 노출시킬 어떤 정보 교환도 하지 말라는 명령을 받았기 때문에 실명이 아니라 가명을 사용한다. 그리고 거사 후에는 각자의 몫을 챙겨 흩어지는 것으로 최종 합의했다. 두목이 이런 방식으로 공범들을 끌어들인 것은 이렇게 함으로써 아무도 다른 단원을 배신하거나 배반하지 못할 것이라고 믿었기 때문이다.

이런 면에서 다른 공범들이 이욕보단 관계가 중심인 반면 이 영화의 공범들은 관계보다 개인적 동기가 우선한다. 공범 집단이 모래알처럼 구성되었을 때 개인적 이익 추구가 높아지기 때문에 서로 속고 속이는 일이 생기고 불신이 팽배해지면서 전략이나 전술이 제대로 작동하지 않아 계획이 실패할 수밖에 없다고, 이 영화는 말하고 있다.

따라서 두 부자의 사전 계획에도 불구하고 그들의 강도는 시작부터 실패할 운명이었다고 할 수 있다. 물론 그들은 다이아몬드를 훔치는 데 성공한다. 목적은 달성했지만 그것으로 인한 분배는 이뤄지지 않았다.

결국 「저수지의 개들」은 강도 그 자체가 아니라 강도 이후에 일어난 허세와 혼란이 핵심 메시지라고 할 수 있다. 지나치게 남성스러움을 맹신하고 자만한 탓에 강도는 성공했으나 도주에는 실패해 다이아몬드를 손에 쥔 사람 외에는 다 실패하고 만다.

「저수지의 개들」에 나오는 강도들은 베테랑 절도범도 있고 비교적 아마추어 절도범도 있다. 범죄학에서 절도범은 간헐적 혹은 아마추어 절도범과 전문 직업으로 삼는 베테랑 절도범으로 나뉜다.

이 영화에 나온 주인공들은 대부분 베테랑 절도범이라고 할 수 있다. 특히 영화 속에 나오는 오렌지는 사실 경력이 많고 유능한 사복형사다. 여기서 경찰의 수사 기법 중 하나인 '위장 수사 또는 잠입수사undercover operation'를 보여주고 있다. 이 방식은 조직범죄나 마약범죄 등의 수사에 주로 활용되는 것으로, 참여를 통한 범죄의 확인과 증거 수집이 목적이다.

영화 속 범죄 코드 3 :
폭력은 폭력을 낳고 복수는 또 다른 복수를 낳는다

「저수지의 개들」에서 범죄학적 교훈을 찾으라면 폭력은 폭력을 낳고 복수는 또 다른 복수를 낳는다는 사실이다. 또 폭력에 대해 궁극적인 제재를 가하지 않는 것은 매우 어리석은 행동이라는 것을 전하고 있다. 폭력적인 사람은 그로 인해 몰락한다는 점을 정확하게 말해주고 있다.

영화 속 주고받는 대화는 별 의미가 없어 보이지만 "범죄는 결코 범죄자에게 보상을 하지 않는다", "폭력은 아무것도 해결해주지 않는다", "사람을 죽인 사람은 누구나 그 자신도 죽게 된다" 등은 우리에게 주는 교훈으로 받아들일 수 있다.

형사사법, 특히 형벌은 바로 이런 응보, 즉 죄를 지은 사람에게는 그에 대한 처벌을 받아야 한다는 것을 전제로 한다. 인간은 합리적이고 이성적인 존재기 때문에 범죄행위도 그들의 자유의지에 의한 이성적이고 합리적인 선택이라고 할 수 있다. 따라서 당연히 자신의 행동에 책임을 져야 한다. 「저수지의 개들」은 그런 원칙을 고스란히 보여주고 있다.

영화 속 범죄 코드 4 :
전문가도 때론 사이코패스가 될 수 있다

이 영화는 시작부터 주인공들이 아침식사를 하는 장면을 보여준다. 그리고 별 의미 없는 이야기들을 길게 늘어놓는데 여기서 누군가가 "사이코패스는 전문가professional가 아니다"라는 말을 한다. 이 말은 "전문가도 때론 사이코패스가 될 수 있다"는 말에 대한 반박이다.

사실 주인공들이 나누는 대화는, 자기들은 전문가지만 결코 사이코패스가 아니라는 점을 강조한 것이지만 쿠엔티 타란티노는 반대로 전문가도 때론 사이코패스가 될 수 있다는 점을 표출하고 싶었던 것은 아닌가 싶다.

사실 반사회적 인격장애자들은 다른 사람들과 크게 다르지 않게 생활한다. 사회활동도 활발하다. 하지만 그들은 다른 사람에 대한 동정심이나 공감 능력이 없거나 부족하다. 이런 차이 때문에 전문가가 사이코패스가 될 수도, 사이코패스이면서 전문가가 될 수도 있다는 대화가 오고간 것이다.

물론 이런 점에서는 사이코패스보단 소시오패스가 더 전문가일 확률이 높지만 전문성의 유형에 따라 지적인 행태를 보이면 소시오패스, 폭력이나 절도 등의 행태를 보이면 사이코패스에 가까울 수 있다.

「저수지의 개들」을 구체적으로 살펴보면 다섯 명의 주인공 중 4명은 아마도 소시오패스에 가깝고 반대로 미스터 블론드만 진정한 사이코패스와 같이 차가울 정도로 영리한 기질을 가진 것으로 분류할 수 있다. 반면 화이트는 폭력을 피할 수 없기 때문에 그것을 즐긴다고 말하며 소시오패스만의 특징을 선보인다.

한편 「저수지의 개들」은 단 한 명의 여성도 나오지 않는다. 그야말로 남성만을 위한 영화라고 할 수 있다. 그래서 남성들의 상호작용이라는 거울을 통해 남성성, 남자다움에 대한 우리의 문화적 인식과 남성의 성이 폭력과 어떻게 얽히는지 탐색한다.

　사실 폭력은 남성성에 사로잡힌 우리 문화가 이들의 특성을 허용하면서 받아들인 도구일 수도 있다. 다만 궁극적인 아이러니는 매우 조심스럽지만 폭력이 그들로 하여금 때로는 여성적 충동과 동성애적 욕구를 탐색하게 만들기도 한다는 점이다. 과연 남성성 때문에 더 폭력적이게 되는지, 아니면 폭력적이기 때문에 남성적인 것인지 연구해보는 것도 재미있을 것 같다.

참고 자료

- https://en.wikipedia.org/wiki/Reservoir_Dogs
- https://indiefilmhustle.com/reservoir-dogs-quentin-tarantino
- https://thespool.net/features/2019/07/reservoir-dogs-is-quentin-tarantinos-bloody-rosetta-stone
- https://www.theatlantic.com/entertainment/archive/2012/10/what-reservoir-dogs-got-right-20-years-ago-people/263969
- https://www.hollywoodreporter.com/review/reservoir-dogs-review-1992-movie-904415
- https://screenrant.com/reservoir-dogs-movie-ending-explained-mr-pink
- www.bbc.com/culture/story/20170117-why-reservoir-dogs-is-really-an-anti-violence-film
- https://www.theguardian.com/film/1993/jan/07/1
- https://www.remorselessfiction.com/movie-reservoir-dogs.html
- www.cinemalogue.com/2012/10/23/reservoir-dogs-retro

CHAPTER
07

뒤집어쓰다

–

혼자서 감당하기엔
너무도 억울한

도망자

The Fugitive, 1993
나는 아내를 죽이지 않았다

범행의 가능성에 대한 진위 여부를 확인하지 않고 상황적, 정황적 증거만 살피면 아무 관계가 없는 지나가는 사람도 용의자가 될 수 있다. 만약 경찰들이, 만약 검사들이 합리적 의심이 없는 확신이 들 때까지 조사를 더 했더라면 한 개인의 삶은 파멸되지 않았을 것이다.

『도망자』는 1960년대 같은 제목으로 방송되었던 TV 시리즈에 기초해서 만든 1993년도 미국 영화로, 앤드루 데이비스Andrew Davis, 1947~가 감독하고 해리슨 포드Harrison Ford, 1942~와 토미 리 존스Tommy Lee Jones, 1946~가 주연을 맡아 열연했다.

이 영화는 아내를 살해했다는 누명을 쓰고 기소되어 사형선고를 받은 리차드 킴블Richard Kimble, 해리슨 포드 박사가 재소자 수송 버스가 전복되는 틈을 타 도주하고, 그 뒤를 연방경찰 사무엘 제라드Samuel Gerard, 토미 리 존스가 이끄는 추적 팀이 그를 추적하는 와중에도 자신의 아내를 살해한 진범을 찾아 자신의 불명예와 억울함을 깨끗하게 씻은 이야기를 다루고 있다.

「도망자」는 자신을 짓밟기 위해 준비된 세상의 냉혹함에 관한 한 남자의 우화이자 비유로, 프란츠 카프카Franz Kafka, 1883~1924의 작품을 연상케 하는 부조리하고 악몽과 같은 세계관을 표현한다. 이러한 세계관은 현대사회에서 범죄에 대한 두려움과 공포에 시달리거나 혹은 정의롭지 못한 부분에 직접 또는 간접적으로 경험한 사람들이 세상은 위험한 곳이라는 인식을 가질 수밖에 없는 분위기와도 유사하다. 영화의 이야기는 아내를 살해했다는 누명을 쓰고 비난을 받아야 하는 남자와 야비한 잔인함을 가진 연방경찰 사이에서 벌어지는 추격전이다.

자신의 편이 아무도 없는 한 남자가
혼자서 죽음에 대해 진실을 파헤치다

시카고의 유명한 혈관외과의사인 리차드 킴블 박사는 자신의 집에 도착하자 아내가 외팔이 남자에 의하여 치명상을 당한 것을 발견한다. 그는 살인범과 사투를 벌이지만 범인은 도주하고 만다. 침입의 흔적과 증거가 부족하고, 아내의 엄청난 생명보험 그리고 아내가 죽기 전 911에 전화를 걸어 남편 이름을 말했던 부분 등으로 인해 리차드는 일급 살인범으로 오판되어 기소되고 유죄가 확정되어 사형선고를 받게 된다. 그는 계속해서 의수를 찬 남자를 조사해달라고 요청했지만 경찰과 검찰은 이를 무시한다.

사형수 수용시설로 이송 도중 다른 수형자들이 탈출을 시도하자 그 혼란으로 버스는 기차와 충돌한다. 리차드는 교도관을 구조하고 도주하는데 US 마셜Marshall 연방경찰 제라드와 동료 4명은 충돌 현장에 도착해 그의 행방을 찾기 시작한다.

리차드는 자신의 부상을 치료하기 위해 근처 병원에 숨어들어 자신의 외관을 바꾸고 도주를 계속하지만 제라드는 그를 끈질기게 추적한다. 한편 리차드는 아내를 살해한 진범을 찾기 위해 시카고로 돌아가 동료이자 친구인 니콜라스 박사에게서 도망 자금을 구한다. 그리고 쿡 컨추리 병원에 잠입해 아내가 살해된 직후 의수를 수리한 환자의 명단을 입수한다. 그는 명단에서 자신의 사건을 담당한 경찰의 옛 동료인 프레드릭 사이키스Frederick Sykes, 안드레아스 카츨라스를 발견하고 그의 집에 침입한다. 그리고 그가 신약을 개발해 출시할 예정이던 제약회사가 고용한 청부살인범라는 사실을 알게 된다.

리차드는 신약을 분석한 후, 그 약이 간의 손상을 초래한다는 부작용이 있다는 것을 발견한다. 이는 미국 식품의약국FDA의 허가를 받을 수 없다는 것을 의미하기도 한다. 하지만 동료이자 친구인 니콜라스 박사는 무리하게 신약 개발을 주도했고 이를 은폐하기 위해 자신을 죽이려고 했다는 사실에 충격을 받는다. 결국 아내는 억울하게 살해된 것이다. 연방경찰 제라드도 조사를 통해 이와 같은 결론을 내린다.

시카고의 한 호텔에서 신약을 소개하는 날, 리차드는 니콜라스의 연설을 중단하고 그가 자신의 의학연구를 조작했을 뿐만 아니라 자신을 죽이려 했지만 일이 잘못되어 아내를 살해했다고 주장한다. 혼란과 격전이 이어진 후 리차드의 억울한 죄는 무고로 밝혀진다.

영화 속 범죄 코드 1:
잘못된 판단으로 인한 오판이나 오심의 가능성

이 영화는 자신의 무고함을 밝히고자 탈주를 감행한 의사와 그를 뒤쫓는 연방경찰의 숨바꼭질을 다루고 있다. 여기서 고양이의 역할을 하는 주인공이 미국 연방경찰이다. 영화를 통해서 우리는 미국 법집행기관이 매우 복잡하다는 사실을 짐작할 수 있다. 미국의 법집행기관을 개괄적으로 살펴보자.

우선 미국이 연방국가인 만큼 연방경찰, 즉 국가경찰이라고 할 수 있는 연방수사국, FBI Federal Bureau of Investigation가 있고, 각 주에는 주 경찰 State Police이 있다. 다만 캘리포니아에는 주 경찰 대신 '하이웨이 패트롤 Highway Patrol'이라고 부르는데 주에 따라 다를 수 있다. 그리고 각 시에는 시티 폴리스City Police가 있고, 우리의 군이라고도 할 수 있는 컨추리County에는 보안관Sheriff이 있다. 그리고 미국에는 'US 마셜'을 두고 있는데 「도망자」의 주인공을 쫓는 팀이 US 마셜의 연방경찰이다. 이들은 법무성 소속으로 연방법원의 경호, 보안 그리고 도주와 탈옥수 검거, 판사와 증인 등의 신변보호 등을 주요임무로 맡고 있다.

영화의 핵심은 당연히 무고한 시민이 사법기관의 잘못된 판단으로 유죄가 확정되고 부당하게 형을 선고받게 되는 현실이다. 사형제도의 폐지를 주장하는 측의 주요 항변 중 하나가 바로 이 오판wrongful conviction의 가능성인데, 바로 이 영화의 주제가 그것을 다루고 있는 것이다. 어느 나라, 어느 시대에서나 이 오판과 오심으로 억울한 옥살이는 물론이고 억울한 죽음까지 당하는 경우가 적지 않았으며, 실제로 미국 일리노이 주지사는 그런 사례를 직접 목격한 후 사형 집행을 전면 보류하기도 했다.

어느 비평가는 「도망자」에서 보여주는 사법기관의 냉담함과 기소된 용의자의 말을 전면 배제하는 무가치함은 어떤 이들의 무고함에 때늦은 결과론에 지나지 않는다고 평하기도 했다. 다른 이는 미국에서 너무나 빈번하게 일어나는 오심의 원인은 성과만 강조하는 사법제도 때문이고, 이 영화는 그것에 대한 사회적 비평이라고도 했다.

영화에서 연방경찰들은 리차드에 대한 유죄 추정 상황이나 정황 증거가 확보됐기 때문에 그 이상을 들여다보려 하지 않았다. 피의자에 대한 증거가 얼마나 정당하고 확고한지에 대한 여부는 상관하지 않고 배심원의 감정에만 호소하여 막무가내로 기소하는 검찰 등의 모습을 보여주고 있다.

사실 한국은 배심제도를 도입하고 있지 않지만 이와 유사한 제도를 국민참여재판이란 이름으로 활용하고 있다. 이 배심제도의 한계라면 한계가 바로 법적이기보단 감정적 판단이 미칠 배심 평결이다. 물론 O. J. 심슨O. J. Simpson 사건◉과 같이 이와 정반대의 경우도 없지는 않지만

◉ 전 미식축구 선수이자 배우로 활약한 O. J. 심슨이 이혼한 전 부인을 살해한 혐의로 기소되어 재판을 통해 무죄로 판결받은 사건을 말한다.

「도망자」는 배심제도에 대한 검토를 해볼 수 있는 계기를 마련해주고 있다.

바로 이 오판과 오심의 문제는 어쩌면 사법 절차와 과정에서의 정당성과 그로 인한 결과적 정당성과도 연계되어 있기 때문에 더욱 중요시되고 강조되어야 한다. 이 영화에서 리차드 킴블 박사는 미국 사회에서 대도시의 저명한 혈관외과의사임에도 오판과 오심의 억울한 피해자가 되었다.

한국 영화 「부러진 화살」의 주인공 역시 최고 명문대 출신으로 박사이자 명문대 교수임에도 자신을 해고한 공정한 이유를 얻고자 교수 지위 확인 소송을 벌였지만 정당한 사유 없이 기각되자 공정한 재판을 요구하며 석궁으로 위협하기에 이른다. 사법 절차와 과정 그리고 판결의 오심은 빈번하다고 할 수 있으며 특히 사회적 그리고 경제적 지위가 약한 절대 다수의 시민들의 경우 더욱 심각한 문제가 될 수 있다.

이런 이유에서 현재 범죄학 연구 추세 중 하나가 바로 경찰을 중심으로 한 사법기관의 절차적 정당성과 결과적 정당성에 대한 연구이기도 하다. 법집행은 그 절차와 과정이 적법하고 정당해야 하며, 그 결과 또한 정당해야 하기 때문이다.

사법기관의 정당성이 중요한 이유는 사법기관에 대한 시민의 신뢰와 법과 법제도에 대한 권위와 신뢰성에 영향을 미치기 때문이다. 시민들이 사법기관을 불신하는 가장 큰 이유 중의 하나가 자신에 대한 사법기관의 처우와 결과가 정당하거나 공정하지 않기 때문이다.

시민들이 가지는 이런 절차적 정당성과 결과적 정당성이 높을수록 시민들이 법과 제도를 더 잘 따르고 신뢰하며 지킬 수 있다. 영화 「홀리데이」에서 내세우는 '무전유죄, 유전무죄'라는 인식이 팽배하다면 결코 법과 제도에 대한 정당성이 확보될 수 없을 것이다.

영화 속 범죄 코드 2 :
오심으로 인해 한 인간의 삶이 무너지다

결론적으로 이 영화는 관객들에게 과연 경찰이 필요한가에 대한 의문도 심어주고 있다. 무고한 시민을 피의자로 사법 처리하고, 그것도 모자라 청부살인업자가 전직 시카고 경찰이었다는 점은 리차드의 말에 귀를 기울이지 않는 사법기관들이 자신들의 부패를 은폐하기 위해 그를 희생양으로 삼았다는 의심을 사기에 충분하다.

물론 리차드 또한 자신의 무고함을 밝히기 위해 다수의 범죄를 저지른다. 재소자 수송 버스에서 탈주하는 것부터 병원에 무단으로 침입하여 명부를 훔치는 것 그리고 니콜라스를 가격하는 것 등의 범죄를 저지른다. 이 영화의 마지막은 리차드가 아내 살인범에서 완전히 벗어나는 것으로 끝나지만 그의 다른 위법행위까지 면책될 수 있는지는 분명하지 않다.

또한 역으로 리차드가 연방정부와 연방경찰에 대해 손해배상을 청구할 수도 있을 것이다. 이 영화는 권선징악의 의미로 마무리되지만 이것이 실제로 일어난 사건이라면 리차드는 평생 사법기관과의 소송으로 인생을 허비할 수도 있다. 그래서 오심으로 인한 판결은 한 개인의 인생을 송두리째 빼앗는 결과를 만들 수도 있다는 점을 명심해야 할 것이다.

영화 속 범죄 코드 3 : 사법 정의가 이뤄지지 않으면 사적 정의로 억울함을 해결하기도

한편 영화의 주인공인 리차드 킴블 박사가 무고하게 아내를 살해한 혐의로 부당한 형을 선고받게 된 가장 큰 계기는 바로 진범에 대한 물적 증거가 없는 반면 리차드에 대한 정황적, 상황적 증거가 남았기 때문이다.

흔히 '동기가 결정적 증거와 마찬가지다'라고 하는데, 「도망자」에선 모든 상황이 리차드에게 불리하게 돌아갔다. 예를 들어 아내의 높은 사망보험금이 결정적 증거였다.

검사는 피의자의 혐의 사실을 입증할 의무가 있음에도 때로는 피의자 자신이 무고함을 입증해야 하는 경우로 변질되는 사례가 종종 생긴다. 이 영화에서도 리차드의 정확한 행동보다 그를 둘러싼 정황과 상황이 그가 아내를 살해했을 것이라는 심증을 굳히게 만들었다. 물론 의료사고의 경우에는 피의자인 의사가 자신의 과실이 없음을 입증해야 하는데도 오히려 피해자가 의사의 과실을 입증해야 하는 불합리함도 있다.

이런 억울한 상황들로 인해 개인이 스스로 정의를 실현하겠다고 나설 때 이를 사법 정의가 아니라 사적 정의라고 한다. 이것을 파헤치다 보면 온갖 불리한 상황에 몰리거나 심하면 린치까지도 당할 수 있는데 그럼에도 우리 사회에선 사적 정의의 형태로 자신의 억울함을 해결하려는 시도가 적지 않다.

이와 조금은 차이가 있지만 현대를 살아가는 많은 사람들은 스스로 자신을 지키기 위한 노력들을 많이 하고 있다. 자신과 가족의 신체와 재산을 지키기 위하여 사설경비를 신청하고, 이웃의 안전을 위해 이웃 감시Neighborhood Watch 프로그램을 실시하며, 주민 스스로 자경단을 결성해 활동하며 치안과 안전에 힘쓴다. 이 부분은 국가가 국민의 안전을 제대로 지키지 않았을 경우 시민 스스로 할 수밖에 없는, 최소한의 안전권을 지키고자 하는 시민의 의지라고 할 수 있다.

영화 속 범죄 코드 4 :
여전히 갑론을박 중인 사형제도

리차드 킴블 박사는 오판이든 오심이든 결과적으로 사형선고를 받는다. 물론 영화의 주제는 사형제도가 아니라 사법권의 오판과 오심으로 인한 부정의하고 부당한 형벌과 거기서 벗어나기 위한 개인의 사적 정의이지만 주인공에게 선고된 사형을 다시 한 번 생각해보지 않을 수 없다.

사형제도에 대한 시대적 흐름은 물론 그것의 폐지겠지만 아직도 적지 않은 국가에서 사형제도를 유지하고 실제로 형을 집행하고 있다. 한국의 경우 사형제도 자체가 폐지되지는 않았지만 그 집행을 하지 않아 실질적 사형폐지국가라고 할 수 있다. 결국 아직도 사형에 대해서는 갑론을박 중이다.

사형제도를 찬성하는 측에선 당연히 사형이 갖는 범죄 억제 효과를 강조하지만 폐지론자들은 억제 효과가 없다고 반박한다. 물론 사형과 범죄 억제 효과는 살인의 특성으로 인하여 억제 효과를 측정한다는 자체가 잘못된 것이기에 억제 효과에 기초한 사형 존폐 여부는 옳지 않다. 다만 영화가 보여주듯 오판과 오심의 우려와 국가가 사형이라는 미명으로 국민을 살해하는 도덕적 문제 등으로 많은 경우 사형 대신에 가석방이 없는 종신형으로 대체하기도 한다.

영화 속 범죄 코드 5 :
기업범죄 중 가장 빈번하게 발생하는 분야는 제약업계

기업범죄에 대한 영화는 많다. 「도망자」에서도 막강한 힘을 가진 제약회사의 범죄가 내포되어 있다. 범죄학에서는 범죄의 유형을 여러 가지로 나누고 있는데 그중에서 전통범죄와 가장 차이가 많은 범죄의 하나가 바로 개인이 아닌 기업에 의한 범죄다. 그중에서도 이런 범죄가 가장 빈번하게 발생하는 분야가 바로 제약업계라고 한다. 신약 개발에는 긴 시간과 많은 자금이 소요되기 때문에 이런 시간과 자금을 줄이기 위한 각종 편법과 불법이 성행하기 때문이다.

그런 제약업계의 불법에 대해서 리차드가 신약의 위험성을 고발하려고 하자 그를 침묵시키기 위하여 청부살인까지 동원하지만 실수로 그가 아닌 그의 아내를 죽였던 것이다. 여기서 기업의 최고경영진의 청부살인과 살인교사 등 음모까지 합하면 기업의 범죄는 개인의 범죄와는 비교도 안 되게 스케일이 큰 편이다.

참고 자료

- https://en.wikipedia.org/wiki/The_Fugitive_(1993_film)
- https://www.rogerebert.com/reviews/the-fugitive-1993
- https://www.telegraph.co.uk/culture/film/filmreviews/10468286/The-Fugitive-review.html
- https://www.hollywoodintoto.com/fugitive-review-25-anniversary
- https://www.latimes.com/archives/la-xpm-1993-08-06-ca-20803-story.html
- https://filmotomy.com/rewind-1993-in-film-the-fugitive
- https://www.filminquiry.com/film-analysis-fugitive-layers-meaning
- https://ew.com/article/1993/08/13/fugitive-2
- https://tvtropes.org/pmwiki/pmwiki.php/Film/TheFugitive

쇼생크 탈출

The Shawshank Redemption, 1994

새들이 비상하는 그 기쁨을 빼앗는 것은 죄악이다

부디 국경을 무사히 넘을 수 있기를 희망한다. 내 친구를 만나 따뜻한 악수를 할 수 있기를 희망한다. 태평양이 내 꿈에서처럼 푸르름으로 가득하기를 희망한다. 나는 희망한다.

「쇼생크 탈출」은 1982년 스티븐 킹Steven King의 소설 『리타 헤이워드와 쇼생크 탈출Rita Hayworth and Shawshank Redemption』을 토대로 프랭크 다라본트Frank Darabont, 1959~가 감독한 1994년도 미국 영화다. 팀 로빈스Tim Robbins, 1958~와 모건 프리먼Morgan Freeman, 1937~이 주연을 맡았다.

「도망자」의 리차드처럼 「쇼생크 탈출」의 앤디 듀퓨레인Andy Dufresne, 팀로빈스도 아내와 그의 애인을 살해한 혐의로 종신형을 선고받는다. 앤디는 자신의 무죄를 주장했지만 쇼생크주립교도소에 수용되고 그곳에서 매우 모범적으로 생활하지만 궁극적으로 그는 교도소를 탈주한다. 앞에서 「도망자」를 언급했지만 그 영화가 통쾌한 복수에 중점을 두었다면 「쇼생크 탈출」은 삶의 의미를 되찾아본다는 측면이 더 강하다. 이 영화는 잔상이 많이 남을 정도로 아름답다.

정당하지 못한 상황에서
아름다운 탈옥을 꿈꾸다

1947년 미국 메인 주의 포틀랜드에서 유능한 은행 부행장 앤디는 자신의 아내와 그녀의 정부를 살해한 혐의로 종신형을 선고받고 쇼생크주립교도소에 수감된다. 그곳에서 재소자는 인간 대접을 받지 못하고, 재소자끼리 폭행을 일삼는다. 그는 교도소 세탁실에서 교도작업을 하면서 주기적으로 동성애자 재소자들과 그들의 대장으로부터 폭력과 강간을 당한다. 하지만 자동차 사고로 아내를 살해한 혐의로 종신형을 선고받고 수형 생활을 하던 엘리스 레드 레딩Ellis Red Redding, 모건 프리먼과 친해지면서 교도소 생활에 적응하게 된다. 한편 레드는 교도소 내 모든 물건을 구해주는 역할로 앤디는 그에게 바위를 깨는 해머와 리타 헤이워드Rita Hayworth, 1918~1987의 대형 포스터를 부탁한다.

1949년 어느 날, 앤디는 바이런 해들리 교도관이 자신에게 부과된 상속세에 불만을 토로하는 것을 듣고 세금을 합법적으로 절감하도록 도와주겠다고 제안한다. 그래서인지 몰라도 동성애자들과 그들의 대장에게 거의 죽을 뻔할 정도로 폭행을 당한 앤디를 본 해들리는 대장을 난폭하게 폭행한 뒤 다른 교도소로 이감시킨다. 더 이상 앤디에 대한 폭행은 일어나지 않는다. 교도소장 워드 노튼은 앤디를 도서관으로 재배치하고 고령 수형자 브룩스 히틀렌을 돕도록 한다. 그때부터 앤디는 교도소장을 비롯 여러 교도관의 재정문제를 관리하기 시작한다.

그로부터 10여 년의 시간이 지나고 토미 윌리암스라는 이름의 재소자가 강도 혐의로 수감되자 앤디와 레드는 그와 친하게 지내게 되는데 그는 앤디의 도움으로 고교 검정고시에 합격까지 한다. 그러던 몇 년 후, 토미는 레드와 앤디에게 자신이 다른 교도소에 있을 때 동료 한 사람이 앤디 살인사건의 진범은 자신이라고 주장했다는 이야기를 들려준다.

앤디는 이 사실을 교도소장에게 알리지만 그가 듣기를 거부하자 앤디는 소장의 자금세탁을 언급하다 독방에 구금된다. 소장은 교도관 해들리에게 탈주 시도를 가장하여 토미를 살해하도록 명령한다. 이를 알게 된 앤디는 더 이상 소장의 자금세탁을 도와주지 않겠다고 하자 소장은 그렇다면 도서관을 폐쇄하고 그를 더 이상 보호해주지 않을 것이라고 선포한다.

두 달 동안 독방 생활을 끝낸 앤디는 레드에게 자신은 멕시코 해변도시 지후아타네호Zihuatanejo에서 살고 싶다고, 자신의 꿈을 말한다. 그리고 다른 재소자에게 밧줄을 부탁한다. 레드는 앤디의 신상을 걱정하게 된다.

다음 날, 아침 조회에서 교도관은 앤디의 방이 빈 것을 발견한다. 교도소장이 라켈 웰치Raquel Welch, 1940~⊚의 포스터를 향해 돌을 던지자 앤디가 지난 19년 동안 바위를 깨는 해머로 판 터널이 나타난다. 앤디는 동료 재소자에게 부탁했던 밧줄을 이용해 그동안 세탁해온 자금의 증거들인 장부와 서류, 옷과 신발을 가지고 터널과 교도소 배수관을 통하여 탈주했던 것이다.

교도관들이 앤디를 찾는 동안 그는 랜달 스티븐스Randall Stephens로 가장해 여러 은행에서 세탁된 자금을 출금하고, 그동안 교도소에서 벌어진 각종 부패와 살인의 증거들을 지역 신문사로 우송한다. 경찰이 교도소로 출동하여 해들리 교도관을 체포하지만 교도소장은 자살을 선택한다. 그리고 레드도 가석방이 되는데 그는 사회생활에 적응하지 못할까 봐 두려워한다.

도서관을 관리했던 노령의 브룩스가 가석방으로 교도소를 나간 뒤 숙소 벽에 칼로 '브룩스가 여기 있었다'라는 글을 새기고 이 세상을 떠난 일을 알기에 더욱 그런 마음이 들었던 것이다. 레드 또한 브룩스가 있었던 그 방에서 생활하게 되는데 브룩스처럼 익숙했던 교도소 생활로 돌아가고 싶어 가게에 진열된 총을 바라본다. 하지만 앤디가 레드에게 만약 석방이 되면 자신이 아내와 데이트하며 청혼했던 장소에 묻힌 물건을 찾아달라고 부탁했던 것이 마음에 걸려 그 장소로 간다. 그곳에서 앤

⊚ 1960년대 관능미로 많은 인기를 얻은 라켈 웰치는 미국의 배우이자 가수다. 「쇼생크 탈출」에서 앤디의 포스터는 바뀌는데 이것은 시간이 흘러가고 있다는 것을 보여주기 위함이다.

디가 묻어둔 철통 하나를 찾은 레드는 약간의 현금과 편지를 발견한다.

친애하는 레드에게

당신이 이걸 읽는다면 출감했다는 뜻이고, 여기까지 왔다면 좀더 멀리 갈 수도 있겠죠. 내가 말한 동네 이름, 기억하죠? 제 계획을 실행하려면 도와줄 수 있는 유능한 사람이 필요해요. 체스판을 준비해놓고 기다릴 게요, 레드.

기억해요, 레드. 희망은 좋은 거예요. 아마 가장 좋은 것일지도 몰라요. 그리고 좋은 건 절대 사라지지 않아요. 이 편지가 당신을 잘 발견하길 바라고, 당신이 안녕하길 바랍니다.

당신의 친구 앤디가

레드는 자신의 숙소에 '브룩스가 여기 있었다'라는 글 밑에 '레드도 있었다'라고 쓴 뒤, 멕시코의 해변휴양지 지후아타네호로 가 앤디와 조우한다.

영화 속 범죄 코드 1:
교도소는 세탁소인가? 염색공장인가?

「쇼생크 탈출」에서 읽을 수 있는 범죄 코드 중 가장 확실한 것은 교도소의 부패라고 할 수 있다. 앤디는 자신의 전문 분야인 회계 실력으로 교도소장을 비롯한 교도관들의 재무회계와 세무 문제를 도와주고, 그들의 호의를 독점한다. 결과적으로 교도소 당국과 소장 이하 권위가 부패하는 결과를 초래하게 된다. 교도소장도 앤디에게 자금세탁을 부탁하는데 앤디는 출생증명서와 사회보장증명서까지 있는 가공의 인물 랜달 스티븐스를 만들어 완벽하게 자금세탁을 해준다. 교도관이 재소자의 도움을 받으면 이것이 아킬레스건이 되어 정당하지 않은 특혜를 줄 수밖에 없다. 이로 인해 교도소의 권위는 추락하고 교도관의 부패는 점점 더 심각해진다.

더불어 교도소라는 시설이 재소자의 갱생을 위한 곳인지에 대해 물음을 제기한다. 앤디가 레드에게 자신은 나름 깨끗한 사람이었는데 교도소에 오게 되면서 사기꾼이 되었다고 고백하는 장면이 나온다. 죄를 짓지 않는 사람도 교도소에 있다 보면 죄를 짓게 되는 과정을 습득하거나 혹은 그 안에서 죄를 지을 수 있는 것이다.

교도소가 검은 사람을 하얗게 세탁하고 표백하는 것이 아니라 오히려 하얗던 사람까지도 검게 물들일 수 있는 가능성이 높다고 할 수 있다. 그래서 일부는 교도소가 세탁소인지 아니면 염색공장인지 본문의 역할을 확실히 하라고 비평하곤 한다.

흔히들 소년원을 범죄대학, 교도소를 범죄대학원이라고 부르는 것이 바로 이런 이유며, 이런 현상을 학계에서는 범죄학습이라고 한다. 이는 교정, 특히 시설 수용의 부정적 폐해로 지적되지 않을 수 없다.

교도소의 재소자에 대한 부당한 처우도 간과해선 안 된다. UN에서도 '최저준칙'을 만들어 재소자에 대한 처우에 있어서 지켜야 할 최저의 기준을 정하고 있는데 그중 하나가 비정상적이고 잔인한 처벌을 엄격히 금하고 있다. 독방에 구금하는 등 징벌을 가하거나 교도관에 의한 재소자에 대한 폭력 행사 그리고 소장이 교도작업을 통하여 사익을 챙기는 등 재소자의 노동력을 불법으로 착취하는 행위는 전면 금지돼야 한다. 교정당국의 이런 행위들은 엄연히 불법적이거나 부도덕하고 비윤리적이라는 지적을 받아야 할 것이다.

영화 속 범죄 코드 2 :
교도소 사회와 그 안에서의 체계와 역할

영화에서 찾을 수 있는 범죄 코드 중 또 다른 하나는 교도소에서의 재소자 사회와 그 안에서의 체계와 역할이다.

사회학자인 어빙 고프먼Irving Goffman, 1922~1982은 교도소가 일종의 '전체적 제도total institution'로서 그 안에는 일반사회와 마찬가지로 그들 나름의 사회체계가 있고 구성원 각자의 역할도 있다고 주장한다.

「쇼생크 탈출」에서 앤디를 괴롭힌 시스터즈sisters들은 흔히 교도소 내 동성애자들을 일컫는 말이며, 그중에서도 '고릴라'라고 하여 남성 역할을 하는 동성애자가 있다. 이 외에 레드와 같은 장사꾼도 있으며, 앤디와 같은 바른 사람도 있다. 이들의 부문화에선 다양한 은어나 속어들이 영화에 나오는데 신입수용자를 '프레시 피시fresh fish'라고 부르기도 한다.

교도소 내에서의 수형자 사회와 그 속에서의 사회체계 및 수형 생활 적응에 관하여 교정학에서는, 교도소화prisonization라는 용어로 설명하고 있다. 교도소는 자유가 박탈된 형벌의 장소이기에 재소자 스스로 교도소 생활에 적응해야 한다. 마치 우리가 사회생활을 하는데 필요한 가치, 규범, 행동양식 등을 학습하고 자신의 것으로 내재화internalization하는 것을 사회화라고 하듯이 교도소에 수감된 재소자들이 수형 생활에 필요한 규범 등을 내재화하는 것을 교도소화라고 하는 것이다.

누구는 이런 교도소화가 전형적인 범죄자들이 교도소 밖에서부터 안으로 가지고 들어온 하위문화의 결과라고 하고Importation model, 누구는 교도소 수형 생활이 요구하는 각종 박탈에 대한 생존하기 위한 노력의 결과Deprivation Model라고도 설명한다. 영화의 주인공 앤디의 경우라면 박탈의 결과가 더 적합한 이유라고 할 수 있을 것이다.

영화 속 범죄 코드 3 :
재소자들의 교도작업

「쇼생크 탈출」에서 재소자들은 교도소 안뿐만 아니라 밖에서도 일을 한다. 교도소 내에서 재소자들은 교도작업이라는 이름으로 컴퓨터, 자동차 정비, 목공 등 다양한 작업을 수행하는데 이는 재소자의 교화 개선과 사회복귀 시 필요한 자금을 마련하기 위해 그리고 행형 경비를 충당하는 역할을 한다.

이뿐만 아니라 영화 속 교도소장은 '인사이드-아웃Inside-Out'이라는 프로그램을 통해 재소자들을 교도소 밖으로 보내서 일을 시키는데 이런 프로그램을 공식적으로는 '외부통근furlough'이라고 부른다. 이 또한 교도작업과 마찬가지로 교도소와 재소자에게 재정적 기여를 하고 재소자의 사회복귀에 도움을 주기 위해서다.

영화 속 범죄 코드 4 :
자유 박탈 정도에 따른 교도소의 분류

앤디가 탈주한 후 레드도 가석방된다. 물론 보호관찰이라는 조건이 있는 석방이었다. 이를 대표적인 사회 내 처우 또는 지역사회 교정이라고 한다. 자유형 집행 과정은 만기출소, 즉 재소자에게 주어진 자유형의 형기를 마쳐야 출소하는 것이 원칙이지만 대부분의 재소자가 만기 이전에 소위 가석방 등을 통하여 조기에 출소하게 되는데, 이는 과밀 수용을 해소하는 등 교정 관리와 함께 수형자의 사회복귀를 쉽고 빠르게 해주기 위한 목적에서 이뤄지는 것이다.

그리고 일반적으로 사람들은 교도소를 다 같은 교도소로 아는데 사실 교도소도 다양하다는 것을 이 영화는 보여주고 있다. 우리가 알기에 교정 시설은 교도소밖에 없는 것 같지만 사실은 교도소, 구치소, 소년교도소, 소년원 등 다양한 형태의 수용시설이 있으며, 더구나 교도소도 사실은 자유의 박탈 정도와 그에 따른 감시와 보안 등급에 따라 구분되고 있다.

자유의 박탈이 가장 심하고 보안이 가장 엄격한 중重구금교도소에서 가장 약한 경經구금교도소 그리고 그 중간에 중中구금교도소가 있으며, 최근에는 중구금 시설보다 더 엄격한 초중금 시설과 경구금보다 더 가벼운 초경구금 시설을 추가하기도 한다. 영화의 배경이 된 쇼생크주립 교도소는 중구금에 해당하는 시설이다.

참고 자료

- https://en.wikipedia.org/wiki/The_Shawshank_Redemption
- http://articles.latimes.com/1994-09-23/entertainment/ca-41876_1_
  shawshank-redemption
- http://www.supersummary.com/rita-hayworth-and-shawshank-
  redemption/summary
- https://stephenking.wikia.com/wiki/Rita_Hayworth_and_Shawshank_
  Redemption
- https://gointothestory.blcklst.com/movie-analysis-the-shawshank-
  redemption-3abed452460e
- https://www.bethinking.org/culture/the-shawshank-redemption
- https://www.shmoop.com/shawshank-redemption/summary.html
- https://variety.com/1994/film/reviews/the-shawshank-
  redemption-1200438677
- https://geeks.media/the-shawshank-redemption-film-review-and-
  analysis
- https://www.publicjustice.net/solitary-confinement-what-the-
  shawshank-redemption-doesnt-teach-us
- https://blog.oxforddictionaries.com/2014/10/16/fresh-fish-stir-
  shawshank-redemption-prison-slang
- https://ew.com/article/1994/09/23/shawshank-redemption-3

메멘토

Memento, 2000
기억은, 기록이 아닌 해석이다

눈을 감고 있어도 세상은 존재하고, 눈을 감고 있지 않더라도 세상은 존재한다. 나의 기억에 의지해 수수께끼를 풀려고 하면 많은 오류가 발생한다. 하지만 그 기억에 의존할 수밖에 없을 경우, 누구 하나 정확한 사실을 알려주지 않을 경우, 내 몸에 새길 수밖에 없다. 그리고 범죄는 시작된다.

「메멘토」는 2000년 크리스토퍼 놀란이 각본과 감독을 겸한 영화로 과거의 '외상 후 스트레스장애'로 새로운 기억을 형성하지 못하는 한 남자의 이야기를 다루고 있다. 사고 이전의 일들은 기억할 수 있으나 사고 이후에는 아주 짧은 기간만 기억하고 새로운 기억을 형성할 수 없는 전향성선행성 기억상실증anterograde amnesia을 가진 레나드 쉘비Leonard Shelby, 가이 피어스는 자신이 기억할 수 없는 그래서 추적할 수 없는 정보를 파헤치기 위해 자신의 몸에 문신을 새기고, 메모를 하고, 폴라로이드 사진을 찍는 복잡하고 난해한 자기만의 체계를 이용해 자신의 아내를 강간하고 살해한 범인을 찾아나선다. 가이 피어스와 캐리 앤 모스Carrie-Anne Moss, 1967~가 주연을 맡아 열연했다.

「메멘토」는 2017년 '문화적으로, 역사적으로 또는 미학적으로 중요한 것'으로 미국 의회도서관이 선정하여 국립영화등록소에 보존하고 있다. 하지만 「메멘토」는 장면의 연계성이 차례로 이어지지 않고 왔다 갔다 하기 때문에 줄거리를 이해하기 쉽지 않다. 그래서 장면의 연계에 중점을 두면서 설명하는 점 이해하기 바란다.

자신이 진실이라고 믿는 그것이, 과연 진짜일까?

보험수사관인 레나드 쉘비는 모텔 방에서 누군가와 통화를 한다. 그는 자신의 아내를 강간하고 살해한 살인범 중 한 명을 살해했지만 두 번째 범인은 도주했다고 설명한다. 경찰은 두 번째 범인이 있었다는 사실을 받아들이지 않지만 레나드는 도주한 범인의 성이 G로 시작하는 이름을 가진 존John이나 제임스James라고 믿는다.

사실 그는 두 명의 남자로부터 공격을 당해 최근의 기억을 저장할 수 없는 전향성선행성 기억상실증을 앓고 있다. 그래서 레나드는 문신, 폴라로이드 사진 그리고 메모라는 매우 복잡한 체계를 이용하여 자신만의 수사를 진행한다.

보험수사관이었던 점을 이용해 그는 같은 전향성선행성 기억상실증을 가진 새미 젠킨스Sammy Jenkins를 기억해낸다. 남편의 상황을 믿을 수 없는 당뇨에 걸린 새미의 아내는 남편에게 인슐린 주사를 놔달라고 요청한다. 그녀는 남편이 자신에게 이미 인슐린을 주입했다는 사실을 기억할 것이라는 기대를 가진다. 그리고 인슐린 과다 주입으로 사망하기 전까지 남편이 스스로 주입을 중단할 것이라고 믿었다. 그러나 새미는 계속해서 주입했고, 그의 아내는 치명적인 의식불명, 혼수상태로 사망하고 만다.

레나드는 'John G'라는 자동차 번호판을 몸에 문신한다. 자신의 남자친구 지미 그랜츠Jimmy Grantz의 자동차를 몰고 그의 옷을 입고 있는 레나드에게 화가 난 바텐더 나탈리Natalie, 캐리 앤모스는 도드라는 이름의 사나이를 읍내에서 몰아내주면 그 번호판을 사용하게 해주겠노라고 제안한다. 한편 레나드는 나탈리에 대해 경고하는 테디를 만나는데 한 장의 사진이 그를 믿지 못하게 한다. 그리고 나탈리는 테드의 정확한 이름인 '존 에드워드 갬멜John Edward Gammel'이 적힌 운전면허증을 보여준다. 이를 확인한 레나드는 그를 차에 태워 어느 집으로 가 그에게 총격을 가한다.

마지막 부분으로 돌아와서 레나드는 지미를 만나는데, 그가 도착하자마자 그의 목을 조르고 그의 신체를 폴라로이드로 찍는다. 레나드는 지미와 옷을 바꿔 입고 그가 새미라고 속삭이는 소리를 듣는다. 레나드는 새미 이야기를 자신이 만난 사람에게만 이야기했기에 그는 갑자기 지미를 의심하게 된다.

테디가 도착해 지미가 바로 존 G라고 주장하지만 레나드가 믿지 않자 그는 일 년 전에 이미 자신이 레나드를 도와 진짜 살해했다고 말한다. 테디는 존 G라는 이름이 흔하기 때문에 레나드가 다른 무언가를 통해 기억했다가 다시 잊기를 반복한 것이며, 테디 자신도 존 G라는 이름을 가졌음을 지적한다. 더구나 테디는 새미의 이야기는 레나드의 실제 이야기며, 죄의식을 억누르기 위해 레나드가 변형한 기억이라고 주장한다.

그의 설명을 듣고 난 후, 레나드는 의식적으로 지미의 사진을 태우고, 자신이 테디를 믿지 않았어야 했다고 테디 사진 위에 자신에게 보내는 메시지를 적고, 지미의 자동차를 몰고 나간다. 레나드는 자신을 기만한 테디가 두 번째 범인이라고 생각하면서 그를 죽일 계획을 세우고, 테디의 자동차 번호판 번호를 문신하기 위해 문신 가게에 도착하지만 그는 이렇게 되묻는다.

"지금…… 내가 어디 있었지?"

영화 속 범죄 코드 1:
기억에 대한 왜곡이 범행에 미친다면?

「메멘토」가 전하는 핵심 메시지는 레나드 쉘비의 자기 기만이다. 이에 대해서 영화는 '우리들의 기억이 어떻게 우리를 기만하고 속이는가, 혹은 망각의 형태는 우리 자신이 선택한 것으로 과거에 대한 기억을 얼마나 왜곡할 수 있을까'에 대한 물음이라고 할 수 있다.

CHAPTER 7

이런 관점은 영화의 심리학적 분석과도 그 맥을 같이 하는데, 과거에 대한 레나드의 기억이 어느 정도가 사실인지, 어느 정도가 그의 소망과 믿음으로 구축된 것인지에 대한 의문에 직면하게 된다.

심각한 전향성선행성 기억상실증◉을 앓고 있는 한 남자가 아내의 죽음에 대한 미스터리를 풀기 위하여 스스로 추적하고 탐색하면서 거짓과 사실을 구별하고자 노력한다. 주인공 레나드는 강도가 집에 침입해 그에게서 새로운 기억을 형성할 수 있는 능력을 빼앗아가기 전까지 사랑하는 아내를 가진 행복한 남자였다.

그러나 지금의 그는 자신이 작성한 메모, 자신의 몸에 새긴 문신 그리고 직접 촬영한 사진 등 그가 가진 유일한 실마리들만을 가지고 아내의 죽음에 대한 미스터리를 풀어야 한다. 비록 순간순간만 살 수 있지만 그는 아내를 강간하고 살해한 남자에 대한 복수심으로 가득하다. 그와 동시에 그는 자신의 상황이나 조건이 자신을 착취에 취약하게 만들 수도 있다고 잔뜩 경계한다. 그의 전향성 기억상실증과 아내의 살인범을 찾아 복수하려는 여정은 진실, 기억 그리고 의미에 대한 주관적 본성과 특성을 잘 표출하고 있다.

다수의 의학전문가들은 「메멘토」가 전향성선행성 기억상실증을 가장

◉ 기억상실증은 이 영화에서 다루어지는 전향성(선행성) 기억상실증과 후향성(역행성) 기억상실증(Retrograde amnesia)으로 구분되는데, 전향성(선행성) 기억상실증은 기억을 상실하기 전까지의 과거는 기억하나 사고 이후부터의 사건을 기억하지 못하는 즉, 새로운 기억을 받아들일 수 없는 경우인 반면에, 후향성(역행성) 기억상실증은 새로운 기억은 받아들일 수 있으나 이전 기억을 기억하지 못하는 경우다.

현실적이고 정확하게 묘사한 영화 중 하나로 인정한다. 영화 속에서 상이한 기억체계를 가장 정확하게 표현한 결과 미국 국립정신건강연구원의 신경면역프로그램 책임자조차도 기억에 관한 신경생물학을 거의 완벽하게 설명했다고 극찬했다고 한다.

대부분의 유사한 장르의 영화와는 달리, 「메멘토」의 주인공이 직면했던 어려움은 소위 외상 후 전향성선행성 기억상실증으로 이런 증상을 가진 사람은 자신의 정체성을 잃지 않는다. 그리고 후향성역행성 기억상실증처럼 새로운 기억을 받아들일 수도 없다. 매일 이런 장애와 연관된 기억의 어려움을 겪으며 영속적으로 현재를 살아갈 수밖에 없다.

영화 속 범죄 코드 2 :
취약한 상태에 빠진 사람을 조종해 살인을 교사하다

「메멘토」는 전향성선행성 기억상실증을 다루고 있어서 심리극이나 심리추리극 정도로 이해하기 쉬우나 사실은 범죄영화가 가지는 거의 모든 전형적인 관점, 즉 살인과 폭력 그리고 성性과 음모를 다 보여주고 있다. 이런 요소들이 결합해 전형적인 범죄영화보다 더 스릴이 넘친다고 할 수 있다.

영화 속 부패한 경찰관은 주인공이 전향성 기억상실증을 앓고 있다는 점을 악용하여 그로 하여금 자신의 표적을 살해하도록 조종하는 음모를 꾸몄고, 그 결과 주인공은 마치 자신의 아내를 살해한 범인에게 보복하는 것처럼 살인을 행한다. 이 안에는 음모, 교사, 살인 그리고 폭력이 함축되어 있다.

이 영화를 통해 우리는 누군가가 전향성 기억상실증을 가진 사람을 조종할 수 있다는 것을 확인할 수 있다. 레나드 셸비는 자신이 이용당하고 조종당하고 있다고 의심하지만 확신을 얻지 못한다. 오랫동안 그 생각을 지속시키지 못하기 때문이다. 영화 속에서 그가 얼마나 취약한 상태에 놓여 있는지를 보여주는 장면이 있다. 바로 지역 마약 거래상의 여자친구이자 술집의 바텐더인 나탈리가 레나드 자신을 포함한 모든 손님들이 침을 뱉은 맥주를 한 모금 마시게 한다. 그는 몇 분 전 맥주 잔에 손님들이 가래를 뱉는 장면을 직접 보고도 그것을 기억하지 못하고 그 잔에 입을 댄다.

결국 이 장면은 전향성 기억상실증을 앓고 있는 사람은 그와 같은 역겨운 짓거리까지도 얼마든지 쉽게 조종당할 수 있음을 보여주기 위함이다. 범죄학적 측면에서 본다면, 이런 사람들을 조종하여 거의 모든 범죄행위를 교사할 수 있다는 것을 짐작케 한다. 실제로 영화에서도 부패한 경찰관이 마약범죄자를 처치하기 위하여 레나드를 이용했던 것이다.

사실 영화 속 모든 이야기의 중심은 바로 기억상실이며, 기억상실은 다름이 아닌 외상 때문이다. 여기서 우리는 또 한 번 '외상 후 스트레스 장애'라고 하는 복병을 만나게 된다. 당연히 이 PTSD는 범죄와 범죄학에서 꽤나 단골손님으로 등장하고 있다. 특히 경찰이나 교도관, 소방관 등은 살인, 방화, 자살 등과 같은 끔직한 사건을 경험한 후 다양한 심리적 충격과 고통을 받는다. 그것으로 인한 스트레스가 그들의 직무와 사생활, 심지어 조직에 영향을 미친다. 실제로 심각한 외상을 입은 사람들은 그에 따르는 심리 분석과 상담을 받는다.

영화 속 범죄 코드 3 :
2차 피해자와 그 영향으로 일어난 잔물결 효과

사실 피해자와 관련하여 살인이나 성폭력 범죄의 피해 당사자는 물론이지만 피해자 가족이 겪게 되는 영향, 이름하여 간접피해 또한 적지 않다. 피해자학에서는 이런 간접 피해자들을 '2차 피해자secondary victim'라고 하며 이들이 겪는 피해를 흔히 '잔물결 효과Ripple effect'라고 한다.

2차 피해자는 범행 현장에 있었거나 범행을 목격한 결과로 부상을 당한 사람, 또는 미성년 피해자의 보호자나 부모 등을 일컫는데, 실제로 성폭력에 관한 범죄 피해자의 가족, 배우자, 파트너 그리고 살인범죄 피해자 가족들 또한 사실상의 2차 피해자라고 할 수 있다. 그리고 범죄가 이들에게 미치는 그 '잔물결 효과'에 대한 관심과 배려가 절실하게 요구되고 있다.

「메멘토」에서는 아내의 강간과 살인으로 전향성 기억상실증에 걸린 주인공의 그 이후의 이야기를 담고 있는데 이것은 2차 피해자의 심각성을 경고하는 것이기도 하다.

영화 속 범죄 코드 4 :
정신이상의 경우 범죄의 책임이 누구에게 있는가?

우리는 이 영화에서 주인공 레나드가 폭력을 행사하고 살인을 저지르는데 그 책임을 그에게 물을 수 있는지를 검토해야 한다. 이는 범죄학에서 심각하게 다뤄져야 하는 범죄의 책임 문제와 직결되기 때문이다. 범죄의 원인이 만약 영화의 주인공처럼 외상으로 인한 스트레스장애로 인한 것이라면 '정신이상으로 인한 책임 조각Insanity Defense'이라는 주장이 논의될 수도 있을 것이다.

하지만 사실 그는 자신의 정체성을 분명하게 인식하고 있었다. 그리고 아내를 살해한 범인에 대한 보복으로 4명이나 살해했다면 당연히 사전에 계획한 범행 의사가 분명한 일급 살인이어야 한다. 그렇다면 그에 대한 책임도 분명해진다. 다만 엄청난 정신적 손상을 경험하게 되면 고통과 죄책감을 참기 위한 대안으로 현실을 재구성하도록 강요를 받는데 이때 마음 상태가 분열되고 만다. 「메멘토」는 이런 점을 잘 보여주기 때문에 전향성 기억상실증에 걸린 범행에 대한 책임 소재는 논란이 될 수도 있다.

특히 이 영화는 범죄의 책임 소재를 가리려는 논쟁을 더욱 복잡하게 하는데 바로 부패한 경찰관의 존재와 역할 때문이다. 분명 레나드가 4명을 살해하지만 사실 사복경찰 테디가 레나드의 상황을 잘 알고 이를 악용해 벌인 일이기 때문이다. 레나드가 살인에는 가담했지만 그 원인이 테디의 사적 이익을 얻기 위해 조종한 결과라면 우선 테디는 레나드에게 살인을 교사한 혐의가 붙는다.

　물론 이런 전후 사정 없이 레나드가 단독으로 4건의 살인을 행했다면 그는 연쇄살인 혐의에서 자유롭지 못할 것이며, 그의 행동은 정상이 아니라 일종의 반사회성 인격장애자인 소시오패스라고 구분할 수 있다. 특히 레나드가 외상 후 스트레스장애로 인해 '피해망상증 편집증 paranoid' 속에서 살고 있다면 문제는 더욱 복잡해진다.

참고 자료

- https://en.wikipedia.org/wiki/Memento_(film)
- https://www.theguardian.com/film/2000/oct/20/1
- https://www.thisisbarry.com//film/memento-2000-movie-plot-
  simplified-ending-explained
- https://www.neuropsyfi.com/reviews/memento
- https://www.imdb.com/title/tt0209144/plotsummary
- https://www.the-philosophy.com/memento-review
- https://auralcrave.com/en/2019/03/31/memento-explained-a-
  detailed-analysis-of-plot-and-meaning
- https://www.chicagotribune.com/news/ct-xpm-2001-04-13-
  0104130325-story.html

CHAPTER
08

멈추지 못하다

–

숨길 수 없는
본능의 실체

텍사스 전기톱 연쇄살인사건

The Texas Chainsaw Massacre, 1974
누가 살아남을 것인가? 무엇이 남겨질 것인가?

왜 만들었을까, 하는 의심이 드는 영화를 자세히 살펴보면 의외로 허를 찌르는 교훈과 암시가 많다. 이 영화가 그렇다. 공포스럽고 기괴하고 불쾌한 느낌이 나지만 이면에 숨은 이야기들은 우리를 새로운 인식의 세계로 이끈다. 그리고 할아버지의 농장에는 할머니가 없었다.

「텍사스 전기톱 연쇄살인사건」은 동일하거나 유사하거나 아니면 전혀 다른 제목으로 여러 편에 걸쳐 영화로 만들어진 공포영화다. 이 영화는 1974년 처음으로 토브 후퍼Tobe Hooper, 1943~2017가 감독했으나 그 이후 여러 차례에 걸쳐서 리메이크되었다. 그리고 이 영화에 출연한 배우들은 평범한 학생들을 캐스팅했는데 최대한 리얼리티를 주기 위해서라고 한다. 이 시리즈의 주요 내용은 외딴 곳으로 여행을 떠난 젊은이들이 살인마에게 살해를 당하는 것이다.

이 영화가 아이디어를 얻은 사건은 텍사스가 아니라 위스콘신에서 벌어진 연쇄살인사건이며 영화가 주유소 고객을 납치했다고 하지만 실제로는 가족이 운영하는 농장을 찾은 방문객들을 표적으로 연쇄살인이 행해졌다. 물론 영화에선 살인마 가족이 운영하는 주유소의 고객들을 납치하는 식인가족에 관한 이야기가 펼쳐진다.

영화에서 가장 대표적인 인물은 레더페이스Leatherface다. 가죽가면을 쓰고 있어 붙여진 이름인데 그것은 사람의 피부로 만든 가면으로, 그는 피로 젖은 도살업자의 앞치마를 두르고 전기 사슬 톱Chainsaw을 휘두른다.

이 영화는 공포실화라고 광고하지만 사실 실제 사건을 그대로 묘사한 것은 아니다. 연쇄살인마 에드 게인⑨에게서 영감을 받았다고 한다. 영화비평가들은 「텍사스 전기톱 연쇄살인사건」이 미국에서 가장 영향력 있는 공포영화라고 평하고 있다.

실제 에드 게인을 대표하는 엽기 행각인 무덤에서 시체를 파내는 장면은 영화에 나오지 않지만 레더페이스가 고기를 걸어두는 걸개에 피해자를 찔러서 공포에 질린 피해자를 들어올리는 장면은 에드 게인 사건에 대한 경찰보고서에서 그대로 따왔다고 한다.

사실 이런 잔인성 때문에 다수의 나라에서 개봉하지 못하거나 관람을 제한하기도 했다. 특히 영화의 잔인성에 대한 비난이 고조되자 상당수의 극장에서 상영을 중단하는 사태가 벌어지기도 했다. 하지만 후에 영

⑨ 에드 게인은 시체애호가로서 무덤에서 시신을 파내 엽기행각을 벌이다가 후에 여성을 중점으로 살해한 연쇄살인범이다.

화 사상 가장 영향력이 있고 최고의 영화 중 하나로 평가받았다고 한다.

「텍사스 전기톱 연쇄살인사건」은 에드 게인에서 영감을 받았다고 하는 「양들의 침묵」이나 「사이코Psycho」보다 더 괴이하고, 더 세상 물정 모르는 괴팍한 에드 게인의 이상한 삶과 생활을 담았다고 한다.

실제 사건에서 영감은 받았을지라도, 이 영화는 실제 사건을 다룬 것은 아니다. 관객을 끌어들이기 위해서 당시 월남전으로 인한 반전운동이나 시장자본주의 팽창에 대한 논쟁 등 당시대의 정치적 분위기에 대한 미묘한 비평이라고 홍보했을 뿐이다.

밑도 끝도 없이 전기톱을 들이대며 사람을 죽이는 살인마와 그 가족들

영화는 오래된 농장이 딸린 농가를 가던 도중 시체애호 식인가족의 희생양이 된 한 집단의 친구들을 쫓는 것으로 시작한다. 샐리는 남자친구인 제리와 남동생 프랭클린, 친구인 팸과 커크와 함께 무덤 훼손과 도굴 사건을 조사하기 위해 할아버지 농장으로 떠난다. 차로 몰고 가던 중 자신의 가족이 옛 도살장에서 일을 했다고 말하는 무임편승자Hitchhiker를 태우는데 그가 갑자기 프랭클린을 해치자 친구들은 그를 강제로 하차시킨다.

주유하기 위해 한 주유소에 들르지만 저장된 휘발유가 없어 휘발유가 배달되면 다시 오기로 하고 농장으로 간다. 커크와 팸은 휘발유를 얻기 위해 인근의 농가로 향하는데 그곳에서 레더페이스가 갑자기 나타나 커크를 살해하고 팸을 사람의 뼈로 만든 가구로 가득한 방에 가둔다. 팸이 도망치려고 하자 레더페이스는 그녀를 고기를 매다는 걸이에 매달아 올려놓는데 그곳에서 레더페이스가 커크를 전기톱으로 도살하는 장면을 보게 된다.

제리는 팸과 커크가 나타나지 않자 그 농가를 찾아가는데 그곳에서 냉동고 안에 갇힌 팸을 발견하지만 레더페이스는 제리를 살해한다. 어둠이 깔리자 샐리와 프랭클린은 친구들을 찾아나서는데 레더페이스가 살고 있는 농가에서 친구들 이름을 부르자 레더페이스가 불쑥 튀어나와 전기톱으로 프랭클린을 죽인다.

팸은 2층 창문으로 뛰어내려 주유소로 도망친다. 주유소 주인은 그녀를 도와 진정시키고는 그녀를 묶고 트럭에 태워 레더페이스의 동생으로 알려진 무임편승자와 동시에 그 집에 도착하게 된다. 무임편승자는 그녀를 알아보고 조롱하고 비웃는다. 남자들이 샐리를 묶고 조롱하는 동안 여장을 한 레더페이스가 저녁을 준비한다. 무임편승자와 레더페이스는 위층에서 생기를 잃은 한 사람을 끌어내리는데 그는 바로 샐리의 할아버지였다. 도살장 최고의 기술자인 할아버지로 하여금 샐리를 살해하도록 시키려는 것이다. 샐리가 무사히 탈출할 수 있을지는 영화를 통해 확인하기 바란다.

영화 속 범죄 코드 1 :
자본주의가 존재하는 한 범죄는 사라지지 않는다

「텍사스 전기톱 연쇄살인사건」는 공포영화지만 우리에게 주는 교훈이나 암시는 다양하다. 가장 먼저 그리고 빈번하게 제기되었던 평가는 바로 이 영화가 당시대 미국의 사회와 사람들의 삶을 비판적으로 또 비유적으로 표현했다는 것이다. 알프레드 히치콕Alfred Hitchcock, 1899~1980의 「사이코」와 같은 공포영화는 베트남 전쟁과 워터게이트 스캔들로 인해 권위에 대한 정당성이 의심을 받는 미국 사회 문명화 과정의 기본적인 타당성에 대한 의문을 제기한 것이라고 받아들이는 사람들이 많다. 특히 「사이코」가 기성사회의 불합리성에 대한 새로운 면의 탐구를 시작했다면 「텍사스 전기톱 연쇄살인사건」은 한 발 더 나아갔다고 할 정도로 당시의 이 영화는 매우 높은 평가를 받았다.

레더페이스와 그의 가족들은 산업자본주의의 희생양으로 그려지고, 도살장 인부로서의 그들의 직업은 기술의 진보로 하잘 것 없는 폐물로 전락하고 만다. 결국 이 영화는 현대사회의 집합적 양심의 표면에서 그리 멀지 않은 바로 아래에 자리한 것처럼 보이는 음성양성의 반대과 부정성의 정신에 초점을 맞추고 있다. 혹자는 이 영화의 식인주의적 자본주의cannibalistic capitalism의 표현을 일종의 금기와 원죄의 이론과 관련하여 설명하기도 한다.

이런 면에서 이 영화는 범죄학 이론 중에서도 갈등이론을 중심으로 하는 신범죄학New Criminology의 한 부분으로서 범죄의 원인을 자본주의 한계와 그로 인한 사회구조적 문제로 야기되는 계층 갈등에서 찾고 있다. 자본주의가 존재하는 한 범죄는 사라질 수 없다는 것이다. 자본주의가 만든 빈부의 격차와 그로 인한 계층 간 갈등과 상대적 박탈감과 좌절 등이 곧 범죄의 원인이라는 것을 지적하지 않을 수 없다.

영화 속 레더페이스 가족의 저녁식사 장면은 전형적인 미국 시트콤 가정을 패러디한 것이다. 주유소 주인은 먹을 것을 제공하는 가부장적 존재고, 살인마 레더페이스는 부르주아 가정주부, 무임편승자는 반항적인 10대로 그려지고 있다.

실제로 영화 관객들은 계층의 차이에서 발생하는 잠재의식적인 통쾌함을 얻는다고 한다. 이렇게 바꿔 생각해보자. 어느 날 다섯 명의 유복한 아이들은 자신들을 바비큐로 만들 수도 있는 노동자 계층 가족들을 우연히 만난다. 그 가족은 자동화가 되기까지는 그 지역 정육점에서 여러 세대에 걸쳐 일을 해왔지만 가축을 보다 인간적으로 도살할 수 있는 더 새롭고 더 빠른 자동화의 발명으로 일자리를 잃었다.

남에게 의존하지 않는 진정한 미국식으로 살아가려는 가족은 실업자이지만 나라가 주는 복지에 매달리지 않고 자급자족으로 생활하기로 한다. 아버지는 길거리 작은 바비큐 도구를 차려놓고 두 아들과 할아버지가 고기를 제공하는 것이다. 여기서 고기란 바로 그 지역을 들르는 관광객으로 자급자족을 원칙으로 하는 가족들에게 관광객은 다른 가축과 다를 것이 없다. 생존을 위해서 그 고기를 먹을 수밖에 없는 것이다.

영화 속 범죄 코드 2 :
왜 남성은 순식간에 죽고, 여성은 잔인하게 죽어야 했는가?

「텍사스 전기톱 연쇄살인사건」은 여성에 대한 폭력이라는 무거운 주제를 다루고 있다. 여주인공이 잔혹하고 가학적인 폭력의 대상이 되는 부분에서 여성 착취 영화가 될 수 있다. 젊은 여성을 구금하고 팔을 부식시킬 정도로 학대와 같은 고문을 한다. 하지만 그녀는 부상을 당할 만큼 고문을 당하지만 어떻게 해서든 그곳을 탈출해 생존자로 남는다.

일부 비평가들은 여성이 생존자로 남는다 해도, 희생자의 남녀 비율이 비슷해 보이더라도, 여자에 대한 폭력으로 가득했다고 주장한다. 그것에 대한 증거로는 세 명의 남자는 순식간에 살해되지만 팸은 잔인하게 살해되고, 샐리는 살아남지만 육체적으로 정신적으로 고문을 겪는다. 여성주의자들은 살해된 여성이 고기를 걸어두는 장비에 걸려 있는 것이 가장 잔인한 장면이었다고 주장하며, 여성을 자신을 보호하고 방어하지 못하는 연약한 존재로 표현하는 폭력영화라고 비판하기도 했다.

영화 속 범죄 코드 3 :
남성 폭력이 난무하는 텍사스에서의 가족이라는 의미

범죄가 남녀에게 균등하게 분포되지 않는 것처럼, 범죄 또한 지리적, 공간적으로 균등하게 분포되지 않는다. 영화가 촬영된 텍사스는 남성 폭력이 난무하는 곳으로 알려져 있다. 아마도 스스로 자신의 자리를 지켜야 하는 외로운 남자의 카우보이 이상이 잠재되어 있는 일종의 민속 통념이라고 할 수 있다. 텍사스 주는 오랫동안 불륜을 저지른 아내를 살해하면 정상참작을 받을 수 있지만 그 반대의 경우라면 정상참작을 받을 수 없다고 한다. 여기서 우리는 여성에 대한 폭력이 일종의 잘못된 통념과 같은 폭력의 부문화 때문이라고도 추정해볼 수 있다.

텍사스에서 여성은 그리 중요한 위치를 차지하지 않는다. 그래서 토브 후퍼 감독은 위스콘신에서 일어난 사건을 텍사스로 바꾼 것은 아닌가 싶다. 영화 속 레더페이스의 가족은 여자를 전혀 고려하지 않았다. 여성적 원칙과 원리를 잃어버리고 남성으로만 이뤄진 가족은 자연의 섭리와 균형을 이루지 못하고 자기들의 농지마저 경작할 수 없기 때문에 사냥꾼이자 살인자가 될 수밖에 없다. 왜냐하면 여성은 가족을 재생산하고 양육하는 존재기 때문이다. 여성이 없는 한 남성은 한자리에 뿌리를 내리지 못하고 소유하고 있는 농지도 경작할 수 없는 존재인 것이다.

영화 속 범죄 코드 4 :
성변태자가 아니다, 다만 시체를 사랑할 뿐이다

반면 「텍사스 전기톱 연쇄살인사건」은 동물애호 또는 채식주의 영화라는 평가도 받는다. 일부 비평가들은 이 영화가 동물의 권리를 주제로 다룬다는 점에서 궁극적인 친-채식주의 영화pro-vegetarianism film로 평가하는 것이다. 농장의 가축처럼 인간이 도살되는 위치에 놓이는 아이러니함 때문일까? 토브 후퍼 감독은 「텍사스 전기톱 연쇄살인사건」을 지각이 있는 존재의 삶과 죽음에 관한 영화라고 자평하기도 했다. 현대사회에서 개인 소외가 심화되고 반려동물의 역할이 중요시되고 있어 동물의 권리와 그 권리의 침해 또는 동물 학대라는 새로운 영역 또는 유형의 범죄를 경험하고 있는 우리에겐 하나의 새로운 암시를 주고 있다.

그리고 시체애호주의cannibalism는 세계 여러 지역에서 보편적이며, 제프리 다머Jeffrey Dahmer, 1960~1994 ⚫와 같은 연쇄살인범들이 해온 관행이기도 하다. 시체애호주의는 무덤을 파고 매장되어 있는 사람이나 동물 등의 뼈나 피부로 가구, 가면, 기타 액세서리 등을 만드는 기행을 일컫는다. 물론 이들이 그렇다고 가학적 성변태자sadistic는 아니며 단지 시체에 흥미를 가질 뿐이라고 한다.

사실 영화가 실존 인물인 에드 게인의 연쇄살인에 영감을 받아 제작된 것이라고 하지만 사실은 다른 점이 많다. 에드 게인은 전형적인 연쇄살인범이다. 학술적으로 살펴본 연쇄살인범은 혼자서 다수의 연쇄적인 살인을 하는 경우를 말하는데 에드 게인은 이런 조건을 충분히 충족시킨다. 반면 「텍사스 전기톱 연쇄살인사건」은 혼자가 아니라 가족이 한 번에 여러 명을 살해하는 그야말로 다중살인이다. 이 영화를 통해서 우리는 연쇄살인과 다중살인의 차이를 알 수 있다.

⚫ 미국의 연쇄살인범으로 1978년부터 1991년에 걸쳐 밀워키 또는 위스콘신에서 17명을 살해하고 시간(시체를 간음)과 사체를 절단한 후 그 인육을 먹기도 했다. 1991년 제프리 다머에게 속아 이상한 약을 먹다 정신을 차린 피해자가 가까스로 탈출해 경찰에 신고하면서 체포됐다. 1992년 그는 징역 957년형을 선고받고 복용하다 동료 재소자와 싸움을 하다 쇠파이프로 맞아 사망했다.

참고 자료

- https://en.wikipedia.org/wiki/The_Texas_Chainsaw_Massacre_
  (franchise)
- https://web.archive.org/web/20090506224934/http://www.ejumpcut.
  org/archive/onlinessays/JC14folder/MassacreWomen.html
- http://www.ejumpcut.org/archive/onlinessays/JC14folder/
  MassacreWomen.html
- http://www.collativelearning.com/TCSM%20-%20film%20analysis.
  html

CHAPTER 8

올리버 스톤의 킬러

Natural Born Killers, 1994

동정이나 죄책감은 전혀 없다, 그저 죽인다

적나라한 폭력을 화려한 영상으로 뒤덮는다고, 그것이 그른 것에서 바른 것으로 되지 않는다. 사랑이라는 터울을 덮어쓰기엔, 그들은 생명을 너무 하찮게 취급했다. 이것이 마지막 살인이라고 말하기엔 그들은 본능적으로 너무도 하등했다.

「올리버 스톤의 킬러」의 원제는 내추럴 본 킬러지만 한국에선 당시 엄격한 심의로 이 영화를 감독한 올리버 스톤 Oliver Stone, 1946~의 이름을 넣어 개봉했다. 반사회적 인격장애를 가진 젊은 커플이 자신들의 우상인 미국의 연쇄살인범 찰스 맨슨Charles Mansion, 1934~2017이 되고자 바라지만 그들이 그렇게 되지 못하도록 예방하려는 제도와 맞부딪히는 이야기를 다룬 이 영화는 폭력과 살인, 성性과 관련된 장면이 많다. 쿠엔틴 타란티노가 각본을 쓰고 올리버 스톤이 감독하고 우디 해럴슨Woody Harrelson, 1961~과 줄리엣 루이스Juliette Lewis, 1973~, 로
버트 다우니 주니어, 토미 리 존스 등이 열연했다.

러브스토리라고 하기엔 너무 잔인하고, 범죄영화라 하기엔 너무 러브러브한

어느 도로변 카페, 믹키Mickey, 우디 해럴슨는 파이를 주문하고, 맬로리
Mallory, 줄리엣 루이스는 다른 사람과 함께 도발적이고 자극적으로 춤을 춘
다. 하지만 그 사람이 맬로리를 성적으로 희롱하자 맬로리는 그를 두들
겨 팬 뒤 믹키와 함께 그곳에 있는 사람을 모두 살해하는데 딱 한 사람
만 남겨둔다. 그 이유는 자신들의 살인을 널리 알려 명성을 높이기 위해
서다.

정육점 배달을 하던 믹키는 배달을 나간 집에서 성적으로 학대를 하
는 아버지와 이를 방기한 어머니 그리고 남동생과 함께 사는 맬로리를
만나는데 그들은 즉시 사랑에 빠진다. 그래서 아버지를 목 졸라 죽이고,
어머니는 불태워 죽인 뒤 남동생을 남겨두고 아버지의 차를 훔쳐 함께
도주한다.

한 호텔에서 여성을 인질로 잡고 결혼식을 올리지만 믹키는 여성 인
질과 함께 혼음하기를 원한다. 이에 화가 난 맬로리는 차를 몰고 주유
소로 가는데 그곳의 정비공을 꼬여 자동차 위에서 성관계를 맺지만 그
가 맬로리가 수배 중인 살인범이라는 것을 인식하자 그를 살해한다. 그
사이 믹키는 인질을 강간한다.

믹키와 맬로리는 뉴멕시코, 아리조나, 네바다 등지에서 55명이나 살해하는데 어릴 적 찰스 휘트먼Charles Whitman, 1941~1966⑲에게 어머니가 살해당한 것을 목격한 후 다중살인에 사로잡힌 형사 잭 스카그네티Jack Scagnetti, 톰 시즈모어가 믹키와 맬로리를 추적한다. 그의 이면에는 매춘여성을 목 졸라 죽게 한 폭력적인 반사회적 인격장애자 즉, 사이코패스라는 사실이 숨겨져 있다.

믹키와 맬로리를 추적하는 사람은 형사뿐 아니라 자신이 운영하는 타블로이드판 언론인인 웨인 게일Wayne Gale, 로버트 다우니 주니어도 있다. 그는 자신의 쇼인 「아메리칸 매니악스American Maniacs」에서 믹키와 맬로리를 분석하면서 그들을 우상으로 만들었다.

믹키와 맬로리는 환각 성분이 있는 야생버섯을 먹은 후 사막에서 길을 잃고 헤매다 사막을 가로질러 어느 목장에 도착하여 그곳에서 나바호 인디안과 그의 손자를 만나 음식과 쉼터를 제공받고 잠든다. 인디언들은 믹키에게 나쁜 귀신이 붙었다며 그것을 쫓겠다며 주문을 외운다. 믹키는 자신을 학대한 부모에 대한 악몽과 환상이 떠오르면서 매우 혼란스러워하는데 이것이 분노로 바뀌어 잠에서 깨자 자신이 무슨 짓을 하는지도 인식하지 못한 채 인디언들에게 총격을 가한다. 총소리에 잠

⑲ 미국 공대생이자 예비역 해병대원으로, 텍사스 주에 있는 텍사스오스틴대학교에서 총기 사건을 일으켜 15명을 죽이고 31명을 부상을 입힌다. 그가 벌인 총기 사건은 버지니아 공대 총기 난사 사건이 일어나기 전까지 세계 최초 교내 총기 사건으로 기록되었다.

이 깬 맬로리가 믹키에게 소리를 지르기 시작하는데 이때 처음으로 살인 이후에 죄책감을 느끼게 된다.

바로 현장에서 도망치다가 거대한 방울도마뱀에게 물리는데 약을 구하기 위해 찾아간 약국에서 믹키를 알아본 약사가 무음의 경보기를 눌러 경찰과 웨인 게일의 쇼 스태프가 도착하고 맬로리가 붙잡힌다. 그리고 경찰과 믹키 사이에 총격전이 벌어지는데 마침 현장에 도착한 형사 잭이 항복하지 않으면 맬로리의 수족을 절단하겠다고 하자 믹키는 총을 내려놓지만 칼로 그를 공격한다. 경찰이 테이저 총으로 그를 제압하다 복수심으로 가득한 경찰관들이 믹키를 무자비하게 구타하는 것을 방송 스태프가 카메라에 담는다.

일 년이 지난 후, 믹키와 맬로리는 독방에 구금되었으나 정신이상으로 진단되어 곧 정신병원으로 이송될 예정이다. 형사 잭이 교도소에 도착해 교도소장 워든 드라이트 맥클러스키Warden Dwight McClusky, 토미 리 존스를 만나는데 그는 잭에게 이송 도중 믹키와 맬로리가 탈주를 시도하다 죽은 것처럼 살해하라고 제안한다.

반면 웨인 게일은 믹키를 설득해 자신의 쇼에 출연하도록 하는데 인터뷰에서 믹키는 살인이 어떻게 세상을 개화시키는지에 대하여 연설을 하며 자신을 "타고난 살인범Natural Born Killer"라고 주장한다. 그의 연설은 휴게실에서 그의 인터뷰를 보고 있던 재소자들에게 영감을 주어 폭동이 일어난다. 이에 믹키는 교도관을 제압하여 그의 기관총을 빼앗아 웨인 게일과 함께 맬로리에게 가는데 이런 모습이 생중계되고 있었다.

맬로리에 방에 도착한 형사 잭은 그녀를 유혹하는데 이를 강하게 거부하자 다른 교도관이 가스총으로 그녀를 제압한다. 그것도 생중계되고 있는데 이를 본 믹키와 웨인 게일은 교도관을 살해하고 형사도 제압하면서 총격을 가한다. 믹키와 맬로리는 폭동을 틈타 도주하지만 생중계하던 방송 스태프들은 살해된다. 여기서 생존한 웨인 게일은 평생 이런 희열은 처음 느낀다면서 살인을 찬양한다.

끝까지 맞서던 교도소장과 교도관들은 재소자 무리에 의해 즉각적으로 학살을 당하고 믹키와 맬로리는 웨인 게일과 함께 밴을 훔쳐 숲속으로 도주한다. 그곳에서 그들은 카메라를 설치하고 악은 사라지고 사랑이 올 것이며, 그 상징으로 자신들은 아이를 낳을 것이라고 말한다. 그리고 자신들은 게일을 죽임으로써 살인 행각의 끝을 맺을 것이라고 말하며 그를 죽인다. 몇 년 후, 두 아이와 함께 있는 임신한 맬로리가 행복하게 운전하는 모습이 보인다.

영화 속 범죄 코드 1 :
불운한 가정사로 돌릴 수밖에 없는 프로이트의 변명

이 영화에서는 단편적인 범죄학적 코드가 여럿 나온다. 영화를 보며 가장 핵심적으로 인식하는 개념 중 하나는 '반사회적 인격장애자, 즉 사이코패스'다. 영화의 주인공인 믹키와 맬로리는 연쇄살인과 다중살인을 일삼고, 피해자에게 동정과 죄의식을 느끼지 못하는 잔인성 등으로 전형적인 사이코패스의 조건을 다 갖췄다. 흥미로운 점은 이들을 수사하고 체포해야 하는 형사마저도 매춘여성에게 폭력을 행사해 숨지게 한 사이코패스라는 것이다.

그리고 그들이 그렇게 된 이유는 불운한 가정사에서 찾아볼 수 있다. 「올리버 스톤의 킬러」의 주인공 믹키는 가정폭력을 행사하는 가정 안에서 자랐고, 맬로리는 성적으로 학대하는 아버지와 그것을 방기하는 어머니 사이에서 자랐다. 믹키의 아버지는 아들이 보는 앞에서 스스로 목숨을 끊었으며, 형사의 어머니는 아들이 보는 앞에서 총기살인범에게 죽임을 당했다.

이 영화는 주인공의 살인 행각의 근원이 역기능적 가정과 가족에 있음을 주지시킨다. 하지만 일부는 영화의 이런 메시지가 아동학대와 가정폭력에서 연쇄살인의 근원을 찾는 것은 바람직하지 않으며, 이 또한 보수주의적 관점에서 나온 낡은 주장이라고 반박하기도 한다. 그리고 자신들의 나쁜 행위를 불운한 가정사로 돌려 해명하는 것을 우리는 '프로이트식 변명Freudian Excuse'이라고 한다.

영화 속 범죄 코드 2 :
타고난 폭력과 병리화된 폭력 사이의 갈등

이 영화의 원제는 내추럴 본 킬러다. 해석하면 생래적 또는 타고난 살인범이라고 할 수 있다. 과연 살인자는 태어날 때부터 그런 기질을 가지고 태어나는가? 혹은 살면서 만들어지는가? 이 물음에 대한 해답은 쉽게 나오지 않을 것이다. 아직도 범죄학계에서는 'Nature vs Nurture', 즉 유전인가 양육인가의 논쟁을 지속하고 있다.

물론 「올리버 스톤의 킬러」에선 유전 쪽에 무게를 두고 있다. 영화를 보다 보면 이런 대사가 나온다.

"신의 모든 창조물은 어떤 형태이건 폭력을 행하는데, 자연의 세계에서 약육강식이 행해지는 것처럼, 늑대는 왜 자신이 늑대인지 모르고, 사슴은 왜 자신이 사슴인지 알 수 없으며, 신이 그렇게 만들었을 뿐이다."

그러나 다른 한편으로 폭력문화가 병리적 환경pathological environment 때문이라고 하여 '타고난 폭력'과 '병리화된 폭력' 사이의 갈등을 보여주기도 한다.

영화 속 범죄 코드 3 :
사법 부패와 불공정한 처사 그리고 스톡홀름증후군

「올리버 스톤의 킬러」의 마지막을 장식하기 위해 믹키와 맬로리는 교도소를 탈주한다. 그렇게 될 수 있었던 배경은 물론 재소자들의 난동 덕이었다.

교도소에서 가장 심각한 교정 사고가 바로 난동과 그로 인한 재소자의 도주라고 할 수 있는데, 이 영화에선 이 두 가지를 다 보여준다.

한국에서도 영등포교도소를 탈출했던 지강헌 일당이 있었지만 탈주는 말처럼 쉬운 것이 아니다. 그리고 폭동의 원인은 다양하지만 영화에선 교도소장 등 교정당국의 부조리와 부패 또는 권력의 남용과 학대가 한몫을 하는 것으로 나온다. 영등포교도소 탈주범 지강헌마저도 그 유명한 "유전무죄, 무전유죄"라는 명언을 남기는데, 바로 사법 부패와 불공정을 지적한 말이며, 이런 시각이 이 영화의 핵심 주제이기도 하다.

그리고 언론인 웨인 게일은 교도소 내에서 일어나는 살상을 보고 비로소 자신이 살아 있는 것 같다고 소리를 지르는데 이는 그가 '스톡홀름증후군'에 걸렸기 때문이다. 인질이 자신을 잡고 있는 인질범에 동조하게 되면서 생기는 증상인데 인질의 억류 시간이 길어질수록 불안해진 자신을 달래기 위해 인질범에게 동조하는 기류를 보인다. 그것이 자신을 보호하고 지킬 수 있다고 착각하기 때문에 생기는 것이다. 한편 「올리버 스톤의 킬러」에선 인질은 재소자고, 인질범은 아마도 교도소와 교도관이라고 볼 수도 있다.

영화 속 범죄 코드 4 :
그저 따라하고 싶었다, 모방범죄의 폐해

영화가 사회와 관객에게 미치는 영향은 다양할 수 있는데, 범죄영화가 미칠 수 있는 영향은 아마도 범죄학습과 그로 인한 모방범죄라고 할 수 있을 것이다. 「올리버 스톤의 킬러」가 상영되고 얼마 지나지 않아서부터 수많은 살인범들을 자극하게 되었고, 그 결과 미국 내 고등학교에서 총기 난동 사건이 일어나 많은 비판을 받았다.

텍사스의 한 10대는 동료 학생을 총살한 후 그 이유에 대해 '내추럴 본 킬러'처럼 유명해지고 싶었다고 답하기도 했다. 계부를 비롯 가족을 살해한 유타의 한 소년도 사건 직전까지 이 영화를 열 번이나 볼 정도로 빠졌으며 다른 10대 커플의 범행도 이 영화를 보고 난 후 저질렀다고 자백했다.

결국 피해자 가족은 「올리버 스톤의 킬러」를 만들기 전에 범행을 유발하거나 자극할 수 있다는 점을 인식하고 있어야 한다며 올리버 스톤 감독과 영화사를 상대로 소송을 제기하기도 했다. 총기 난사 사건 등 여러 총격 사건 등의 다중살인은 이 영화로 인한 일종의 모방범죄였던 것이다.

영화 속 범죄 코드 5 :
현대사회에서 폭력은 하나의 문화이기도 하다

아마도 지금처럼 사람들이 범죄에 대한 관심이 높았던 적은 없었을 것이다. 특히 세계적으로 최고의 인기를 누리는 영상물은 CSI와 같은 범죄 관련 내용들이 차지하고 있다. 이 영화 속의 주인공은 자신들의 우상인 연쇄살인범 찰스 맨슨이 되고자 바라면서 자신들을 영웅으로 만들고 있다. 이를 거드는 주최는 언론이다.

전 국민이 다 알 정도로 잔인한 살인 행각에도 언론은 그들의 행동을 생중계한다. 범죄에 대한 비난보다 그들을 우상시하는 젊은이들의 모습은 이 영화의 역설이라고도 할 수 있다.

이런 현상에 대해 학자들은 대중매체에 폭력이 많이 노출되면 폭력에 둔감해지기 때문이라고 설명하고 있다. 따라서 영화는 단순히 살인에 관해서만이 아니라 그들이 어떻게 언론을 충전시키고 대중을 자극하는가에 관한 것이기도 하다. 「올리버 스톤의 킬러」은 대중매체와 범죄의 관계를 다시 한 번 생각하게 만드는 영화라고 할 수 있다.

이와 관련해서 일부는 서구 사회와 문화는 폭력을 지나치게 극단적으로 끌고 가는 측면이 많은 점을 빗대 '서구 문화 속에서의 폭력Violence IN Western culture'이 아니라 '폭력으로서의 서구 문화Violence AS Western culture'로 표현하고 있다. 즉, 폭력이 제도에 의해서 야기된 것이 아니고, 폭력이 제도에서 전래되는 것도 아니고, 오히려 폭력이 곧 제도Violence IS the system라는 것이다. 결국 현대사회에서 폭력은 하나의 문화이기도 하다는 면에서 문화범죄학이 출현했다. 그리고 문화범죄학에서는 범죄와 문화의 관계를 '문화로서의 범죄Crime as Culture'와 '범죄로서의 문화 Culture as Crime'로 등식화한다.

영화 속 범죄 코드 6 :
선한 사람은 고통받고 악한 사람은 처벌받지 않은 세상에 대한 비판

영화는 또한 현재의 사법제도가 과연 공정하고 정의롭고 평등한가에 대한 의문을 갖게 한다. 영화의 악몽 같은 환상 속에서는 정의justice도 없고, 원인cause도 없으며, 결과effect도 없다. 선한 사람은 고통을 받고, 악한 사람은 처벌되지도 않는 세상으로 연출된다. 그래서 우리 사회의 범죄는 가해자도, 피해자도 아니라 오히려 그들이 속해 있는 사회, 정치, 경제 체제가 비난을 받아야 한다고 주장한다.

여기서 이어지는 것이 바로 '정신이상 무죄변론'이다. 우리 사회를 시끄럽게 했던 '음주감경', 즉 음주로 인한 범죄에 대하여 그 형을 경감해 줄 수 있도록 한 것과 유사한 제도로서 정신이상자의 범죄는 그가 정신 이상으로 합리적, 이성적 판단과 결정을 할 수 없고, 따라서 그의 범행도 마찬가지로 합리적, 이성적 판단과 선택의 결과라고 할 수 없기 때문에 형벌을 부과할 수 없고 그 대신 정신이상에 대한 치료가 필요하다는 변론이다.

이런 제도의 대표적인 사례는 레이건 전 대통령 재직 시절 현직 대통령을 암살하려다 미수에 그쳤지만 단 하루의 형벌도 받지 않은 존 힝클리 주니어John Hinckley Jr., 1955~를 들 수 있다. 조디 포스터에 집착한 나머지 대통령을 암살해야 그녀가 자신의 존재를 알아줄 것 같아 지미 카터를 암살하려고 쫓아다녔으나 실패하고, 1981년 새로 대통령이 된 로널드 레이건Ronald Wilson Reagan, 1911~2004을 암살하려다 미수로 끝났다. 아버지가 미국의 월드비전 대표를 지낼 정도로 상당한 명문가 집안이었으나 이후 경제 사정이 안 좋아지면서 우울증에 빠져 항우울제를 복용했다. 힝클리는 바로 구속되어 1982년에 13가지 혐의로 재판을 받고 유죄가 인정되었으나 심각한 정신이상으로 처벌은 불가능하다고 판단되어, 워싱턴 D.C.의 세인트엘리자베스병원에 수용되었다.

이와는 반대로, 영화가 보수주의적 형사정책에 대한 강력한 비판이라는 소리도 나온다. 그러나 영화 속 믹키와 맬로리는 사회적 일탈자로, 그런 그들을 지나치게 상세하게 때로는 미화해서 보도하는 언론이 연쇄살인과 같은 범죄를 조장하는 출구로 표현되면서 자신이 비판하고자 했던 보수주의의 편을 들고 있다고 반박하는 소리도 있다.

어쩌면 연쇄살인에 대한 지나칠 정도의 공포가 권위적인 권력 구조를 증강시키고 싶은 우파 보수의 작품이라는 것이다. 폭력성의 과장이 관객들로 하여금 권위주의적 권력 구조와 언론 검열을 지지하게 이끈다는 것인데 이런 면에서 형사정책은 '지는 것으로 이기는winning by losing' 경기라고 보는 측면도 있다.

끝으로 이 영화를 보고 그냥 넘길 수 없는 것이 있다면 바로 경찰과 교도소로 대표되는 형사사법기관과 제도 그리고 그 종사자들의 전체적인 부패를 지적하고 있다는 점이다.

사건 담당 형사 잭의 폭력적 성향이 짙은 반사회적 인격장애는 물론이고 그 주위를 둘러싼 권력남용과 부정과 부패 그리고 교도소장을 비롯한 교도관들의 부정과 부패가 적나라하게 연출되었기 때문이다. 그 결과가 바로 교도소에서의 난동과 폭동, 궁극적으로는 탈주로 이어진 일련의 교정 사고라고 할 수 있을 것이다.

참고 자료

- https://en.wikipedia.org/wiki/Natural_Born_Killers
- https://tvtropes.org/pmwiki/pmwiki.php/Film/NaturalBornKillers
- https://www.erudit.org/en/journals/cine/2008-v18-n2-3-cine2294/018554ar
- https://www.complex.com/pop-culture/2014/08/natural-born-killers-20-years-later
- https://www.denofgeek.com/us/movies/gun-violence-in-moviews/53556/the-truth-about-american-psycho-and-natural-born-killers
- https://www.rogerebert.com/reviews/natural-born-killers-1994
- http://dramatica.com/articles/natural-born-killers

트래픽

Traffic, 2000

월급이 고작 316달러밖에 안 되는군. 큰돈 한번 벌어보겠나?

진실을 파헤치는 것은 고단한 여정이다. 그럼에도 해야 하는 것은
우리 가정과 사회를 지키기 위해서다. 그리고…… 약 팔러 다니는
아이가 아니라 야구하러 다니는 아이들만 있기를 희망한다.

「트래픽」은 스티븐 소더버그가 감독하고
베니시오 델 토로Benicio Del Toro, 1967~, 마이클 더글라스, 스티븐 바우어
Steven Bauer, 1956~, 캐서린 제타 존스Catherine Zeta-Jones, 1969~, 벤자민 브랫
Benjamin Bratt, 1963~, 돈 치들Don Cheadle, 1964~ 등이 출연했다. 이 영화는 마
약 소비자, 마약단속기관, 정치인 그리고 마약 밀거래자 등 다양한 관점
에서 불법 마약 거래를 다루고 있는 그야말로 마약범죄의 모든 것이다.

1989년 방영된 영국의 한 미니시리즈 「트래픽Traffik」을 바탕으로 만

들어진 이 영화는, 마약 퇴치를 위해 배치된 멕시코 경찰 하비에르 로드리게스Javier Rodriguez, 베니시오 델 토로, 연방정부의 마약정책에 새 책임자로 임명되지만 딸의 마약 문제와 싸워야 하는 판사 로버트 웨이크필드Robert Wakefield, 마이클 더글라스, 마약 왕 카를로스 아얄라Carolos Ayala, 스티븐 바우어인 남편이 교도소에 수감되자 남편의 석방과 재정적 안전을 위해 행동해야 하는 아내 헬레나Helena, 캐서린 제타 존스가 행동을 개시한다. 이야기가 진행되는 동안 많은 비밀과 거짓이 밝혀지고, 마약과의 전쟁이 그리 간단하지 않다는 것을 알게 된다.

마약 문제에 대한 모든 현상의
본질을 꿰뚫다

영화는 크게 3개의 파트로 구성된다. 먼저 멕시코를 배경으로 일어나는 이야기다. 멕시코의 경찰관 하비에르 로드리게스는 그의 파트너 마놀로 산체스Manolo Sanchez와 마약 수송 차량을 세워서 그 수송자를 체포한다. 그러나 이들의 체포는 하비에르가 밑에서 일하기로 한, 멕시코 고위관리 살라자르 장군에 의하여 중단되고, 그의 지시로 오브레곤 형제가 이끄는 마약 조직 티후아나 카르텔의 청부살인업자 프랜시스코 플로레스Francisco Flores를 검거한다. 티후아나에서 고문을 당하던 프랜시스코는 살라자르 장군에게 오브레곤 카르텔의 중요한 조직원들의 이름을 알려주게 되고, 하비에르와 살라자르는 오브레곤 형제의 코카인 출하를 마비시키려는 노력을 시작한다. 하지만 하비에르는 살라자르 장군이 사익을 위해 오브레곤의 경쟁 상대인 후아레즈 카르텔의 앞잡이라는 사실과 멕시코 마약 퇴치 캠페인 전 부분이 하나의 사기라는 사실을 알게 된다.

한편 마놀로는 살라자르 장군에 대한 정보를 미국 법무성 소속 마약단속국Drug Enforcement Agency: DEA에 팔아먹으려다 살해당하고 만다. 더 이상 살라자르 장군을 위해 일할 수 없게 된 하비에르는 미국 마약단속국과 거래하기로 결심하는데 조건이 있다. 자신이 증언하는 대가로 아이들이 밤에도 야구경기를 할 수 있게 전기를 달아달라는 것이다. 이후 그의 요청은 이뤄져 아이들은 야간에도 야구 경기를 할 수 있게 되었고, 살라자르는 교도소에 수감되었고, 하비에르는 꾸준하게 경찰과 군에 광범위하게 퍼진 부패에 대해 언론에 설명한다.

영화의 두 번째 이야기는 미국 마약정책의 총 책임자가 된 로버트 웨이크필드 판사를 중심으로 전개된다. 오하이오 주의 보수 성향을 가진 판사인 로버트는 백악관의 대통령 마약통제정책실president's Office of Drug Control Policy의 수장으로 임명되자, 몇몇 영향력 있는 정치인들은 물론이고 자신의 전임자까지 '마약과의 전쟁War on Drug'은 이길 수 없다고 경고를 한다.

한편 우등생인 그의 딸 캐롤라인은 남자친구가 권한 순한 코카인을 흡입한 뒤 급격하게 마약에 빠져든다. 친구들과 마약을 하던 중 그중 한 명이 약물과다 흡입으로 생명이 위험해지자 익명으로 그를 병원에 버리려다가 모두가 체포되고 만다. 캐롤라인은 마약중독에서 벗어나기 위해 약물 치료를 받지만 실패하고 가출하게 된다. 로버트는 남자친구를 앞세워 딸을 찾아 나서고 캐롤라인에게 매춘을 시킨 마약상이 그녀의 소재지를 알려주지 않자 어느 호텔을 급습하여 늙은 남자와 함께 있는 거의 반의식불명의 딸을 발견하게 된다.

그는 워싱턴으로 돌아와 마약과의 전쟁을 이기기 위한 계획을 설명하는 중간에 이런 노력이 얼마나 쓸모없는 것인지 깨닫고는 휘청거리면서 마약과의 전쟁은 심지어 가족과의 전쟁이 될 수 있음을 알리고 사임한다. 그리고 아내와 함께 마약에 중독된 딸을 지원하기 위해 마약중독자 자조단체 Narcotics Anonymous: NA를 찾아간다.

영화의 마지막 이야기는 지역 유지로 활동하지만 이면에는 마약을 공급한 국제 마약 밀거래 조직의 거물 카를로스 아얄라의 아내 헬레나 중심으로 전개된다. 어느 날 갑자기 마약단속국 소속 요원들이 들이닥치고 카를로스는 불법 마약 거래라는 혐의를 받고 구속된다. 마약단속국은 카를로스의 범죄에 대해 결정적인 증언을 할 증인을 이미 확보한 상태에서 재판 시기만을 기다리며 증인 보호에 각별한 신경을 쓴다. 한편 헬레나는 남편이 마약 거래상이었다는 사실에 충격을 받지만 자신과 가정을 위해 남편의 반대 증인을 살해하면 모든 것이 끝날 것이라고 믿고 청부살인업자 프랜시스코 플로레스를 고용한다.

프랜시스코는 마약단속국 차량에 자동차 폭탄을 장치하지만 살라자르에 협조한 대가로 저격수에게 암살당한다. 결국 증인을 죽이지 못하고 마약단속국 요원만 죽는다. 헬레나는 오베르곤 형제와 협상을 하는

데 그 뒤에 카를로스는 석방된다. 그 이후에도 마약왕국을 장악하기 위한 투쟁은 지속되고 이를 단속하려는 마약단속국도 이에 굴하지 않고 필요한 정보를 조건으로 적대관계의 두목까지 매수하거나 거물 마약 조직원을 도청하는 등 다양한 노력을 계속한다.

영화 속 범죄 코드 1 : 공급 차단이 실패하자 수요 차단으로 전환한 마약정책

영화의 주제는 당연히 마약범죄다. 어느 인류학자는 미국이 인종차별, 마약 그리고 인간면역결핍 바이러스HIV로 망할 것이라는 극단적 경고를 하기도 했다. 마약은 이미 심각한 사회문제가 된 지 오래고, 당연히 마약 문제의 해결을 위한 국가적 노력이 다양하게 전개돼왔다. 이런 노력을 대표하고 요약할 수 있는 정책이 있다면 아마도 '마약과의 전쟁'일 것이다.

대부분의 국가는 마약정책을 세우고 있으며, 마약은 사회적 악悪으로 정의한다. 마약정책은 크게 공급의 차단과 수요의 차단으로 구분하는데, '마약과의 전쟁'은 공급의 차단을 중심으로 이루어진다. 마약을 재배, 제조, 운반, 소지, 거래 그리고 복용 모두가 범죄로 규정되고 강력하게 단속하는 것이다.

그러나 이런 정책은 거의 모든 국가에서 실패로 끝났다. 그래서 이제는 수요의 차단에 집중하는 추세다. 현재 대표적인 수요 차단 정책으로는 과거 '세이 투 노 드러그Say No To Drug'를 시작으로 '약물 유혹 저항 교육Drug Abuse Resistance Education, DARE' 등이 있다.

마약과의 전쟁의 근원은 마약과 범죄의 관계에 기인한 것인데, 우선 마약은 그 자체가 범죄이고, 공급의 차단으로 인한 수요와 공급의 불일치로 가격이 폭등하고 검은 이익을 노리는 조직범죄와 깊이 연계되며, 비싼 마약 자금을 마련하기 위한 각종 강력범죄의 원인이 되며, 약물에 취한 상태에서 범행에도 직접 가담하게 되는 등 범죄 유발 또는 촉진 요인으로 작용하기 때문이다.

이런 이유로 일부 국가에서는 마약을 마치 의사의 진단서로 약물을 처방하는 것처럼 마약도 합법화하거나 비범죄화하자는 주장도 제기되고 있다. 실제 미국 일부 주에서는 마리화나를 완전 또는 부분적으로 합법화하고 있다. 이와 관련하여 한편에서는 이제 더 이상 마약이 형사정책이 아니라 보건복지나 공중보건의 영역에서 다루어져야 한다는 목소리가 커지고 있다. 마약은 건강의 문제요 치료의 대상이어야 한다는 것이다. 이런 관점과 더불어 마약범죄 판단의 전문성을 높이기 위하여 미국에서는 현재 전문법원으로서 '마약법원Drug Court'을 운용하고도 있다.

영화 속 범죄 코드 2 :
범죄의 한 원인이 된 마약

「트래픽」에서는 실제로 사람들이 어떻게 약물에 중독되는지 그 과정을 비교적 자세하게 보여주고 있으며, 마약이 노상범죄와 어떻게 연관되는지도 보여준다. 로버트 웨이크필드의 딸 캐롤라인은 남자친구로부터 마약을 권해받고 급속도로 마약에 중독된다.

약물에 대한 의존을 지속하기 위해 부모의 금전을 훔치고 급기야 가출을 한 뒤 자신의 몸까지 파는 매춘 행위에도 가담하는 장면은 평범한 사람이 마약에 중독되어 어떻게 범죄와 엮이느냐를 잘 보여주고 있다. 이처럼 마약은 다양한 환경과 여건에서 다른 많은 사람들의 삶에 다양한 영향을 미치고 있다.

특히 마약사업으로 취득한 자금의 문제에도 관심을 기울일 필요가 있다. 마약 거래에 가담하는 조직범죄는 마약 밀매를 통해 막대한 자금을 취득하게 된다. 하지만 자신의 재산으로 축적하기 위해 불법적인 자금을 합법적으로 만들어야 한다. 이런 목적에서 마약 자금은 여러 경로, 과정, 방식을 통하여 세탁된다. 이를 방지하기 위해 대부분의 국가에서는 자금세탁방지법을 비롯하여 불법 취득 자산에 대한 국가 환수 등의 대책을 시행하고 있다.

영화 속 범죄 코드 3 :
인간의 욕심이 있는 한, 악순환의 고리는 쉽게 끊어지지 않는다

특히 「트래픽은」은 마약이 어떻게 거래되고 마약 조직은 어떻게 운영되며 관리되는지 마약범죄 현장을 상세하게 기술하고 있다. 더불어 이런 마약범죄에 기생하거나 편승하여 자산을 불리는 범죄산업도 엿볼 수 있다. 마약에 중독된 사람들은 약물에 의존하기 위해 비용을 제공할 것이고, 그것은 곧 마약 범죄자들의 호화로운 생활과 권력을 유지하기 위한 자금으로 활용된다.

마약은 불법이기 때문에 조직범죄에선 마약을 제조하고 판매하기 위해 당국의 감시를 피해야 한다. 그러기 위해선 공공기관의 뇌수들을 자기편으로 끌어들여야 하는데 여기서 당국의 부패와 타락이 발생한다. 인간의 욕심이 있는 한, 이런 악순환의 고리는 쉽게 끊어지지 않을 것이다.

사실 일부에선 범죄와의 전쟁은 이길 수 없으며 어쩌면 그런 정책 자체가 잘못된 것일 수도 있다는 주장을 펼치기도 한다. 마치 권투도장에서의 펀칭백처럼 누군가 하루 종일 치고 있지만 오로지 떠밀렸다가 다시 되돌아오면서 매달려 있는 것과 같다고 할까? 그게 마약과의 전쟁의 실상이다. 그래서 오늘도 마약산업은 번성하고 있는지도 모르겠다.

결국 마약은 경제적 욕망에 기인한 것이라서 많은 사람들은 자신들의 자금줄을 지키고 부를 축적하기 위해 그것에 도전하거나 방해되는 사람을 기꺼이 제거해버리는 일도 서슴지 않게 할 것이다. 이런 점에서 마약범죄는 조직범죄와도 깊숙이 관련이 되며 따라서 불법 또는 범죄로 형성되고 취득한 자산에 대한 몰수가 더욱 강조되어야 할 필요성도 생긴다.

「트래픽」을 본 관객들은 결국 마약 전쟁의 더러운 자본주의적 비밀에 직면할 수밖에 없다. 그리고 이 영화는 마약의 심각성과 그 폐해에 대해서 경고를 하고 있다. 마약중독은 중독자 한 개인만의 문제로 그치지 않고 그가 속한 가정과 가족에까지 심각한 영향을 미친다. 그래서 강력한 전쟁까지 불사하지만 그 전쟁을 치르는 사람들의 비리와 부정과 부패도 만만치 않기 때문에 마약과 범죄산업은 아직도 번창하고 있다.

특히 마약 거래상인 카를로스 아얄라의 호화로운 생활은 범죄를 저지르고도 부유층으로 살 수 있다는 잘못된 이미지를 심어줄 수 있고, 범죄자의 잘못된 동일시를 유도할 수 있어 범죄의 학습과 모방을 초래할 수 있다. 더불어 이 영화는 지속적으로 다양한 방법으로 다양한 유형의 약물을 다양한 사람에게 판매하고 투약하고 더불어 잔인하게 살상하는 등 폭력이 난무하는 장면을 연출하고 있어 범죄학습과 모방범죄의 우려를 낳는다.

하지만 로버트 웨이크필드가 딸의 마약중독을 지원하기 위해 자신의 직책을 내려놓을 때 우리는 마약정책의 나아갈 방향을 조금은 엿보게 된다. 마약중독은 가족의 절대적인 지지와 지원이 있어야만 가능하다.

참고 자료

- https://tvtropes.org/pmwiki/pmwiki.php/Film/Traffic
- https://www.criterion.com/current/posts/203-traffic-border-wars
- https://www.rogerebert.com/reviews/traffic-2001
- http://www.reelviews.net/reelviews/traffic
- https://www.theguardian.com/film/News_Story/Critic_Review/
  Observer_review/0,,430492,00.html
- https://www.tvovermind.com/10-things-didnt-know-movie-traffic
- https://ew.com/article/2000/12/22/traffic-3
- https://www.eyeforfilm.co.uk/review/traffic-film-review-by-angus-
  wolfe-murray
- https://www.pluggedin.com/movie-reviews/traffic

CHAPTER
09

아무도 모른다

—

익명성과
무관심 속 고독

콜래트럴

Collateral, 2004

그저 총을 쏜 것이고, 그는 그것에 맞아 죽은 것뿐이다

드넓은 우주에 많은 별들이 있는데 오직 한 곳만이 오염되어 있다. 바로 우리들이다. 오염되어 있는 우리들이 서로가 더 오염되었다고 비웃는다. 자기만 잘났다고 생각하며 자신만의 동굴 속으로 들어가 홀로 살아간다.

「콜래트럴」은 2004년 마이클 만Michael Mann, 1943~이 감독하고, 톰 크루즈Tom Cruise, 1962~와 제이미 폭스Jamie Foxx, 1967~가 주연을 맡고, 제이다 핀켓 스미스Jada Pinkett Smith, 1971~와 마크 러팔로 등이 조연을 맡아 열연을 펼친 미국 범죄영화다.

제이미 폭스가 분한 택시운전사 맥스Max Durocher는 청부살인업자 빈센트Vincent, 톰 크루즈를 태우면서 그날 밤 내내 그의 운전사 역할을 하게 된다. 빈센트는 자신이 살해할 피해자의 명단을 들고 LA로 와 살인을

저지르는데 이 영화는 제목이 암시하는 것처럼 자신의 목적이나 목표를 위해 그 어떤 것도 신경 쓰지 않는 상태를 말한다. 목표 외 모든 것은 부차적인 존재에 지나지 않는다는 것을 의미한다.

서로 다른 가치관을 가지고 살아가는
청부살인업자와 택시운전사의 만남

맥스는 돈을 모아 리무진 렌탈업을 하겠다는 꿈을 가진 신중하고도 소심한 LA의 택시운전사다. 그는 너무 소심해서 주어진 틀을 깨진 못한 인물이다. 열심히 택시를 운전하던 어느 날 밤, 그는 법무부 검사인 애니 패럴Annie Farrell, 제이다 핀켓 스미스을 태우고 그녀의 사무실로 향한다. 애니는 대화를 나누면서 맥스에게 자신의 명함을 건넨다.

다음 승객은 빈센트다. 그는 냉철하고 인명人命에 큰 의미를 두지 않는다. 빈센트는 맥스가 LA 지리를 너무나 잘 알고 있는 데에 감명을 받아 자신은 다섯 곳에 들러 볼일을 봐야 하니 그날 내내 자신의 운전사 역할을 하면 600달러를 주겠다고 제안한다. 맥스는 규정에 어긋나기 때문에 망설이지만 결국 받아들인다.

빈센트가 가고자 했던 첫 번째 장소에서 대기하던 중 죽은 사람이 택시 위로 떨어졌다. 택시로 돌아온 빈센트는 자신은 청부살인업자로, 그 시체는 자신이 살해할 다섯 명의 표적 중 한 사람이었다고 밝힌다. 맥스는 왜 사람을 죽였느냐고 화를 내지만 빈센트는 60억 인간들 중 범죄자 한 명을 죽인 것뿐이라고 답하며, 시신을 택시 트렁크에 숨기고 계속 운전할 것을 강요한다.

두 번째 장소에 도착하자 빈센트는 맥스의 손을 운전대에 묶어둔다. 그는 지나가던 젊은 무리에게 도움을 요청하지만 그들 중 두 명은 오히려 맥스의 금품을 훔치고 빈센트의 가방을 가져가는데 빈센트가 돌아와서 그들을 모잠비크 드릴로 처참하게 사살한다. 빈센트와 맥스는 어느 바에 들어가 술 한잔을 마시는데 빈센트는 그 바의 주인을 살해한다. 예기치 않게 그 모습을 본 맥스는 자신을 풀어달라고 요구하지만 빈센트는 자신의 지시를 어기면 죽이겠다고 협박한다.

무전을 통해 어머니가 그와 연락하고 싶다는 전갈이 왔다. 맥스의 어머니는 병원에 입원 중으로 그는 매일 밤 어머니의 병실을 찾아가는 것이 일과였다. 빈센트는 그런 일상을 어기지 말라며 함께 병원으로 간다. 냉혹한 빈센트는 어릴 적 어머니를 여의고 아버지에게 학대를 받은 과거가 있었다. 사실 맥스의 어머니는 아들이 리무진 사업을 하고 있다고 믿고 있기 때문에 그것에 대해 빈센트에게 자랑한다. 자신을 자랑스러워하는 어머니의 모습에 몹시 감격하지만 한편 당황한 맥스는 빈센트의 사살표적에 관한 파일이 든 서류가방을 가지고 나가서 고속도로에 던져버린다.

빈센트는 다음 표적에 관한 정보를 얻기 위해 맥스가 직접 마약 왕인 펠릭스를 만나 정보를 얻어야 한다고 말한다. 만약 그렇지 못하면 입원 중인 어머니를 죽이겠다고 협박한다. 맥스는 어쩔 수 없이 빈센트를 가장해 마약 왕을 만나 정보를 성공적으로 취득하지만 펠릭스는 자신의 부하들에게 가짜 같은 빈센트가 임무를 완수하지 못하면 그를 살해하라고 명령을 내린다. 맥스는 빈센트와 함께 다음 표적인 피터 림을 만나기 위해 나이트클럽으로 향한다.

한편 마약수사관인 레이 패닝Ray Fanning, 마크 러팔로은 3명의 피살자가 서로 연계되어 있음을 알고 이 사실을 FBI 특수요원인 프랭크 페드로사 Frank Pedrosa, 브루스 맥길에게 보고한다. 다음 날 페드로사는 연방법원의 배심원들에게 증언을 할 증인들을 파악하고, 다음 표적인 림의 신원을 확보하기 위한 요원들을 모으지만 빈센트는 이미 그 전날 나이트클럽에서 림과 경호원 등을 살해하고 클럽을 떠난 상태였다. 패닝은 맥스를 구출하려고 하지만 빈센트가 맥스를 가로채 함께 도주를 하게 된다. 그 동안 그들은 서로 상대방의 삶에 대한 심리적 상태에 대해 지적한다.

맥스는 빈센트에게 다른 사람을 이해하는 능력이 없다고 욕하는 반면 빈센트는 맥스에게 야망이 부족하다고 비웃는다. 빈센트가 자신을 살해할 것이라는 것을 아는 맥스는 일부러 택시와 충돌한다. 경찰은 차를 확인하다 차 트렁크에 숨긴 시신을 보고 맥스를 체포한다. 그 과정에서 그는 빈센트의 노트북에서 그의 마지막 표적이 택시의 첫 승객이었던 검사 애니라는 사실을 알게 된다. 그는 경찰을 강제로 제치고 사고로 튕겨나간 빈센트의 총기를 가지고 애니의 사무실 건물로 달려간다.

그리고 그는 빈센트의 총으로 지나가던 사람의 휴대전화를 빼앗아 그녀의 명함에 적힌 번호로 전화를 걸어 애니에게 빈센트가 가고 있다고 경고한다. 애니는 처음엔 믿지 않았지만 맥스가 빈센트가 살해한 범죄

조직 두목에 관해 설명하니 그제야 깨닫는데 이미 빈센트는 애니가 일하고 있는 건물 안으로 진입했고, 경비원의 총을 훔친 상태였다.

맥스는 빈센트를 추적하지만 그는 애니의 사무실이 있는 층의 전기와 전화선을 모두 차단한다. 어둠 속에서 애니를 찾아낸 빈센트는 그녀에게 총을 겨냥하지만 맥스가 그를 가격한 뒤 애니와 함께 도망을 간다.

빈센트는 그들을 추적하다 도시철도의 마지막 칸에서 그들을 발견하는데 그곳에서 맥스와 빈센트의 마지막 총격전이 벌어진다. 그들이 대치하던 중 총격전으로 열차의 조명이 순간적으로 꺼지자 빈센트의 장점인 저격 능력을 활용할 수 없게 된다. 그는 치명상을 입고 그 자리에 주저앉는다. 그런 그를 맥스와 애니가 내려다본다.

영화 속 범죄 코드 1:
군중 속 고독과 소외로 인한 극단적인 은둔형 외톨이의 범죄

「콜래트럴」은 LA의 밤 풍경을 사실적으로 묘사한 영화로, 도시의 익명성과 무관심으로 군중 속 고독과 소외의 문제를 다루고 있다. 이 영화의 배경이 되는 LA뿐만 아니라 거의 모든 거대도시들은 그곳에 거주하는 도시인들의 삶과 투쟁에 믿을 수 없을 만큼 무관심하다.

즉, 도시 속에 살고 있는 인간들은 거대한 인구 밀집에도 근본적으로 혼자가 될 수밖에 없으며, 사람과 사람의 연계와 연결은 매우 희귀할 뿐이다. 그 결과 도시에 사는 사람들은 아무도 신경을 쓰지 않는다. 현대사회에서 빈번하게 발생하고 있는 은둔형 외톨이들의 다양한 범죄, 대

표적으로 '묻지마 범죄'나 '무동기 범죄'의 심각성을 이 영화에선 잘 표현하고 있다.

현대사회에선 아니 앞으로 더욱 가상공간에서의 생활 범위가 넓어질 것이다. 그래서 사람과 사람의 대면적 관계가 어려워질 것이다. 수백만 명의 인구가 밀집해 있는 대도시에 살고는 있지만 서로가 서로를 알지 못하고 신경도 쓰지 않으면서 어느새 군중 속 은둔형 외톨이가 되어버린 자신을 발견할 것이다. 그저 우리는 혼자서 바둥거리며 사는 다중에 지나지 않는 것이다.

실제로 빈센트는 맥스에게 LA의 지하철에서 승객이 사망했지만 하루가 지나도록 그 누구도 알아채지 못했다는 이야기를 들려준다. 바로 이런 장면들이 영화가 보여주고자 하는 도시의 소외 문화다. 빈센트와 맥스도 마찬가지다. 그들은 서로가 서로에게 연결되어 있지 않고 각자의 목표만 있을 뿐이다.

빈센트와 맥스의 조합은 마이클 만이 이 영화에서 보여주고 싶은 메시지이기도 하다. 빈센트는 청부살인업자라는 직업을 가졌기 때문에 목적 또한 일말의 감정을 느끼지 않고 사람을 죽이는 것이다. 누군가와 연결되어 있지 않아 매우 냉혹하지만 그는 목적의식이 뚜렷하다.

반면 맥스의 꿈은 그저 지금보다 더 나아지고 싶은 것이다. 택시운전사에서 리무진 렌탈업을 하는 대표로 성장하고 싶지만 그에겐 실천력이 부족하다. 12년째 같은 꿈만 꾸는 것은 목적의식이 결핍되었거나 그 목적을 이루려는 행동이 부족하기 때문이다. 맥스는 다른 사람들에게 신경을 쓰는 온정적이지만 자신의 생을 통제하지 못하는 사람인 것이다. 이런 특성은 범죄학에서 자기통제self-control라는 개념으로 매우 중요하게 다루어지고 있다.

빈센트는 다른 사람과 관계를 갖지는 못하지만 자기 삶에서 진정한 목적이 무엇인지 분명하게 알고 있고, 이것이 그로 하여금 자기 존재에 대한 일부 통제를 하게 만든다. 우리는 이런 특성을 가진 사람을 반사회적 인격장애자, 소시오패스라고 부른다.

빈센트는 도시 속 사람과 사람의 연계가 원활하게 이어지지 않고 무관심으로 대하는 것에 우려와 함께 분노를 표출하지만 청부살인을 감행함으로써 그 스스로가 그런 고통을 더 가중시키고 있다. 그는 아무런 망설임도 없이 양심의 가책도 거의 갖지 않고 자신의 표적을 제거하면서도, 전반적으로 허무주의적인 자신의 세계관으로 자신의 행동을 정당화한다. 뿐만 아니라 피해자들의 부도덕함이나 도시의 삶의 일반적인 비열함 그리고 진화론을 거론하면서 자신의 행위를 합리화하기도 한다.

전쟁에서 적군을 사살하는 것이나 형법에 명시된 정당방위 등을 제외한 거의 모든 살인은 정당화될 수 없음에도 말이다. 하지만 빈센트는 르완다에서의 인종청소Genocide와 같은 대량살상을 예로 들기도 한다.

영화 속 범죄 코드 2 :
왜 공범이 될 수밖에 없는가?

「콜래트럴」은 청부살인업자와 택시운전사 사이의 얽히고설킨 이야기를 다루고 있다. 사실 이 영화는 화려한 액션보다 청부살인업자와 택시 운전사의 대립과 변화 등에 조명을 맞추고 있다. 그리고 그들의 대화는 매우 철학적이기까지 하다.

빈센트는 하룻밤 자신과 동행하면 600달러를 주겠다고 제안한다. 맥스는 크게 내키지 않지만 금전적 이유로 그 제안을 받아들이는데 첫 번째 들른 곳에서 자신의 예상과는 다르게 돌아가는 상황을 깨닫게 된다. 그는 600달러에 청부살인업자의 인질이면서 동시에 그의 공범이 되고 만 것이다.

여기서 우리는 최근 범죄학의 관심 중 하나인 왜 공범이 생기는지에 대해 의문심을 가지게 된다. 즉 범행에 동조하는 이유나 동기는 무엇일까에 대해 생각해볼 계기를 마련할 수 있다. 물론 공범이 될 수밖에 없는 이유는 금전적 이득 때문일 것이다. 「콜래트럴」에서도 맥스가 빈센트와 함께 할 수밖에 없는 이유는 맥스의 금전적 욕구 때문이었다. 더불어 자신이 공범인 동시에 인질이기도 하다는 점에서는 공범이 된 원인이 강요와 강압에 의한 가담도 생각해보지 않을 수 없다.

범죄학에선 청소년범죄의 원인 중 하나로 비행소년들의 '중화'를 들고 있는데, 이는 청소년들이 자신의 비행의 동기나 이유를 여러 가지 중화기술, 예를 들어 자신만이 아니라 그런 행동은 누구나 다 하는 것, 자신의 비행으로 누구도 다치거나 죽지 않았다는 것, 자신도 어쩔 수 없었다는 것 등으로 내세우고 있기 때문이다.

즉, 자신의 행동을 중화하면서 비행을 합리화하는 것이다. 이처럼 자기의 나쁜 행위를 중화시킬 수 있는 것은 범죄자라고 항상 범죄적이지 않고 정상과 비정상을 표류하기 때문인데 이 영화에서 맥스가 그런 경우라고 할 수 있다.

이 영화에선 소위 목적 없는 생존이라는 진화론Darwinism: Survival without purpose과 즉흥Improvisation, 즉 아무 생각 없이 되는 대로 사는 모습이 그려지고 있다. 여기서 진화론은 강한 자가 생존하는 것이 아니라 변화에 가장 잘 적응하는 자가 생존하는 것이지만 일부 사람들에게는 만인의 만인에 의한 투쟁과 그 승자의 생존처럼 여겨진다.

그런 점에서 약육강식이나 강인함 또는 근육질을 자랑하는 청소년의 하위문화나 관심의 초점이 범죄로 발전하기도 한다. 그리고 즉흥성은 단기쾌락주의, 즉 내일보다 오늘, 장기적인 만족보다는 즉각적인 만족을 강조하는 비행 하위문화와도 관련이 있는 것으로 추정할 수 있다.

영화 속 범죄 코드 3 :
상황의 취약성은 매력적인 범죄 표적이 되기 쉽다

한편 빈센트는 자신이 작업을 수행하는 동안 맥스가 도망치지 못하도록 그의 손을 자동차 운전대에 묶어둔다. 맥스는 자동차 경적을 울려 주변에 있는 청소년 무리의 관심을 끌지만 그들은 맥스를 도와주기는커녕 맥스를 협박해 그의 지갑을 뺏는다.

이런 상황은 피해자학에서 피해자의 상황적 취약성으로 범죄가 발생한 것으로 보고 있다. 예를 들어 만취한 사람이나 불법체류자 등은 자신을 방어하거나 보호를 하거나 또는 보호를 받을 능력이 없거나 취약하기 때문에 잠재적 범죄자에게 매력적인 표적이 될 수 있다.

「콜래트럴」의 빈센트는 청부살인업자로 청부 살인이라는 업무를 수행하기 위해 LA로 왔다. 여기서 청부 살인이란 다른 사람으로부터 돈을 받고 살인을 대신해주는 것이다. 살인과 금전적 대가 등의 조건에 대하여 일정한 계약을 한다는 의미에서 '계약 살인'이라고도 한다. 그러나 일각에서는 청부라는 단어가 일본식 표현이며, 영어로는 '콘택트 킬링Contract Killing'으로 표기된다는 점에서 우리도 청부 살인보다는 계약 살인으로 표기하자는 주장을 하기도 한다.

참고 자료

- https://culturevulture.net/film/collateral
- https://www.rogerebert.com/reviews/collateral-2004
- www.reelviews.net/reelviews/collateral
- https://en.wikipedia.org/wiki/Collateral_(film)
- https://www.empireonline.com/movies/collateral/review
- https://www.pajiba.com/film_reviews/collateral-the-best-movie-
  tom-cruise-will-probably-ever-make.php
- https://tvtropes.org/pmwiki/pmwiki.php/Film/Collateral
- https://benjweinberg.com/2017/03/13/collateral-film-review-and-
  analysis
- https://entropymag.org/collateral-a-pre-apocalyptic-odeyssey
- https://slate.com/culture/2004/08/collateral-s-taxicab-philosopher.
  html
- https://cbhd.org/content/review-movie-collateral
- https://www.popmatters.com/collateral-2004-2496229431.html
- https://theasc.com/magazine/aug04/collateral/page1.html
- https://film.avclub.com/collateral-1798199923

예언자

Un Prophete, 2009
누구 밑에서가 아니라 저를 위해서 일합니다

글을 읽고 말하고 쓰면서 사람은 성장한다. 처음에는 생존을 위해서, 그 다음에는 자신만의 무언가를 찾기 위해서 그리고 궁극적으론 자신과 자신을 둘러싼 사랑하는 이들을 위해서, 우리는 글을 읽고 말하고 쓴다.

「예언자」는 2009년 자크 오디아르Jacques Audiard, 1952~가 각본과 감독을 맡은 교도소를 배경으로 만든 프랑스 범죄영화다. 아랍계 프랑스인인 타하르 라힘Tahar Rahim, 1981~이 주인공 말리크Malik 역을, 닐스 아르스트럽Niels Arestrup, 1949~이 루치아니Luciani 역을 맡아 열연을 펼쳤다. 제62회 칸영화제에서 심사위원 대상을 수상한 영화로, 작품의 평가는 매우 높다. 특히 자크 오디아르 감독은 이 시나리오를 완성하는 데 3년이 걸렸다고 한다.

이 영화는 교도소 내에서 수형자가 살아가는 이야기를 담은 성장물이라고 할 수 있다. 당시 교도소는 노출위험에의노출과 보호그위험으로부터의 보호의 장소로서 노출이 매우 치명적이어서 그것으로부터 보호를 받기 위해서는 대가가 필요했다.

영화의 주인공인 19살 말리크는 당시 교도소를 실질적으로 장악하고 있던 코르시카 범죄조직의 두목 루치아니의 요구를 받게 된다. 그것은 자신의 재판에 증언하기로 되어 있는 동료 수형자를 살해하는 것이다. 대신 수형 생활에 필요한 보호를 받게 된다. 이를 발판으로 그는 서서히 자신의 영역과 권한을 확장하여 급기야 스스로 교도소의 실질적 리더가 된다.

적자생존, 약육강식의 세계에서
스스로 운명을 개척하다

19살의 어린 말리크는 알제리계의 프랑스인으로 경찰관을 공격한 혐의로 6년형을 선고받고 교도소에 수감된다. 문맹이고 외톨이인 그에게 교도소는 학교이자 집이었다. 당시 그 교도소의 수형자는 코르시카 출신과 무슬림의 양대 집단으로 나뉘어져 있었다. 그때까지 말리크는 어느 집단에도 속하지 않았지만 코르시아 범죄조직의 두목 루치아니의 강요로 그 조직에 속하게 되면서 루치아니의 재판 증인인 무슬림인 레예브를 살해한다. 그때부터 자신이 아랍계지만 코르시카의 보호를 받는다.

말리크는 자신을 경멸스럽게 대하는 코르시카 범죄조직의 아주 낮은 직급의 수족이 되지만 자신이 살해한 레예브의 환영에 사로잡힌다. 대다수의 코르시카 재소자들이 이송되거나 석방되자, 루치아니는 어쩔 수 없이 말리크에게 더 많은 일을 맡기게 된다. 비밀리에 코르시카 말을 배운 그는 루치아니의 눈과 귀가 된다. 귀휴를 받게 된 말리크가 교도소 밖으로 나갈 수 있게 되자 루치아니는 교도소 밖 범죄사업을 그에게 맡기면서 더욱 의존하게 된다.

　　하지만 말리크는 무슬림인 리야드와 가까워지면서 그에게 읽기와 쓰기를 배우고 다른 무슬림 친구까지 소개받는다. 그러는 과정에서 말리크의 교도소 내 권한은 커진다. 말리크는 교도소 내 마약 거래상 조르디와도 관계를 맺고 리야드가 암으로 조기에 석방되자 세 사람은 교도소 안에서 해시시라는 마약을 판매하기 위해 마약 밀매 사업을 벌이게 된다.

　　그러나 리야드가 경쟁 마약 거래상 라티프에게 납치되자 말리크는 교도소 내 라티프의 친척들을 추적해 그의 가족들을 인질로 잡고 리야드를 구출한다. 루치아니는 말리크가 귀휴 제도를 이용해 개인 사업을 하고 있다는 것을 알고 그에게 경고한다.

　　한편 루치아노는 이탈리안 마피아 집단인 링헤리스와 그 사이의 협상에 관여한 또 다른 무슬림인 브라힘 라트라체를 만나라면서 말리크를 마르세유로 보낸다. 라트라체는 레예브를 살해한 코르시카 사람들에 대한 원한을 갖고 있기에 그 조직에서 보낸 말리크를 총으로 위협하며 납치한다. 말리크는 도로에 세워져 있던 사슴 출몰 경고 표지를 발견하곤 야생동물을 칠 위험이 있다고 경고하자마자 납치범들의 차가 사슴을 치는데 이에 감명을 받은 라트라체는 그를 예언자라고 부른다. 말리크가 자신이 레예브를 살해했다고 자백했지만 라트라체는 루치아니 대신 말리크와 동업하기로 한다.

루치아노는 이를 모르고 코르스카 조직에 두더지 같은 다른 비밀공작원이 있다고 믿는데 말리크를 이용해 링헤리스와 거래한 코르시카의 다른 범죄조직의 잭 마르카기를 살해하는 계획을 세운다. 하지만 말리크와 리야드는 잭 마르카기와 거래할 계획이 따로 있었기 때문에 그의 경호원을 살해한 뒤 그 시신을 루치아노의 충실한 부하의 차에 버린다.

리야드는 암이 재발하자 6개월 시한부 선고를 받게 되는데 말리크는 그의 집에서 그가 죽더라도 그의 아이들과 가족을 보호하겠노라고 약속한다. 그날 말리크가 교도소에 늦게 귀소하자 그에 대한 처벌로 독방에 수용되는데 결과적으로 루치아노의 보복을 피할 수 있었다. 반면 마르카기는 자신의 영향력을 활용하여 루치아니 잔당들을 제거한다.

다시 일반 수용실로 돌아오자 말리크는 무슬림 집단으로 합류하고, 힘이 빠진 루치아노는 그에게 접근을 시도하지만 무슬림이 그를 가로막고 폭행한다. 드디어 6년간의 형기를 마치고 말리크가 석방되는 날, 교도소 밖으로 나온 그는 리야드의 아내와 자녀들을 만나 함께 걸어가는데 그 뒤를 그의 부하들을 태운 벤츠가 따른다.

영화 속 범죄 코드 1:
교도소 내 종교의 자유

「예언자」속에 나오는 교도소에는 인종 갈등이 존재한다. 그로 인한 수형자 사회의 갈등과 경쟁이 교도소와 재소자는 물론이고 교도관의 안위까지도 위협할 정도다. 무슬림 인구가 증가하면서 한때 서구의 교도소에서는 종교 문제, 즉 종교의 자유라는 헌법적 권리가 논란의 중심이 된 적이 있었다.

세계 어느 나라든 수형자의 종교적 자유를 법으로 보장하고 있다. 문제는 종교의 규정과 그 활동 범위다. 종교를 어떻게 규정할 것이며 종교 활동은 어디까지 허용할 것인가가 문제의 핵심이다. 이는 당연히 교도소의 보안과 재소자의 안전 그리고 종교의 자유 사이의 균형이 필요한 부분이다.

이런 이유로 서양, 특히 미국에서는 한때 무슬림, 그중에서도 흑인 무슬림 수형자들의 조직화와 활동이 쟁점으로 등장하기도 했는데 그 대표적인 단체 중 하나가 바로 '블랙 팬서Black Panthers'◎라고 할 수 있다. 다종교 사회일수록 교도소에서의 종교의 자유에 대한 논란이 생기기 마련이다. 중요한 것은 종교를 어떻게 어디까지 인정하느냐가 핵심이라고 할 수 있다.

◎ 1965년에 결성된 미국의 급진적인 흑인 결사대로 흑표당이라고도 한다. 흑인공동사회의 자결권과 완전고용, 병역 면제, 공정한 재판 등을 목표로 했다.

영화 속 범죄 코드 2 :
네가 죽지 않으면 내가 죽는다

「예언자」의 말리크는 19살에 교도소에 수감된 후, 코르시카 범죄조직의 두목으로부터 경쟁 조직의 조직원을 살해하라는 명령을 받는다. 그 명령에 따르지 않으면 그가 죽임을 당한다. 어린 말리크는 선택의 기로에 선다. 도덕적으로 사람을 죽이지 않으면 자신이 죽고, 다른 사람을 죽이면 도덕적이지 못하다. 그가 직면한 도덕적 갈등을 두고 '그린 딜레마Greeneian Dilemma'라고 한다. 한편 이런 강요된 선택에서 말리크는 자신의 생존을 위한 선택을 하는데 생존을 위한 어쩔 수 없는 선택을 일부에선 '다윈 선택Darwinian Choice'이라고 한다. 다윈의 진화론은 강한 자가 살아남는 것이 아니라 가장 잘 적응한 자가 살아남는, 적자생존을 의미한다.

영화 속 범죄 코드 3 :
구금의 고통을 줄이고자 교도소화를 하는 재소자들

「예언자」는 풋내기 애송이인 불완전한 비행소년인 말리크가 조직원들에게 존경을 받고 경험이 많고 사리를 이해하는 확실한 범죄조직의 리더로 성장하는 과정을 그리고 있다.

이 영화를 본 사람은 바늘 도둑이 소 도둑이 된 말리크를 비난하지 않는다. 일부는 시작은 미약했지만 끝은 창대하리라는 욥기의 예언을 떠오르게 한다고 한다. 그에게 박수를 보내는 사람들은 그가 본질적으로 타고난 반사회적 인격장애자, 소시오패스가 아니라 범죄의 위험에 노출되어 보호의 필요성에서 선택을 강요받았기 때문일 것이다. 만약 자신이라면 어떤 선택을 할 수 있을까를 생각해보면 그의 선택을 당연히 밟고 가야 할 수순이었다. 여기서 우리는 교정학에서 중요하게 다루어지고 있는 교도소화에 관심을 갖지 않을 수 없다.

교도소화란 일반사회에서 시민들이 사회화하는 것처럼 교도소 내에서 재소자들이 교도소화하는 것이라고 할 수 있다. 사회화는 사람이 살아가는 데 필요한 규범, 도덕, 가치 등을 자신의 것으로 내재화하는 것으로서 1차는 가정에서, 2차는 학교에서, 3차는 사회에서 학습한다. 이와 유사하게 재소자도 교도소에 입소하면서 교도소에서의 수형 생활에 필요한 규범 등을 내재화하는데 바로 이것을 교도소화라고 한다.

그렇다면 왜 재소자가 교도소에 입소하면 교도소화를 하게 되는가? 두 가지 상반된 주장이 있는데, 하나는 유입 모형Importation Model으로 그야말로 재소자가 교도소로 오기 전부터 사회에 범죄적 가치나 규범 등을 가지고 유입한 결과라는 주장이다. 다른 하나는 교도소에서의 수형 생활은 다양한 약탈과 박탈을 경험하게 되는데 생존을 위해서 어쩔 수 없이 형성하게 되는 자기들만의 부문화라고 하는 소위 박탈 모형Deprivation Model이다.

그렇다면 박탈 모형을 주장하는 학자들이 말하는 박탈에는 어떤 것이 있을까? 사회학자인 그레샴 사익스와 데이비드 마차는 '구금의 고통Pains of Imprisonment'이라고 표현하면서 '자유, 자율성, 기호품, 안전, 이성'이 박탈되어 고통을 겪기 때문에 그 고통에서 벗어나기 위해 교도소화를 한다고 한다.

아마 말리크는 이런 박탈과 고통 그리고 위험에서 벗어나기 위해 선택을 한 것은 아닌가 싶다. 실제로 「예언자」에선 교도소 생활에 스며들어 매일 존재하는 폭력과 굴욕, 생존을 위한 끊임없는 투쟁을 사실적으로 그려내고 있다.

영화 속 범죄 코드 4 :
누가 교도소를 이끄는가?

이 영화를 본 관객들은 이 영화의 실질적 주제가 무엇인지 의아해할 수도 있다. 또는 수형자 사회와 그 속에서 일어나는 교도소화를 말하고 싶은 건지 아니면 다른 무언가가 숨겨져 있는지 궁금해할 수도 있다.

일부에선 「예언자」의 진정한 주제는 '파놉티콘Panopticon', 즉 교도소의 건축양식이라고 말한다. 파놉티콘이란 글자 그대로 육각형의 건축양식인데, 그 속에 갇힌 수형자들의 감시 능력을 높이기 위해 설계된 것이다. 영국의 법학자이자 철학자인 제레미 벤담Jeremy Bentham, 1748~1832이 설계한 것으로 알려지고 있으며, 감옥 둘레에 원형의 6층또는 4층 건물이 있고 그 가운데에 감시탑을 설치하는 형식이다.

이에 대해 미셸 푸코Michel Foucault, 1926~1984는 형벌제도에 관한 책 『감사와 처벌Discipline and Punishment』을 통해서 자세하게 설명하고 있다. 파놉티콘의 가장 큰 특징은 배치에 있다. 수형자들은 가운데 있는 감시탑 속 교도관에게는 정면으로 보이지만 측면의 벽이 다른 재소자들과는 접촉하지 못하도록 배치되어 어떤 모의도, 집단적 탈출 시도도, 재범의 계획도, 상호 악습의 영향도 불가능하게 한다고 기술하고 있다.

그러나 한편으론 당시의 교도소가 과연 교도관과 교정당국에 의하여 관리되고 움직였을까 하는 의구심을 낳게 한다. 교도관이 부족한 반면 수용 인구는 증가하기 때문에 대부분의 교도소는 과밀 수용 상태에 놓인다. 교정당국에서는 재소자에 대한 교화 개선보다는 수형자와 교도소의 관리, 즉 사고 없는 교도소 생활이 급선무가 될 수밖에 없다. 교도관 또한 부족한 인력과 그로 인한 감시 능력의 약화를 일부 수형자들의 도움과 힘에 의존할 수밖에 없다.

당연히 재소자에 대한 반대급부, 대부분 금지된 특혜나 특권이라는 시혜를 조건으로 거래가 되기 때문에 이를 빌미로 더 크고 많은 것을 요구하는 재소자에게 교도관은 끌려다니게 된다. 극단적인 경우 교도소가 교도관이 아니라 일부 재소자에 의해서 움직인다고 하는 자조적인 말이 나올 수도 있다.

미국에선 '누가 교도소를 이끄는가?Who leads the prison?'이라는 역설이 등장한 적도 있다. 이런 상황을 두고 학계에서는 '권력의 전체적 부패 Total corruption of power'라고 정의를 내리기도 한다.

영화 속 범죄 코드 5 :
그들도 우리가 될 수 있고 우리도 그들이 될 수 있다

「예언자」는 청소년 범죄자 또는 비행소년에 대한 사법제도, 즉 소년사법제도에 대해서 생각하는 계기를 마련해준다. 말리크는 두려움이 많고 조용하고 온순한 어린 초범의 소년이었다. 여기서 우리는 하나의 의문을 제기하지 않을 수 없다. 어린 소년이 성인 범죄자들과 함께 성인 교도소에 수용되어 그들의 표적과 희생양이 되는 과정 속에서 범죄를 학습해 성인 범죄자로 전환되는 것이 옳은 일인가?

영화에서 보여주는 프랑스 교도소는 부족한 교도관으로 인해 재소자들에 대한 감시의 허술, 변호사와 담합해 귀휴제도를 악용해 외출권을 확보하고 이를 통해 사회로의 재진입 기초와 계기를 마련하고 심지어는 범죄 활동에도 개입하고 있다. 여기서 우리는 교도관과 교정행정의 부패와 무능 그리고 범죄자에 대한 사회적 격리와 수용의 필요성 등에 대한 논란에 휩싸이게 된다.

그렇다면 교도관의 권한을 강화하고 수형자의 자율성을 엄격히 차단해 감시하면서 질서를 유지시켜 더욱더 범죄자를 사회로부터 격리하는 것이 맞는 것인가? 우리가 수형자의 자율성을 허락하지 않는 것은 아마 우리 사회의 '그들They과 우리We'라는 대결 구도에서 기인한 것인지도 모른다. 그들도 우리가 될 수 있고, 우리도 그들이 될 수 있다는 것을 망각한 것이라면 우리는 이번 기회를 통해 범죄자의 사회복귀를 긍정적으로 검토해봐야 할 것이다.

최근 범죄자들도 언젠가는 우리 사회로 되돌아와야 한다면 그들을 배제할 것이 아니라 포용할 필요가 있다는 주장이 힘을 얻고 있다. 결국, 교도소는 재소자를 교화하고 개선해 사회로 복귀시키는 것이 궁극

적인 목표가 되어야 하지만, 당시만 해도 그렇지 못했다는 것을 이 영화
는 사실적으로 보여주고 있다.

참고 자료

- https://en.wikipedia.org/wiki/A_Prophet
- http://adobeairstream.com/film/film-review-a-prophet
- https://www.filmcomment.com/article/a-prophet-review
- https://tvtropes.org/pmwiki/pmwiki.php/Film/AProphet
- https://www.empireonline.com/movies/prophet/review
- https://www.theguardian.com/film/2010/jan/21/a-prophet-review
- https://deepfocusreview.com/reviews/a-prophet
- https://www.rogerebert.com/far-flung-correepondents/criminal-mind-on-jacques-audiards-a-prohet
- https://www.latimes.com/archives/la-xpm-2010-feb-07-la-ca-prophet7-2010feb07-story.html
- https://www.rogerebert.com/reviews/a-prophet-2010
- https://gointothestory.blcklst.com/classic-international-movie-un-proph%C3%ABte-a-prophet-824284d35945
- https://www.hollywoodreporter.com/review/prophet-film-review-93162
- https://www.salon.com/2010/02/26/a_prophet
- https://lwlies.com/reviews/a-prophet

노인을 위한 나라는 없다

No Country for Old Men, 2014
모든 행운에는 피의 대가가 뒤따른다

어느 순간, 물러남을 강요받은 노인은 목이 꺾인 채 뒷방의 아랫목에 앉아만 있다. 아무도 그들의 위치와 역할에 관심을 두지 않는다. 왜냐 하면 그들은 늙었으니까, 더 이상 힘이 없으니까. 그들의 몸은 나날이 쇠약해지만 지혜는 점점 높아진다. 그것을 쓸 수 없을 때는 그저 침묵. 그들의 공백은 세상을 더욱 야비하고 잔인하게 만들기도 한다.

「노인을 위한 나라는 없다」는 2005년 출간한 코맥 매카시Cormac McCarthy, 1933~의 동명소설을 바탕으로 2007년 조엘 코엔Joel Coen, 1954~과 에단 코엘Ethan Coen, 1957~ 형제가 공동으로 감독한 영화다. 소설과 영화의 제목은 리엄 버틀러 예이츠William Butler Yeats, 1855~1939의 시 '비잔티움으로의 항해Sailing to Byzantium'의 'That is no country for old men'에서 인용했다고 한다.

쥐와 고양이의 쫓고 쫓기는 숨바꼭질 같은 영화로 토미 리 존스와 하

비에르 바르뎀Javier Bardem, 1969~, 조슈 브롤린Josh Brolin, 1968~ 등이 출연
했다.

「노인을 위한 나라는 없다」는 코엔 형제 감독이 이전부터 꾸준하게
메시지를 전해온 운명이나 양심 그리고 상황과 우연을 중점으로 그린
영화로, 어느 영화평론가는 예이츠의 시를 인용해 '노인들은 더 이상 젊
은이들의 나라에 속하지 않는다'고 평하기도 했다. 아마도 그는 젊은
이들이 과거에 머물러 있다고 생각하는, 노인들의 지혜를 경시하는 데
대한 비탄과 비애를 말하고 싶은 것인지도 모른다.

영화를 통해 우리는 아마도 젊은이와 늙은이 사이의 균형과 조화가
이 땅 위에서 살고 있는 사람들로부터 사라진 지 오래라는 것을 보여주
는 것은 아닌가 싶다. 아이러니하게도 이 영화에서 노인의 역할을 맡은
보안관 벨의 비중은 매우 적지만 이야기를 이끌어가는 것은 그였다.

노인은 지난 과오와 성공을 내포한 역사를 지닌 지혜의 산물이다

1980년 미국 텍사스 주, 청부살인업자 안톤 쉬거Anton Chigurh, 하비에르 바르
뎀는 자신을 체포한 부보안관의 목을 조르고 탈주한다. 그리고 소음기
가 장착된 공기총을 이용해 도로를 운전하는 한 사람을 멈추게 한 뒤
그를 죽이고 그 차를 훔친다. 주유소에 들른 안톤은 그곳의 주인과 시
실랑이를 벌이지만 동전 던지기의 결과를 예측하자 그를 살려준다.

한편 사막에서 영양을 사냥하던 르웰린 모스Llewelyn Moss, 조슈 브롤린는

마약상들의 총격전이 벌어진 현장을 우연히 목격한다. 여러 구의 시체와 부상을 입은 개, 물을 구걸하는 부상당한 멕시코인, 그 속에서 돈 가방을 들고 도망친 한 사람. 하지만 그는 몇 걸음 못 가 죽어 있었다. 그리고 그의 옆에는 1백만 달러가 있었다.

그 돈을 한 모텔 에어컨 관에 숨기고 집으로 온 모스는 잠을 이루지 못한다. 그러다 일어나 물을 가지고 다시 현장에 가지만 물을 간절히 원하던 멕시코인이 죽어 있었다. 그리고 그의 시야에 들어온 한 무리, 그들에게 바로 추격을 당하는데 모스는 뛰어서 겨우 탈출한다. 집에 돌아온 모스는 아내 칼라 장 모스Carla Jean Moss, 캘리 맥도널드를 친정으로 보내고 숨겨둔 돈을 찾기 위해 모텔로 향한다.

총격전이 벌어진 현장에 도착한 안톤 쉬거는 사라진 돈 가방의 행적에 대해 알아보려고 한다. 자신을 고용한 사람들은 돈 가방에 추적 장치가 있기 때문에 금방 찾을 수 있을 거라고 말한다.

그 사이 은퇴를 앞둔 보안관 에드 톰 벨Ed Tom Bell, 토미 리 존스은 총격전의 현장과 함께 모스의 차를 발견하고 심상치 않음을 느끼지만 이 사건에 개입하는 것을 두려워한다.

돈 가방의 위치를 찾던 쉬거는 모스의 집까지 향하지만 그곳에는 아무도 없었다. 하지만 여러 루트를 통해 돈 가방의 위치를 파악한 쉬거는 모스가 묵고 있는 호텔로 향하고 그곳에서 모스를 기다리는 멕시코인들을 살해한다. 모스는 돈을 숨긴 에어콘 관에 접근할 수 있는 두 번째 방을 빌렸는데 쉬거가 찾기 전 먼저 꺼낸다.

모스는 돈 가방에서 추적 장치를 발견하지만 쉬거는 이미 그의 위치를 알고 있었다. 두 사람은 호텔과 거리에서 총격전을 벌이지만 둘 다 부상을 입게 된다. 모스는 돈 가방을 들고 멕시코로 향하지만 이미 그는 심각하게 부상을 당한 상태라 돈 가방을 수풀 속에 던져버린다.

한편 벨은 보안관으로서 사건을 수사해야 하지만 왠지 모르게 움직이기 싫어한다. 하지만 더 이상 외면할 수도 없어 모스의 아내를 만나 모스에 대한 정보를 주면 그를 보호하겠다고 제안한다.

또 다른 청부살인업자 카슨 웰스Carson Wells. 우디 해럴슨는 병원에 입원한 모스에게 나타나 신변을 보호해주는 대신 돈 가방을 넘겨달라고 제안한다. 하지만 이를 거절하자 웰스는 쉬거가 원하는 것은 모스가 아니라 아내 칼라일 것이라고 말한다. 그리고 모스의 행적을 살피다 수풀에 던진 돈 가방을 찾게 된다. 아이러니하게도 돈 가방을 손에 쥔 순간 웰스는 쉬거의 표적이 된 후 그에게 살해당한다. 웰스가 묵은 모텔 방에 전화가 걸려오자 쉬거는 수화기를 드는데 상대는 모스였다. 쉬거는 처음에는 돈을 포기하지 않으면 아내를 살해할 것이라고 말하지만 결국 돈과 상관없이 모스를 죽이겠다고 협박한다.

모스도 이대로 당할 수는 없다고 생각하고 아내에게 전화를 걸어 엘파소의 데저트 샌즈 모텔에서 만나자고 한다. 그는 돈 가방을 아내에게 준 뒤 그녀를 안전한 곳으로 숨기고 쉬거를 제거하려는 계획을 세운다. 그녀는 보안관 벨에게 남편에 대한 이야기를 하고 그의 신변보호를 수락한다. 하지만 모스의 가족을 추적하던 멕시코 마약상들에게 장모는 실수로 모스의 위치를 알려주고, 보안관 벨이 접선 장소에 도착한 그 시각에 총성을 듣게 된다. 그리고 모스가 피를 흘리며 누워 있다.

영화 속 범죄 코드 1 :
젊음이의 미래는 그들인데 왜 우리는 노인에게 관심을 두지 않는가?

「노인을 위한 나라는 없다」는 전형적인 범죄영화를 답습하지 않는다. 영화 속 등장인물은 그 누구도 승리를 거머쥐지도, 그렇다고 생존하지도 못한다. 보안관, 카우보이, 청부살인업자, 해결사 등의 캐릭터를 짊어진 인물들은 각기 나름대로의 가치관을 형성하고 그것을 지키고자 노력하는 우리의 이웃일 뿐이다. 더불어 결말은 가장 비중이 적은 보안관의 조용하고 더딘 독백으로 끝을 맺는다.

이 영화의 마지막 장면은 우리에게 깊은 의미와 감독의 허무주의적 세계관을 들여다볼 수 있는 창을 제공하기도 한다. 가장 비중이 적은 보안관 벨은 제목에서 암시하는 노인에 해당하는데 왜 우리는 이들의 목소리에 귀를 기울이지 않는지, 그들의 위한 나라는 더 이상 존재하지 않는다는 사실을 어렴풋이 알게 될 뿐이다. 만약 모스와 쉬거가 벨의 충고에 귀를 기울였다면 아마 그들이 허무하게 죽는 일은 없을지도 모른다.

매우 철학적인 영화에서 범죄 코드를 찾으라고 한다면 우선 범죄자로서의 노인이나 피해자로서의 노인에 대한 범죄와 그 피해 그리고 노인 학대에 대한 우려일 것이다.

고령사회로 진입하면서 노령인구의 증가와 생계의 어려움은 생계형 노인 범죄의 원인과 동기가 될 수 있다. 또한 피해자학에서 살펴보면 상황적 취약성으로 인해 자신을 보호하고 방어하기 힘들기 때문에 범죄의 표적이 되기 쉽다. 더불어 아동과 여성 학대에 대한 관심은 많지만 이들 못지 않게 취약한 보호 대상인 노인 학대에 관한 문제는 다뤄지지 않고 있는 실정이다.

영화 속 범죄 코드 2 : 선택한 것이냐, 아니면 선택당한 것이냐에 따른 책임 여부

「노인을 위한 나라는 없다」의 핵심 메시지는 인간 본성에 대한 탐구가 아닐까 싶다. 그것을 범죄학과 관련시켜보면 우선 자유의사론Free Will과 결정론Determinism을 살펴보지 않을 수 없다.

영화 속에서 쉬거는 동전 던지기로 살해할 것인가, 남겨둘 것인가를 결정하는데 이 같은 장면들은 바로 결정론과 자유의사론에 기초한다고 볼 수 있다. 결정론과 자유의사론이 범죄학에서 중요하게 다뤄지는 것은 인간의 본성이 자유의사를 소유한 존재라면 범죄도 자유의지에 따른 선택의 결과이고, 그 선택에 대한 책임도 따라야 하기에 범죄자에 대한 형사정책도 당연히 형벌을 통한 범죄 억제나 응보여야 하기 때문이다.

반면에 인간은 스스로 선택할 수 있는 것이 별로 없으며 마치 남녀나 혈액형처럼 자신의 선택과는 상관없이 이미 결정되어지는 것이라면, 범죄자는 선천적으로 이미 결정되었기 때문에 그들의 범죄행위에 대해서 책임을 묻기보다는 범죄자로 결정될 수밖에 없었던 조건이나 상황을 개선할 필요가 있어 범죄자는 처벌의 대상이 아니라 교화 개선과 처우의 대상이 되어야 한다는 것이다.

한편 이러한 운명론이나 결정론적 시각에서 보면 쉬거가 주유소 사장이나 모스의 아내의 생사를 동전 던지기로 결정하자는 제안은 자신의 행위에 대한 책임이나 죄의식의 완화 또는 제거를 위한 것이라고 할 수 있다. 이는 어떤 면에서는 책임의 회피기도 하며 동시에 중화이론 속 중화기술보다 한 단계 더 높은 '상위의 충성심 호소'와도 관련이 있다고 할 수 있다.

이는 행위자와 행위의 도덕성과 윤리성에도 영향을 미쳐 행위자의 행위에 대한 중재로 작동한다. 결국 자신의 윤리적 선택에 대한 책임을 지지 않게 해주는 자기 합리화를 하게 되는 것이다.

「노인을 위한 나라는 없다」에서 모스는 마약상의 돈을 훔친다. 그 결과 가족을 위험에 빠뜨리는데 그러한 부도덕한 행위는 죽어가는 사람에게 물을 먹이기 위해 범죄 현장에 다시 찾아가거나 가족을 위험에 빠트리지 않기 위해 분리시키거나 자신에게 접근하는 여성을 거절하는 등의 도덕적 행위와는 맞지 않는다. 그는 부도덕과 도덕적 행위 사이에서 흔들렸던 것이다.

반면 쉬거는 청부살인업자로서 가장 부도덕하다고 할 수 있는데 자신을 가로막는 사람을 거침없이 제거한다. 다른 사람의 생사와 운명을 동전 던지기로 결정해 자신에게 돌아오는 책임을 전가하면서 회피하는 것도 빼놓지 않는다.

은퇴를 앞둔 보안관 벨은 기본적으로 자신을 도덕적이라고 믿지만 건강과 상관없이 자신을 위협하는 악행에 대항해 싸울 수도 없고 이길 수도 없다고 생각한다. 그는 내레이션을 통해 이렇게 말한다.

"이 일을 하려면 죽을 각오로 해야 한다는 것은 늘 알고 있다. 하지만 내 운명을 걸고서 이해조차 안 가는 일과 맞닥뜨리고 싶지는 않다."

벨의 이야기를 들어보면 그가 허무주의뿐만 아니라 경찰조직의 직업적 부문화의 가장 큰 특성이라고 하는 냉소주의를 갖고 있음을 감지할 수 있다. 그는 노련하고 현명해서 마을 내 명망이 높지만 이 사건에 접하게 되면서 무력함을 드러낸다. 야비하고 잔인한 세상에서 늙은 보안관은 아무것도 할 수 없기 때문이다.

하지만 이 영화는 왠지 모르게 고전적 레퍼토리인 권선징악의 냄새가 조금씩 풍긴다. 돈에 욕심을 부린 모스와 쉬거는 죽거나 부상을 당하지만 보안관 벨은 은퇴할 때까지 안정적으로 살아가기 때문이다. 그는 자신의 꿈을 빗대 탐욕은 사람을 파멸로 이끌지만 돈에 대한 욕망이 적은 사람은 안전하고 풍족한 삶을 영위할 수 있다고 말한다. 그리고 이 영화는 세상에 믿을 사람 아무도 없다는 비열한 세계관을 보여주고 있기도 하다.

영화 속 범죄 코드 3 :
쫓고 쫓기는 행위로 인해 서로의 위치가 바뀌다

「노인을 위한 나라는 없다」가 전하는 또 하나의 흥미로운 범죄 코드는 최근 비중 있게 다뤄지고 있는 '가해자와 피해자 사이의 중첩'이다. 이 것은 말 그대로 한때 가해자였던 사람이 피해자가 되고, 한때 피해자가 되었던 사람이 가해자가 된다는 것을 의미한다.

이 영화에서 쉬거는 돈 가방을 찾기 위해 모스를 쫓지만 어느새 모스 또한 쉬거를 쫓는다. 그리고 그런 그들을 벨이 쫓는다. 쫓고 쫓기는 행 위로 인해 서로의 위치가 바뀌어 사냥꾼이 잠시 사냥감이 되고, 사냥감이 잠시 사냥꾼이 되기도 하는 것이다. 결국, 이 논리대로라면 가해자와 피 해자는 전혀 다른 세계의 전혀 다른 이질적인 존재가 아니라 사실은 동질 적일 수 있다. 다만 상황과 상대에 따라 가해자와 피해자가 결정된다.

영화 속 범죄 코드 4 :
범죄의 도덕성을 가르는 중요 변수는 범죄의 의도다

이 영화를 바라본 범죄학자의 눈에는 또 다른 한 가지 흥미로운 사실이 보이기도 한다. 바로 범죄행위의 도덕성 문제다. 우리는 범죄행위를 매 우 부도덕적이고 비윤리적이라고 생각한다. 과연 그럴까? 물론 절대 다 수의 범죄행위는 부도덕하고 비윤리적이지만 사실 일부 범죄는 이런 도 덕성과 전혀 무관한 경우가 있다.

예를 들어 과실로 인해 법을 어길 경우 범죄행위로 규정되고 처벌도 받지만 그것이 매우 부도덕하고 비윤리적이지 않는 경우도 있다. 반면 인종차별과 성차별 등은 사회적으로 매우 부도덕하고 비윤리적이지만 범죄로 규정되지 않기 때문에 처벌도 받지 않는다.

범죄의 도덕성과 관련된 중요 변수는 범행의 의도다. 나쁜 의도를 가지고 범죄를 저지를 경우 이는 명백하게 부도덕한 것이지만 그런 의도가 없지만 결과적으로 범죄를 저지르게 된 경우는 명백하게 부도덕하다고 할 수는 없을 것이다.

다른 사람에게 큰 피해를 주지만 범죄로 규정되지 않는 유형의 행위는 법률로 처벌을 받지 않기 때문에 이런 한계를 극복하기 위해 '인권을 침해하는 모든 행위'를 범죄로 규정해야 한다는 목소리가 커지고 있는 실정이다.

영화 속 범죄 코드 5 : 자신만의 논리로 세상을 설명할 수 있다는 착각

「노인을 위한 나라는 없다」속 흥미로운 캐릭터는 아마도 청부살인업자 안톤 쉬거일 것이다. 그는 자기만의 신념과 진리를 보유하고 있지만 다른 사람과 감정적으로 유대를 갖지 못하는 특성을 가진 사람이다. 그래서 다른 사람들로부터, 심지어는 자신으로부터도 심리적으로 배제되었다고 할 수 있다. 그저 자신만의 논리로 세상을 설명할 수 있다고 착각한다.

그 예로 안톤 쉬거가 차를 몰다 까마귀를 보고 총을 쏘는데 까마귀가 죽음을 의미하는 새기 때문이다. 죽음에 대한 암시는 자신만이 해야 한다고 생각한 것이다. 살인에도 자신만의 정당성을 부여하는 그는 주유소 주인과의 대화를 통해 살인의 정당성을 찾으려고 한다. 하지만 동전 던지기를 통해 주인의 운명을 선택하는데 이것은 그가 운명을 믿는 결정론자라는 사실을 대변하기도 한다.

이 영화 속 어디에서도 그의 개인적 상황에 대한 언급이 없다. 가정이 있는지도 모르고, 가까운 친척이나 친구가 있는지도 알려주지 않는다. 그저 자신의 입맛에 맞지 않으면, 자신의 뜻에 거스르면 누구든 상관없이 죽인다.

이는 「콜래트럴」의 청부살인업자 빈센트와는 완전히 다른 외로운 늑대인 것이다. 이런 점을 보았을 때 그는 약간의 자폐성을 가졌거나 아니면 반사회성 인격장애자인 소시오패스일 가능성이 높다.

참고 자료

– https://en.wikipedia.org/wiki/No_Country_for_Old_Men_(film)
– https://www.theguardian.com/film/2008/jan/18/drama.thriller
– https://film-vault.fandom.com/wiki/No_Country_for_Old_Men
– www.reelviews.net/reelviews/no-country-for-old-men
– https://consequenceofsound.net/2017/11/no-country-for-old-men-
  and-the-unavoidable-cycle-of-greed-and-violence
– www.screenprism.com/insights/article/no-country-for-old-men-
  ending-explained
– https://medium.com/all-things-cinema/no-country-for-old-men-
  2007-653196c097fc
– https://www.slashfilm.com/the-no-country-for-old-men-ending-10-
  years-later
– https://www.vulture.com/2017/09/remembering-no-country-for-old-
  men-10-years-later.html
– https://www.independent.co.uk/arts-entertainment/films/reviews/
  no-country-for-old-men-15-770984.html
– https://filmschoolrejects.com/no-country-for-old-men-and-the-
  value-of-human-life-5e3de6277bd2

CHAPTER
10

되갚다

–

당한 자만이
되갚아줄 수 있는

씬 시티

Sin City, 2014

죽을 만한 가치, 죽일 만한 가치

정의는 부패의 도시에서 싸우다 동정으로 전락하고, 불의는 부패의
도시에서 권력을 등불 삼아 우뚝 올라선다. 죄악은 어두운 심연 속
에서 일반적 가치로 평가되면서 모든 사람들은 악에 무뎌진다.

「씬 시티」는 프랭크 밀러Frank Miller, 1957~와
로버트 로드리게즈Robert Rodriguez, 1968~가 공동 감독하고, 쿠엔틴 타란
티노가 특별 객원감독으로 참여한 영화다. 프랭크 밀러의 동명만화 10
권에서 1, 2, 4권에 수록된 에피소드를 묶어 만들었는데 그가 공동연출
로 참여한 것은 영화가 만화와 조금만 달라도 원작 사용권을 허락하지
않으려고 했기 때문이다. 브루스 윌리스Bruce Willis, 1955~, 제시카 알바
Jessica Alba, 1981~, 미키 루크Mickey Rourke, 1952~, 클라이브 오웬Clive Owen,

1964~ 등이 출연했다.

이 영화의 배경이 되는 도시의 명칭은 베이슨 시티Basin City지만 도로 판의 표지에 'Ba'가 훼손되어 'sin city'로 되어 있어 씬 시티로 불린다. 1 권『하드 굿바이The Hard Goodbye』와 2권『도살의 축제The Big Fat Kill』, 4권 『노란 녀석That Yellow Bastard』을 이어 붙였다.

영화는 온통 매춘부, 포주, 자객, 살인청부업자, 건달, 두 명의 전과자, 썩은 정치인, 유명 스트리퍼, 타락한 경찰, 뇌물 받는 판사, 타락한 종교 인, 아동성학대범, 알코올 중독자 등으로 들끓는다. 당연히 모든 악, 범 죄, 정신병질, 협박, 뇌물, 고문 등이 빈번하게 나온다.

정의의 가치가 추락하는 순간, 부패는 어둠 속에서 슬며시 피어오른다

영화의 첫 번째 에피소드 '하드 굿바이'는 미키 루크가 맡은 마브Marv를 중심으로 돌아가는데 그는 하룻밤을 나눈 여인이 죽은 채로 발견되자 살인 누명을 쓰고 쫓기게 된다. 이에 분노하고 그녀를 죽인 살인범을 찾 는데 이 과정에서 마주치는 사람은 모조리 해치운다.

영화의 두 번째 에피소드 '도살의 축제'는 클라이브 오웬이 맡은 드 와이트Dwight가 이끌어간다. 전직 사진기자였던 그는 전 경찰반장이었 던 재키 보이Jackie Boy, 베니시오 델 토로의 무리들이 매춘업을 하고 있는 자 신의 애인인 게일을 괴롭히는 것을 보고 올드타운의 보스와 이들을 막 아낸다.

영화 세 번째 에피소드 '노란 녀석'은 브루스 윌리스가 맡은 존 하티건John Hartigan이 이끌어가는데 정의로운 형사가 상원의원의 아들이자 아동에 대한 이상성욕자이자 유괴범인 로크에게서 한 젊은 여성을 보호하려고 고군분투하는 이야기를 다룬다. 영화의 시작과 끝은 6권 『알코올, 여자 그리고 총탄Booze, Broads, & Bullets』에 나온 짧은 에피소드를 따왔다.

영화 속 범죄 코드 1 :
매춘여성의 인권 침해와 착취 그리고 아동에 대한 이상성욕

「씬 시티」의 에피소드는 각각 독립적인 이야기지만 부패한 도시 속에서 판치는 범죄들에 초점을 맞추고 있다. 여기서 우리는 많은 범죄학적 코드를 찾을 수 있다. 우선 성매매에 대해 생각해보지 않을 수 없다. 성性을 사고파는 것이 전적으로 불법인 나라가 대부분이지만 독일이나 네덜란드와 같이 합법화된 나라도 있다. 하지만 성매매는 이 영화가 만들어진 미국이나 한국에선 법률적으로 금지된 범죄에 속한다.

현재는 대부분 사라졌지만 아직도 부분적으로 남아 있는 집창촌에 대해서도 공중보건, 위생, 전염병 관리 등의 이유로 공창을 제도화하는 등 합법화시켜야 한다는 주장도 있지만 반대의 목소리가 더 높다. 특히 「씬 시티」에서도 나오지만 매춘은 매춘 그 자체로만의 문제가 아니라 그와 관련된 사람들, 즉 포주의 악행이 더 문제가 될 수 있기 때문에 이를 더 심각하게 검토해야 한다.

일부 악덕 포주의 경우, 매춘여성의 인권 침해와 착취와 약탈 그리고 심지어는 외국인 여성을 불법으로 데려와 거의 감금하면서 성매매를 강요하고 화대를 갈취하는 등의 국제적 범죄로까지 이어질 수 있기에 큰 문제가 될 수 있다.

특히 상원의원의 아들이자 아동에 대한 이상성애자인 로크의 범죄는 최근 국제범죄로까지 확대된 아동 성매매를 연상케 한다. 아동을 대상으로 자신의 이상한 성적 요구를 충족시키는 것은 엄연한 범죄다. 연쇄 살인 자체도 잔인하지만 그것이 어린이를 대상으로 하는 이상성욕 때문이라면 더욱 문제가 될 수 있다. 어린이는 자기보호와 자기결정의 능력이 결여된 우리 사회 가장 취약한 집단이기에 더욱 죄질이 나쁘다고 할 수 있다.

영화 속 범죄 코드 2 :
부패한 권력의 원인을 어디서 찾을 수 있을까?

상원의원 아버지를 둔 로크는 자신의 범죄를 감추기 위해 아버지의 권력을 활용한다. 그리고 그의 아버지는 아들의 잘못을 꾸짖기보단 아들의 범행을 감추거나 덮기 위해 경찰을 비롯한 관료들을 매수하는 등 사법행정에서의 거래를 거침없이 행한다. 이는 정치인의 부패를 여실 없이 보여주는 것이기도 한다.

그 결과 형사정책, 사법제도와 기관 그리고 사법 종사자들의 부정과 그로 인한 신뢰의 상실과 공권력의 부실화를 초래한다. 정치인이나 관료의 부패를 범죄학에서는 정치적 범죄의 하나, 즉 정부에 의한 범죄로 다루고 있다.

또 한 가지 참고할 만한 것으로 이런 경찰관의 부정과 부패의 원인에 대해 살펴볼 필요가 있다. 두 번째 에피소드의 괴짜 경찰인 재키 보이의 경우 경찰의 일탈과 부패가 전체 경찰조직의 문제인지 아니면 개인적 탈선인지 범죄학계에서는 주요 논쟁이 되고 있다.

여러 번 언급했지만 경찰 부패의 바탕이 '썩은 사과' 때문인지 아니면 '썩은 사과상자' 때문인지를 가리는 것은 쉽지 않기 때문이다. 과거에 는 비교적 썩은 상자가 경찰 부패의 원인이라는 인식이 상대적으로 더 강했던 반면에 현재는 경찰 부패가 조직이 아니라 경찰 개인의 일탈이 라고 이해하는 경향이 더 강하다. 이런 연유로 경찰 부패를 해소하려면 조직 문화의 개선도 중요하지만 오히려 경찰의 선발과 채용의 중요성이 더 강조되곤 한다.

영화 속 범죄 코드 3 :
언제까지 여성은 남성 문화의 부속물로서만 존재해야 하는가?

「씬 시티」에선 정의를 구현하고자 하는 세 사람이 주인공이다. 이들은 도시 전체가 부패로 얼룩져 있기 때문에 자기방어와 자경주의로 악의 무리를 응징하려고 한다. 범죄로부터 자신을 보호하기 위한 개인적 노 력이 자기방어라면, 지역사회와 그 구성원 개개인에 대한 범죄 예방과 집단적 노력은 자경주의에 기반한다.

이런 노력들이 좀더 확대되고 진전되고 조직화된다면 우리는 이를 경찰 활동의 민영화라고 할 수 있을 것이다. 개인과 지역사회의 안전이 반드시 국가, 경찰만의 책임과 문제가 아니라 지역사회의 문제이자 책임이기도 하며, 당연히 그 해결도 지역사회에서 찾아야 한다는 주장은 점점 설득력이 높아질 것이다. 이 영화에서도 이런 측면이 구체적으로 연출되는데, 드와이트의 애인인 게일을 중심으로 조직적으로 활동하는 매춘여성들의 자경활동이 대표적이다.

반면 이 영화 또한 성차별주의를 느낄 수 있다. 「씬 시티」에 나오는 모든 여성들은 매춘여성이나 스트립트 댄서 등으로 묘사하면서 여성을 상품화하고, 남성은 지나치게 마초로 만들고 있다. 이는 여성을 남성의 부속물 정도로 표현하고 있는 것이다.

그래서 동명의 영화와 만화는 남성 중심의 부문화를 대중문화로 가져왔다는 중요한 의미를 지닌다. 영화 속 여성들은 그저 그들의 성性과 외적인 아름다움으로 평가되어 남성들의 환상의 표적이 된다. 그리고 그들은 남성 파트너로부터 폭력의 대상이 되면서 잔인한 범죄의 희생양으로 그려지고 있다. 어쩌면 남성 중심의 부문화일 수 있지만 더 정확하게 말하면 잘못된 통념들은 사회의 성 문제와 성범죄, 특히 성폭력에 영향을 미친다는 사실에 주목할 필요가 있다.

특히 영화 곳곳에 남편이나 자신을 학대한 남성에 대한 원망으로 보복을 실행하는 여성들이 나온다. 이런 장면은 여성의 일종의 반항으로 느껴지는데 이와 같은 장면들은 여성주의에서 주요 쟁점이 될 수 있다.

영화 속 범죄 코드 4 :
부패한 도시를 구원할 수 있는 자는 누구인가?

「씬 시티」는 '원죄의 도시'로서 고문과 가학성을 가장 잔인하게 연출하고 표현한 것으로 평가되고 있다. 특히 이러한 관점의 논쟁은 9.11 테러 이후에 더욱 가시화되었다고 할 수 있다. 이런 연유인지는 분명하게 짚을 수는 없지만 최근 미국 범죄학계에서 빈번하게 연구되는 주제의 하나가 바로 '경찰의 정당성'과 관련되지 않을까 조심스럽게 추정해본다.

이 영화는 처음부터 끝까지 매우 폭력적이고 소름끼치게 만든다. 여성들은 상품화되고, 아이들은 학대를 당하고, 고문과 식인주의 cannibalism와 같은 심하게 거슬리는 장면들로 구성되어 있다. 심지어 경찰과 도둑이 한통속이다.

그야말로 거의 모든 것들이 한계를 벗어난 것들이어서, 관객들은 영화가 표현하는 폭력과 고통이 너무 무모하고 터무니없어 도덕적으로 판단할 수 없는 경지에 이르게 된다.

영화 전반에 걸친 잔혹하고 냉혈적인 폭력, 고문, 사지절단, 식인주의 그리고 아무런 희망이 없는 수감과 구금 등이 난무한다. 더불어 정치인에서부터 종교인 그리고 경찰에 이르기까지 거의 모든 사람들이 다 범죄자이거나 범죄적으로 느껴진다. 바로 이런 상황을 아노미, 즉 무규범의 사회라고 하는 것이다. 이런 사회에서 사람들은 더 많은 긴장을 느껴 더 많은 범죄가 발생할 수 있다. 그와 함께 자살률도 높아진다.

한편 우리는 「씬 시티」를 보면서 예술성과 폭력성의 한계, 표현의 자유와 음란성의 경계에 대하여 한번쯤은 진지하게 생각해볼 계기를 마련해보는 것도 좋을 것 같다.

영화 속 범죄 코드 5 :
엘리트의 일탈과 범죄 그리고 은폐

「씬 시티」에서 보여주는 로크의 범행은 엘리트의 일탈이나 범죄를 연상케 한다. 그리고 그런 아들을 보호하기 위해 상원의원인 아버지는 경찰 및 사법기관 종사자를 매수해 범죄를 덮는다.

기본적으로 범죄는 취약한 상태에 있는 사람들의 전유물로 인식되고 있다. 각종 공식 범죄 통계도 이런 추정을 확인해주고 있다. 경찰이나 검찰의 공식 범죄 통계는 물론이고 교도소의 수형자 통계에서도 이런 하류계층 편중 현상은 예외가 없다.

그러나 자기보고식 조사self-reported survey에 따르면 적어도 청소년들의 비행은 하류계층만의 전유물이 아니라 계층과는 상관없이 모든 계층에서 발생하며, 최근 중상류층 비행의 증가가 이를 대변해주고 있다. 로크와 그의 아버지의 일탈과 경찰의 부패 등은 이런 현상을 잘 대변하고 있다.

영화 속 범죄 코드 6 :
집행유예와 가석방의 조건

비교적 작은 부분이지만 「씬 시티」에선 보호관찰에 관한 일면이 나온다. 마브는 보호관찰을 조건으로 가석방된다. 보통 보호관찰은 판사가 보호관찰관의 보호와 감독을 조건으로 형의 선고나 집행을 유예하는 '집행유예'와 교도소에서 보호관찰관의 보호와 감독을 조건으로 석방시키는 '가석방'으로 구별된다. 우리나라에선 이 둘을 통칭하여 그냥 '보호관찰'이라고 한다.

통상적으로 보호관찰에 회부되면 지켜야 할 조건들이 따른다. 그 조건을 어겨 상황이 나쁘게 돌아가면 교도소로 재수감된다. 영화에서 마브의 담당 보호관찰관이 그의 거침없는 행동을 자제시키느라 설득하는 장면이 나온다. 만약 마브가 보호관찰의 조건을 어기게 되면 지옥 같은 교도소로 되돌아가야 하기 때문이다. 물론 살인 누명을 쓴 마브에게 그런 설득이 통할 리 없겠지만 말이다.

참고 자료

- https://www.pluggedin.com/movie-reviews/sincity
- https://www.seattlepi.com/ae/moviews/article/Comic0book-world-of-Sin-City-gleefully-revels-1169867.php
- https://www.rogerebert.com/reviews/sin-city-2005
- https://www.slideshare.net/freyal/the-male-gaze-in-sin-city
- https://slate.com/culture/2005/03/the-genius-of-sin-city.html
- https://markcz.com/sin-city-movie
- https://exploderblog.com/index.php/2016/11/21/recap-sin-city

몬스터

Monster, 2003
나도 날 용서할 수 있을까?

한 번도 마음 편하게 자본 적이 없는 사람이 누군가에게 따뜻함과 위안을 받은 순간, 사랑이 움트고 마음속 깊이 숨겨두었던 헌신이 발현된다. 만약 그런 감정을 일찍 느꼈더라면, 부모가 아니었다면 조부모에게라도, 아니면 형제에게라도 느꼈더라면, 그녀는 거리에서 서성거리지 않았을지도 모른다.

패티 젠킨스Patty Jenkins, 1971~가 감독하고, 샤를리즈 테론Charlize Theron, 1975~과 크리스티나 리치Christina Ricci, 1980~가 주연을 맡은 「몬스터」는 F등급F-Rating⊚의 영화다.

1980년대 후반에서 1990년대 초에 걸쳐 7명을 살해하고 2002년에

⊚ 영화가 여성의 의식이 반영되어 있는지를 판단하는 특수한 등급으로, 여성 감독이 연출하거나 여성 작가가 각본을 쓰거나 여성 캐릭터가 중요한 역할을 했을 경우, 한 가지만 충족되더라도 F등급으로 선정된다.

플로리다에서 사형이 집행된 매춘부 출신의 여성 연쇄살인범 에일린 워노스Aileen Wuornos, 1956~2002의 일생을 바탕으로 만들어진 실화다.

에일린은 일곱 명의 남성을 살해하고 12년 동안 사형수로 수형 생활을 하다 2002년 형장의 이슬로 사라진 여성이다. 그녀는 진정 사악한 여자였을까? 그렇다면 그 사악함은 어디서 기인했을까? 패티 젠킨스 감독은 이 영화를 연출하면서 그녀의 인생을 통해 동정심을 끌어낸다거나 여성주의의 순교자를 만들려고 한 것은 아니라고 말한다.

하지만 그녀는 에일린의 범죄 행각에 대한 공포와 여성이 마주쳐야 할 대인관계의 마찰을 가볍게 여기지 않으면서 살인 그 자체보단 주변 여건과 상황에 더 초점을 맞췄다. 그로 인해 에일린을 더 인간답게 만들었다는 평가를 받았다.

거리를 헤매던 한 여자가
따뜻한 침대에서 위안을 받다

1989년, 미시간에서 플로리다 데이토나비치로 이주한 매춘여성 에일린샤를리즈 테론은 자살하기 전 한 바에 들러 술을 마시다 셀비 월Selby Wall, 크리스티나 리치을 만나게 된다. 그녀의 순수함에 빠진 에일린은 셀비의 집에서 함께 밤을 보내고 그들은 서로 사랑에 빠지게 된다.

셀비와 데이트하기 위해 돈이 필요했던 에일린은 다시 매춘을 시작하는데 폭행과 가학적인 성행위를 요구하는 남자에게 벗어나기 위해 그를 살해한다. 그리고 셀비에게 찾아가 함께 지내자고 한다. 에일린은 더 이상 매춘을 하지 않겠다고 결심하고 합법적인 직업을 찾기 위해 노력하지만 그녀의 전과 기록과 능력 미달로 냉대와 모욕만 받게 된다.

급기야 돈이 떨어진 에일린과 셀비는 굶주리게 되는데 셀비는 왜 매춘을 다시 하지 않느냐고 에일린을 추궁한다. 그때서야 자신의 범행을 고백한 에일린은 다시 셀비를 부양하기 위해 거리로 나서지만 자신에게 접근하는 남자들이 자신을 강간할 것이라는 확신을 하고 그들을 살해하고 금품을 강탈한다. 그 돈으로 셀비를 만족시키지만 자신과 매춘하려 한 경찰까지 총을 쏴서 죽인다. 그 후에도 그녀는 남자들을 살해하는데 급기야 에일린과 셀비는 현상금이 걸린 수배자 신세가 된다.

에일린은 셀비를 고향으로 돌려보내고 바에서 술에 취한 채 하루하루를 비틀거리며 사는데 결국 현상금을 노리고 그녀를 경찰에 넘기려는 사람들에게 붙잡혀 경찰에 체포된다.

유치장에서 마지막으로 셀비와 통화하면서 셀비는 유죄가 될 수 있는 정보를 언급하는데 이를 경찰이 엿듣고 있다는 것을 알게 된 에일린은 셀비를 보호하기 위해 모든 살인은 자기만의 단독범행이라고 자백한다. 재판에서 증인으로 법정에 선 셀비는 에일린에게 불리한 증언을 하고 결국 에일린은 사형을 선고받는다. 그리고 2002년 10월 9일 사형이 집행된다.

영화 속 범죄 코드 1 :
불우한 가정사가 범죄를 정당화할 순 없다. 하지만……

에일린 워노스는 왜 미국 최초로 아니, 미국 역사상 가장 유명한 여자 연쇄살인범이 되었을까? 이 의문에 답하기 위해선 그녀가 처한 어린 시절을 살펴볼 필요가 있다.

14살의 나이에 정신분열증을 앓고 있는 한 남자와 결혼한 에일린의 어머니는 에일린을 낳기 전 남편이 경범죄로 체포되어 군대에 보내지자 이혼한다. 두 아이를 혼자 키워야 했던 어머니는 결국 친정에 아이들을 맡기고 떠난다. 에일린의 아버지는 그 후에도 범죄를 저질렀고, 결국 8살 여자아이를 강간한 혐의로 복역하던 중 교도소에서 자살했다.

조부모 밑에서 밝고 건강하게 자라면 좋았겠지만 에일린 또한 13살 때 자신을 양육하던 할아버지에게 성폭행을 당하고 14살에 첫 아이를 임신하기도 했다고 한다. 그 후 학교를 그만두고 가출해 생계유지를 위해 매춘을 시작했다.

그녀의 불우한 가정사가 그녀의 범행을 정당화할 수는 없겠지만 그녀에겐 지독한 감정적 상처와 흉터가 남아 있었던 것은 사실이다. 그것이 그녀로 하여금 범죄자의 길로 내몰지는 않았는지 생각해봐야 할 것이다.

여기서 우리는 가정폭력과 학대, 부모의 양육 능력과 자격 등이 그녀의 범죄 요인이 되었거나 적어도 범죄를 용이하게 했을 수 있다고 분석할 수 있을 것이다.

영화 속 범죄 코드 2 :
폭력성의 전이는 세대 간의 전이로 옮겨간다

우리는 「몬스터」를 통해 '폭력성의 전이transition of violence'라는 범죄 코드를 확인할 수 있다. 폭력의 전이는 세대 간의 전이, 즉 부모로부터 자녀 세대로 전이된 폭력성이 그 하나요, 폭력의 피해자가 스스로 폭력의 가해자로 전이되는 것이 그 두 번째이다. 어릴 적 부모로부터 아동학대와 가정폭력의 피해를 겪은 아이들이 부모가 되어 자신의 자녀를 학대하고 배우자를 폭행하는 가해자가 되는 것이다. 흔히 세상에 알려진 대부분의 엽기적 범죄자들이 어린 시절 아동학대와 가정폭력의 피해자였음이 이를 잘 대변해주고 있다.

에일린은 셀비를 통해 진정한 사랑에 눈을 뜨게 되고 새로운 삶을 살고 싶다는 희망을 갖는다. 그리고 자신의 직업인 매춘에 대해 분노와 증오를 느낀다. 그녀를 찾은 성 매수자인 남성들 모두가 폭력적이고, 구제할 수 없는 강간범으로 가정하면서 자신의 일련의 살인 행각을 정당화하기도 한다. 그녀가 동성에게 안정과 사랑을 느끼는 것은 그녀를 괴롭힌 대상은 남자였기 때문은 아닐까 싶다.

그녀는 자신의 범행을 자기방어를 위한 정당방위라고 합리화하지만 사실 그조차도 가정과 사회 속 충돌로 인한 분노와 증오의 표출인지도 모른다. 이런 면에서 그녀의 범죄는 증오범죄에 해당한다. 그리고 성을 매수한 남성을 노린 점에서 표적범죄라고 할 수 있다.

세상을 놀라게 했던 연쇄살인범 중 한 명인 유영철은 자신의 범행 대상을 유흥업소 종사자로 한정을 지었다. 이것 또한 표적범죄에 해당한다. 실제로 에일린은 법정에서 이렇게 진술하며 사형 집행을 원했다고 한다.

"나는 인간을 심각하게 증오하는 사람이고, 또 다시 사람을 살해할지 모른다."

영화 속 범죄 코드 3 : 자기방어인가? 과잉대응인가?

「몬스터」는 연쇄살인범인 에일린을 미화하는 영화가 아니다. 다만 살인의 이점을 합리적으로 평가하고 하나의 습관으로 만든 평범한 사람으로 묘사했다. 이는 그녀의 범행이 고전학파가 주장하는 인간의 본성, 즉 자유의지의 소유자로서 범행도 합리적이고 이성적으로 계산된 선택의 결과로 이해한 것이다. 그리고 그 선택은 자신이 사랑하는 사람의 생존을 위한 도구로서 활용했다는 것이다. 증오범죄를 생존을 위한 도구로 이용했다고 할 수 있다.

이 영화가 주는 범죄학적 코드의 하나는 바로 '자기방어'와 '정신이상 무죄 변론'이다. 에일린은 재판 과정에서 자신이 남성들을 살해한 것은 그들이 자신을 강간하고 폭행하려 했기 때문이라고 진술했다. 자신의 범죄는 자신을 방어하기 위한 어쩔 수 없는 행위였다고 주장한 것이다.

하지만 에일린에 대한 또 다른 영화 「오버킬Overkill」은 제목이 의미하는 것처럼 자신의 범행을 정당화하기 위한 주장이며 그들을 살해까지

한 것은 지나치다는 메시지를 전하고 있다. 범죄학적으로 그녀의 행위는 과잉대응이며, 실제로 그녀를 강간하고 폭행하지 않고 오히려 도움을 주려고 한 사람까지 살해한 것을 보면 그녀의 주장은 설득력이 떨어진다.

그녀의 변호인 측에서도 그녀가 살인을 한 것은 아마도 그녀의 불우한 가정사로 인한 심리적 문제로 파생될 수 있는 정신질환이나 장애로 초점을 맞췄다. 예를 들어 경계성 인격장애borderline personality disorder나 반사회적 인격장애를 가진 사이코패스였기 때문이며 따라서 그녀의 행동에 책임을 물어서는 안 된다고 주장하는 '정신이상으로 인한 책임 조각'이라는 변론을 했다. 실제로 그녀가 보인 각종 비정상적 심리와 감정 상태는 그녀가 초기 아동기에 겪은 각종 불행과 사건으로 인한 외상 후 스트레스증후군에 기인한 바가 크다고 한다.

영화 속 범죄 코드 4 :
피해자가 없는 범죄에 처하기 쉬운 매춘여성들

한편 「몬스터」는 실제 에일린 워노스를 엽기적인 연쇄살인범임에도 그녀를 피해자로 묘사했다는 비판을 받기도 했다. 아마도 이는 매춘여성이 범죄에 취약하다는 사실에 바탕을 둔 관점일 것이다.

피해자학에선 피해자가 될 위험이 높은 사람을 두고 범죄에 취약한 대상이라고 하는데 특히 매춘여성이 이에 해당한다. 매춘여성은 직업의 특성상 범죄 위험에 쉽게 노출되기 때문에 범죄에 취약할 수 있다.

매춘여성이었던 에일린은 전통 범죄와는 사뭇 다른 '피해자 없는 범죄 Victimless crime'에 처하기 쉬운데 이들이 스스로 가해자이자 피해자가 될 수 있기 때문이다.

그래서 이런 직업에 처한 사람은 피해를 당하지만 바로 신고를 할 수 없다. 이로 인해 범죄 피해자가 쉽게 될 수 있는 취약성을 더 많이 갖게 되는 것이다. 여기서 한 걸음 더 나아간다면 이런 면에서 매춘에 대한 비범죄화나 합법화의 논의가 대두되기도 한다.

영화 속 범죄 코드 5 :
독극물이 아니라 총기를 사용해 남성을 살해한 에일린

「몬스터」를 자세히 살펴보면 피해자와 가해자에 대한 형사사법과 정책의 불균형에 대한 문제를 파악할 수 있다. 한 발 더 나아가면 과연 범죄의 책임은 누구에게 있는가 하는 의문이 제기될 수도 있다.

물론 범죄의 책임은 무고한 피해자에게 피해를 입힌 가해자에게 있다. 하지만 때론 피해자가 자신의 피해를 촉발한 상황도 있기 때문에 피해자의 역할과 책임이 논란이 되기도 한다. 여기서 바로 범죄에 대한 책임 소재의 문제로 '피해자 비난'과 '가해자 비난' 또는 '피해자 비난'과 '피해자 옹호'라는 극단적 논쟁이 생기게 되는 것이다. 정당방위를 제외하면 아마도 거의 모든 범죄가 이유를 막론하고 무고한 피해자가 아니라 가해자가 비난받고 책임져야 할 것이다.

언론에선 에일린 워노스를 미국 최초의 여성 연쇄살인범으로 묘사하고 있지만 사실 이전에 미국에서 연쇄살인을 행한 여성은 있었다고 한다. 그럼에도 이 영화는 우리에게 최초 여성범죄와 여성이 행한 연쇄살인이라는 경각심을 제공하고 있다. 일반적으로 여성범죄는 남성범죄와는 살인의 방법이나 수법이 사뭇 다르다고 할 수 있다.

대표적으로 살인 수법으로 남성들이 총기나 흉기를 빈번하게 이용하는 반면에 여성은 독극물 등을 선호한다. 이런 일반적 여성 살인범죄의 특성과 다르게 에일린 워노스는 총기를 사용하여 살인을 했다는 점에서 여성범죄보다 남성범죄에 더 가까운 양상을 보인다. 이런 점에서 그녀를 '최초의 여성 연쇄살인범'이라고 잘못 기사화했을 수도 있다.

앞에서도 「몬스터」가 에일린을 피해자로 미화했다는 지적을 언급했는데 우리 사회의 형사사법기관은 여성범죄에 대한 관대함이 있는 편이다. 이를 두고 여성 범죄자에 대한 기사도 정신의 발현이라거나 가면 쓴 범죄성이라고 하는 비판을 하게 되는 것이다.

여성 범죄자의 특성 중 하나는 그들이 가정폭력, 특히 배우자의 폭력의 피해자인 경우가 많다. 무자비한 폭행을 견디다 못한 나머지 자신을 방어하기 위해 배우자를 살해한다. 즉 자신에 대한 학대로 분노와 증오가 촉발될 때만 살해하는 반면 에일린 워노스는 경제적 동기를 포함한 여러 이유로 살인을 저질렀다. 아마도 이런 점에서 그녀를 피해자로 미화하고 있다는 비판을 받는 것은 아닌가 싶다.

영화 속 범죄 코드 6 :
더 큰 범죄를 예방하기 위해선 그들을 받아들여야 한다

이 영화는 범죄자가 준법시민으로서 생산적인 사회인으로 복귀해 우리 사회에 통합되는 것이 얼마나 어려운지를 보여주고 있다. 에일린의 일화를 통해 그것은 거의 불가능에 가까울 정도로 힘들어 보인다.

에일린은 셀비와의 새 삶을 위해 바르게 살려고 노력하지만 그녀가 정상적인 직업을 갖는 것은 하늘의 별을 따는 것만큼이나 힘들었다. 결국 끼니를 굶어야 할 정도로 극심한 생활고를 겪는다.

교정학 측면에서 살펴보면 범죄자를 교화하고 개선시키는 것은 어려운 일이다. 설사 교화된 수형자라 할지라도 막상 사회로 복귀하기 위해선 수많은 장애물을 극복해야 한다. 그들에겐 사회는 보이지 않는 장벽을 하나 세우고 대하는 것과도 같다.

전과자와 출소자를 위한 사회 재진입을 위한 사회복귀 교육과 훈련의 필요성과 중요성을 다시 한 번 더 생각하게 하는 부분이다. 이런 점에서 교정에 대한 지역사회의 참여와 협조가 절대적으로 필요하다. 그리고 지역사회 교정이 강조되어야 할 것이다.

참고 자료

- https://variety.com/2003/film/awards/monster-2-1200537925
- https://en.wikipedia.org/wiki/Monster_(2003_film)
- http://www.chasingthefrog.com/reelfaces/monster.php
- https://allthatsinteresting.com/aileen-wuornos
- https://tvtropes.org/pmwiki/pmwiki.php/Film?Monster
- https://abcnews.go.com/2020/GiveMeBreak/story?id=124320&page
  =1
- http://www.washingtonpost.com/wp-dyn/content/article/2004/02/13/
  AR2005033116995.html
- https://www.theatlantic.com/entertainment/archive/2004/06/the-
  movie-review-monster-and-aileen-life-and-death-of-a-serial-
  killer/69426
- http://edition.cnn.com/2004/SHOWBIZ/Movies/01/01/theron.reut

뮌헨

Munich, 2005
두려움에 흔들리지 않을 자신이 있는가?

평화를 상징하는 올림픽에서 무고한 희생자를 양산하는 테러가 감행된 순간, 응징이라는 다음 편 시나리오는 예상된 것이기도 하다. 하지만 보복을 통한 처벌은 절대로 평화로운 세계를 만들지 못한다. 스티븐 스필버그는 이를 간절하게 전하고 싶었던 것은 아닐까?

스티븐 스필버그Steven Spielberg, 1946~가 감독한 「뮌헨」은 1972년 뮌헨올림픽에서 팔레스타인 해방 기구Palestine Liberation Organization 검은 9월단Black September이 올림픽에 참가하고 있는 이스라엘 선수들을 인질로 잡고 테러를 행한 것에 이스라엘 정부의 '신의 분노작전Operation Wrath of God'이라는 공격을 주제로 집필한 『보복Vengeance』이라는 책을 바탕으로 제작한 영화다. 이 책은 헝가리 출신의 캐나다 작가인 조지 조나스George Jonas, 1935~2016가 저술했다.

에릭 바나Eric Bana, 1968~와 다니엘 크레이그Daniel Craig, 1968~, 시아란 힌 즈Ciaran Hinds, 1953~, 마티유 카소비츠Mathieu Kassovitz, 1967~, 한스 지쉴러 Hanns Zischler, 1947~, 제프리 러쉬Geoffrey Rush, 1951~ 등이 출연했다.

테러에 보복하고, 그 보복에 다시 대응하는
악순환의 고리

1972년 뮌헨올림픽으로 전 세계의 이목이 집중된 가운데 팔레스타인 테러집단인 '검은 9월단'은 이스라엘 국가대표 선수 11명을 인질로 잡 고 테러를 감행한다. 이 사건은 전 세계에 TV로 생중계되고 독일의 부 실한 대응으로 인질 11명이 살해된다. 팔레스타인은 세계가 자신들의 목소리에 귀를 기울이게 됐다고 자축하지만 이스라엘 정부는 보복을 준비한다.

이스라엘 정부기관 모사드는 최정예 요원들을 소집하고 표면적으로 이스라엘 정부와 공식적 연계가 없이 활동하는 카프만이라는 비밀 조직 을 만든다. 이 조직은 전 세계에서 선발된 5명의 유대인 지원자로 구성 되었는데 우선 모사드 출신의 비밀 요원 에브너Avner, 에릭 바나, 남아공 출 신의 운전사 스티브Steve, 다니엘 크레이크, 벨기에 출신의 폭발물 전문가 로 버트Robert, 마티유 카소비츠, 이스라엘 예비역 군인이자 해결사 칼Carl, 시아란 힌즈, 문서 위조 전문가 한스Hans, 한스 지쉴러가 그들이다. 그들에게 애국심 보다 더 중요한 것은 없기 때문에 에브너는 임신 7개월의 아내를 두고 이 거사에 흔쾌히 가담한다.

그들은 테러와 관계된 사람들 중심으로 총이나 폭발물로 사살하는 데 전문가이지만 왠지 암살범에는 맞지 않는 사람들이기에 사살을 이어가면서 우연히 사고 현장에 있었던 방관자들을 살해하게 된다. 그 과정에서 그들은 각자 경험의 부족에 관한 두려움을 표출하면서 보복에 대한 이중적 양면성이나 모호함을 드러낸다. 하지만 자신들의 사명에 대한 도덕성과 논리성을 주장한다.

　카프만의 요원들은 뮌헨올림픽의 테러를 지휘한 것으로 알려진 살라메를 쫓아 런던으로 가 암살을 시도하지만 술에 취한 미국인들의 방해로 실패하고 만다. 술에 취한 미국인들은 미국 외교관들을 공격하지 않겠다는 조건으로 살라메를 보호해주는 미국 중앙정보국 CIA의 요원들이었다. 오히려 이들에게 카프만의 요원인 한스, 칼, 로버트가 살해된다. 남은 에브너와 스티브는 스페인에서 살라메의 위치를 파악하고 암살을 시도하지만 그의 무장 경호원들에 의해 실패로 끝난다.

　더욱이 카프만 팀에게 정보를 건네주던 프랑스 정보원이 그들의 정보를 팔레스타인 해방 기구에게 넘겼다는 사실을 알게 된다. 환멸을 느낀 에브너는 이스라엘로 돌아오지만 자신을 영웅시하는 이스라엘 군인을 보고도 아무런 감흥이 없다. 그래서 신분을 감추고 가족과 함께 미국으로 가지만 외상 후 스트레스증후군과 편집증으로 모사드마저 팀의 비밀을 지우기 위해 자신과 자신의 가족을 해치려 한다는 두려움을 갖는다. 상사가 다시 모사드로 돌아오라고 권하지만 이를 거절한다. 그리고 그에게 자신들이 암살한 사람들이 뮌헨 테러와 연관이 있냐고 물었더니 상사는 정직하게 그들은 테러와 관계가 없는 사람이었다고 말한다.

영화 속 범죄 코드 1:
테러에 대해 암살로 보복하다

「뮌헨」은 테러에 대해 암살로 보복하는 이야기를 다루고 있기에 논란의 소지가 많았다. 일부 비평가들은 이 영화가 테러리스트와 이스라엘 정부를 동등하게 취급하고 있다고 비꼬기도 했으며, 다른 누군가는 테러리즘Terrorism과 테러를 소탕하기 위한 대테러 활동counter-terrorism이 동일하게 묘사되었다고 비판했다.

여기서 우리는 테러리즘의 원인과 그 대책에 대한 여러 가지 의문을 갖게 된다. 이스라엘의 보복에 동참하는 일부는 영화가 이스라엘 정부의 응징에 대한 부정적인 메시지를 함축하고 있다고 단호하게 비판한다. 그러나 불확실성과 혐오의 표현이 직접적인 위협과 동일하지는 않다. 영화가 주는 메시지는 근시안적인 즉각적 보복으로는 개인과 집단 모두에게 일종의 면책을 양산할 수 있다고 경고한다.

테러에 대한 보복은 형사정책상 일종의 범죄 억제적 대응이라고도 할 수 있다. 이스라엘 정부의 대응이 보복과 응보라는 선상에 있지만 어느 정도 억제에 해당할 수 있다. 불행하게도 이것은 효과를 측정하기가 매우 어려워서 효율성을 논하기가 어렵다.

예를 들어 영화에서처럼 이스라엘에선 카프만 팀의 암살 작전이 효과가 있다고 하겠지만 팔레스타인에선 그 효과를 보지 못했다고 할 수 있다. 이런 경우 보복은 또 다른 보복을 낳는 악순환을 초래할 뿐이라는 주장의 근거가 되기도 한다.

하지만 「뮌헨」을 연출한 스티븐 스필버그 감독은 자신이 분명 유대인이지만 공격에 대해서 공격으로 답하는 것은 가시적으로 끝이 없는 폭력의 악순환만 구축하게 되고, 반응에 대한 반응, 대응에 대한 대응은 실제 아무것도 해결하지 못한다는 것을 경고하고 있다.

스필버그 감독이 뮌헨 테러 사건을 영화화한다고 했을 때 많은 사람들은 그가 유대인을 대표하는 사람이기에 팔레스타인의 테러에 매우 비판적일 것이라고 추측했다. 하지만 그는 매우 중립적인 시선으로, 또는 이스라엘에 대한 비판적인 시각으로 테러에 대한 보복 행위를 묘사했다. 이에 이스라엘은 물론 미국 내 유대인들에게 많은 비판을 받았다.

한편 테러리즘과 폭력적 극단주의Violent Extremism에 대한 차이를 확인해보자. 테러리즘은 정치적 목적의 폭력 행위고, 폭력적 극단주의는 테러 행위를 조장하는 극단주의사상이다. 대응 방식에도 차이가 있는데 테레리즘은 테러 단체 요인 및 은신처를 타격하거나 테러리스트의 이동을 차단과 통제하고 강화 등 군사적으로 대응한다. 폭력적 극단주의는 인식 제고 및 사회를 통합하고 취약계층 보호, 교육이나 일자리를 창출하는 등 사회적으로 대응하고 예방한다.

영화 속 범죄 코드 2 :
무작위에서 지극히 작위적이고 계산적인 형태로 바꾸다

1972년 뮌헨올림픽 테러를 주도한 '검은 9월단'은 자신들의 존재를 알리고 그들의 메시지를 전달하기 위해 올림픽을 이용했다. 이런 측면에서 테러범들은 운동장이나 대중교통 같은 다중이용시설이나 축제나 체육행사 같은 군중 밀집 행사 등을 테러 장소로 정하곤 한다.

특히 올림픽은 세계인의 잔치로 세계인의 눈이 쏠린 행사기 때문에 피해 규모뿐만 아니라 그 상징성도 크기 때문에 테러리스트들에게는 아주 매력적인 표적이었을 것이다. 영화에서 다룬 뮌헨 테러 사건은 피해자학에서 다루는 표적 선택의 중요성을 일깨워주면서 과거의 테러가 불특정 다수를 대상으로 하는 무작위 폭력이었던 반면 현대에 와서는 지극히 작위적이고 계산된 폭력의 결과로 형태가 바뀌었다는 점을 알려주고 있다.

특히 미국의 애국법Patriot Acts과 같은 경우 테러를 방지하고 테러로부터 국가와 국민을 보호하기 위해 테러범으로 확인되거나 테러의 위협이 농후하다고 판단되는 경우 누구에게나 제공되어야 하는 헌법적 권리마저도 박탈할 수 있도록 규정하고 있다. 현재까지도 이 법은 논란이 되고 있고, 일부는 이런 법률적 규정이 지나치게 인권을 침해한다는 비판을 하기도 한다. 물론 이런 분위기는 9.11 테러와 그 이후로도 세계적으로 계속되는 테러가 그 동기이기는 하다.

또한 자국의 이익을 위해 미국의 정보기관은 적을 보살펴주기도 하고, 친구를 죽이기도 한다. 그리고 테러는 전 세계 곳곳에 일어날 수 있기 때문에 범죄의 다국적화와 국제화가 진행되는 점을 간과해서는 안 될 것이다. 이에 대응하기 위해선 형사사법의 국제적 공조가 필요하다.

영화 속 범죄 코드 3 :
명분만 다를 뿐 행위는 똑같은 테러와 보복

반면 다른 측에선 「뮌헨」이 '릴레함메르 사건Lillehammer affair'⊛을 지나치게 경시했다고 비판하기도 한다. 이스라엘 정부는 오로지 표적만 타격할 것이라고 확신했겠지만 실제적으로 무고한 시민이 살해될 수 있다는 사실을 배제하지 못했다. 영화 속 카프만 팀의 용원들도 테러와 연관되지 않는 사람들이 살해되는 것을 보고 두려움과 죄책감을 갖는다. 특히 마지막에 에브너는 상사에게 테러와 연관되지 않은 무고한 시민이 희생되었다는 이야기를 듣고 절망한다. 살해된 무고한 시민들은 자신의 주장을 알리기 위해 테러를 하는 사람들과 그 테러범을 잡기 위해 암살을 시도하는 사람들의 차이를 알지 못한다. 그들은 그저 명분이 다를 뿐 행위는 같다고 볼 수 있다.

실제로 영화 속 카프만 팀의 한 요원은 "우리는 테러리스트가 하는 것을 한다"고 외치는 장면이 나온다. 테러와의 전쟁에서 과연 좋고 나

⊛ 뮌헨올림픽 참극에 책임 있는 팔레스타인인들을 사살하라는 이스라엘 정부의 명을 받은 암살단이 노르웨이의 릴레함메르 축제에서 암살 대상을 오인해 모로코의 유명 음악가 치코 부치키(Chico Bouchikhi)의 동생을 사살한 사건이다.

쁜 사람이 있는지, 옳고 그름은 있는지 아니면 모두 중립의 회색지대로 가야 하는지 의문을 갖게 되기도 한다.

그럼에도 많은 국가에선 테러와의 전쟁을 감행하고 있다. 이길 수 있는 전쟁인지 확신도 못하면서 테러를 막기 위해 무고한 시민에게 피해를 주기도 한다. 한 명의 테러범을 잡으면 다른 테러범이 또 나타난다. 이번에는 전보다 더 악질인 경우가 많다. 그를 막으면 다시 또 다른 테러범이 나타난다. 이 같은 현상을 '범죄자 대체'라고 한다.

오사마 빈 라덴Osama Bin Laden, 1957~2011의 사살이 국가의 위대성을 강조할 수는 있었겠지만 그가 죽었다고 무슨 의미가 될 수 있을까? 전쟁이 멈추고 세계 평화가 도래했는가?

영화 속 범죄 코드 4 :
과업이 악몽으로 바뀌는 순간 트라우마가 된다

「뮌헨」은 '도덕적 등가성moral equivalency'의 논란을 제기하기도 한다. 더 나아가 범죄학적으로도 정당화될 수 있는 살인의 논의로도 이어진다. 영화 속 카프만 팀의 요원들은 자신의 행동에 대한 유용성과 도덕성에 의문을 갖기 시작한다. 특히 에브너는 보복 전략에 대해 방어하는 편이었다. 하지만 영화는 의도적으로 단순 명쾌한 답을 주지 않았다.

우리는 모든 테러 행위에 대해서는 강력한 대응을 요하고 있지만 테러의 원인에 대해서는 잘 모르고 이해하지도 못한다. 여기서 무언가를 이해한다는 것이 그것을 승인하거나 인정하는 것을 의미하지는 않는다. 특히 테러의 원인이나 행위를 이해한다고 해서 테러 행위를 인정하고 승인하는 것도 아니다. 이해한다는 것이 행동하지 않는 무위와 동일한 것이 아니며, 이해하는 것은 오히려 매우 강력한 행동이 될 수 있다.

사실 카프만 팀의 요원들은 애국심으로 똘똘 뭉쳤다. 하지만 보복이라는 과업을 수행하면서 일어났던 비극적 실수, 양심의 부식 그리고 사냥꾼이 사냥감이 될 수 있다는 깨달음을 얻게 된다. 그래서 카프만의 과업은 악몽으로 바뀐다.

실제 범죄학에서도 가해자가 피해자가 될 수 있고, 피해자가 가해자가 될 수 있는 상황은 많다. 특히 청소년범죄에서 가해자-피해자, 또는 피해자-가해자 전이라는 특성이 두드러진다.

어린 시절 가정폭력의 피해를 경험한 아이가 성인이 되어 스스로 가정폭력을 휘두를 가능성이 더 높고, 사이버폭력의 피해자가 사이버폭력의 가해자가 되기 쉬우며, 학교폭력 피해자가 학교폭력 가해자가 되기도 한다.

「뮌헨」은 우리에게 범죄와 도덕성의 관계를 생각하게 만든다. 일반적으로 범죄는 부도덕하다고 여기지만 사실은 범죄성과 부도덕성이 항상 일치하지는 않는다. 이 영화의 주인공 에브너는 애국을 향한 열정으로 카프만 팀을 이끌었지만 과업을 수행하면서 도덕적 모호성에 빠진다. 카프만 팀의 첫 암살 대상은 이탈리아 번역가였는데 에브너는 그가 테러와 연관되어 있는지 확인도 하지 못하고 동료가 총격을 가하면서 그도 총을 발사한다. 그 후 계속된 암살은 자신의 도덕성에 의문을 갖게 되고 비극적 실수로 무고한 시민이 살해되면서 도덕적 모호성에 빠지게 된 것이다.

결국 그들의 과업에 환멸을 느낀 그는 미국에서 새로운 삶을 시작하려고 하지만 누구도 믿지 못하는 외상 후 스트레스증후군에 걸린다. 무엇이 옳고 그른지를 구별하는 능력을 상실한 순간 우리는 선택에서 갈팡질팡하게 된다. 에브너 역시 마찬가지였다. 조국까지 믿지 못하게 된 그는 언젠가 자신과 가족이 해를 당할 수 있다는 두려움에 떨게 된다. 하지만 그의 두려움은 그가 조국애를 바친 선택의 결과이기도 하다.

참고 자료

- https:/en.wikipedia.org/wiki/Munich_(film)
- https://www.theguardian.com/world/2005/dec/19/israel.filmnews
- http://preview.reelviews.net/movies/m/munich.html
- https://www.theguardian.com/film/2006/jan/29/philipfrench
- https://www.denofgeek.com/movies/munich/38257/munich-is-the-
  steven-spielberg-film-we-should-all-be-watching-right-now
- https://www.independent.co.uk/news/world/europe/olympics-
  massacre-munich-the-real-story-5336955.html
- https://www.npr.org/templates/story/story.php?stroyld=5066445
- http://www.spiegel.de/international/spiegel/steven-spielberg-s-
  munich-the-morality-of-revenge-a-397183.html

델마와 루이스

Thelma & Louise, 1991
우리의 말을 안 믿어줄 거야, 우리는 여자니깐!

남성이 여성보다 위라는 생각도, 여성이 남성보다 위라는 생각도, 어떻게 보면 부질없는 일이지만 세상엔 여성에게 불리하게 돌아가는 상황이 많다. 그렇다고 범죄까지 남성의 전유물이라고 하는 것을 따라할 필요가 있겠냐만은 루이스는 이렇게 말한다. "절망은 영예로운 죽음으로 이끄는 큰 자극이다."

「델마와 루이스」는 여성 캐릭터가 중요한 역할을 하는 F등급 영화다. 1991년 리들리 스콧Ridley Scott, 1937~이 감독하고 루이스 역을 맡은 수잔 서랜든Susan Sarandon, 1946~과 델마 역을 맡은 지나 데이비스Geena Davis, 1956~가 열연을 펼쳤다.

이 영화는 친구인 델마와 루이스라는 두 여성이 자유를 향한 여행을 떠나면서 예기치 않게 살인을 저지르게 되는데 자유를 희구하지만 그것마저 잃게 되는 여성의 지위와 권리의 실상에 대해 고발하는 내용을 담고 있다.

그저 휴식을 취하고 싶었다, 그저 자유를 맛보고 싶었다

보수적인 남편을 둔 델마와 식당 종업원으로 일하는 루이스는 반복되는 일상을 벗어나 휴식을 취하기 위해 산속 오두막으로 여행을 떠난다. 잠시 쉬고자 도로변의 한 술집에 들어가는데 그곳에서 낯선 남자를 만난다. 그는 델마를 주차장에 데리고 가 그녀의 동의도 없이 키스를 하고 옷을 벗기기 시작한다. 델마는 저항하지만 다시 그녀를 강간하려고 하자 이 광경을 본 루이스는 총으로 그를 위협하지만 남자가 욕을 하자 그를 쏘아버리고 둘은 도주한다.

다른 도시의 모텔에 도착한 그녀들은 이 상황을 어떻게 대처할 것인지 의논하는데, 델마는 자수하자고 하지만 루이스는 그 어느 누구도 강간 미수라는 델마의 주장을 믿지 않을 것이며 결국 살인 혐의로 기소될 것이라며 두려워한다.

결국 그들은 계속 도주하기로 결심하는데 루이스는 텍사스를 통과하지 말고 멕시코로 가자고 말한다. 델마는 루이스가 텍사스에서 자신과 같은 일을 당했을 것이라고 추측하지만 루이스는 말하기를 꺼려한다.

루이스는 남자친구인 지미에게 전화를 걸어 자신의 적금을 보내달라고 부탁하지만 지미는 직접 돈을 들고 찾아와 그녀에게 청혼한다. 이미 도주를 선택한 루이스는 그의 청혼을 거절한다.

반면 델마는 J.D.라는 남자를 자신의 방으로 불러 동침을 하는데 그는 보호관찰 조건을 위반한 절도범이었다. 이튿날, 델마와 루이스가 식당에서 식사를 하고 있을 때 절도범은 루이스의 적금을 가지고 도주한다. 루이스가 괴로워하자 죄의식을 느낀 델마는 근처의 편의점에서 J.D.가 가르쳐준 수법을 활용하여 강도질을 한다.

한편 FBI에서는 도로변 한 술집에서 일어난 살인 사건을 조사하고 그날 급하게 주차장을 빠져나간 루이스의 차를 통해 정보를 알아낸다. 그래서 그들이 주말에 예약했던 산속 오두막으로 갔지만 델마와 루이스가 나타나지 않자 다시 그들을 쫓는다.

아칸소 주 경찰은 델마와 루이스와 함께 있었던 J.D.와 지미를 심문하는데 그 과정에서 루이스가 텍사스에서 강간을 당한 사실을 알게 되고 그들의 도주를 이해하게 된다. 몇 번에 걸쳐 루이스와 통화한 경찰은 그녀에게 동정심을 표하지만 그녀들이 자수하도록 설득하는 데 실패한다.

두 사람은 얼마 후 속도위반으로 뉴멕시코 고속도로 순찰대에 걸리게 되자 자신들이 살인과 강도 혐의로 수배 중이라는 사실을 알기 전 먼저 순찰대를 총으로 위협하고 순찰차 트렁크에 가둔다. 그리고 그들의 총과 실탄을 빼앗는다.

현장을 빠져나온 델마와 루이스는 서부를 향해 달리던 도중에 그들에게 계속해서 음탕한 몸짓을 하는 입이 거친 트럭 운전사를 만난다. 그들은 트럭운전사를 끌어내려 사과할 것을 요구하지만 그가 거절하자 그가 운전하던 트럭의 연료통에 총을 쏘아 폭발시켜버린다.

하지만 델마와 루이스는 그랜드 캐니언에서 100야드 떨어진 곳에서 당국 경찰에 의해 포위된다. 경관은 그녀들에게 자수할 수 있는 마지막 기회를 주지만 델마와 루이스는 남은 일생을 교도소에서 보내는 것보다 죽는 것이 낫다고 판단해 서로에게 키스를 하고 운전석의 가속 페달을 밟아 절벽 아래로 질주한다.

영화 속 범죄 코드1:
여성해방주의인가? 아니면 폭력과 보복을 정당화시키기 위한 도구인가?

많은 영화비평가들은 「델마와 루이스」가 지나치게 여성해방주의를 강조했다고 지적했다. 누구는 이 영화를 여성들의 경험에 대한 돌이킬 수 없는 정당화라고 치켜세우기도 하고, 누구는 신여성해방주의 로드무비라고도 평하면서 영화가 여성을 향한 맹목적인 남자들의 관습적인 형태를 공격하고 있다고 말했다.

사실 「델마와 루이스」는 전통적이고 관습적인 정형화된 남녀 관계에 대한 도전을 다루고 있다. 전통적인 범죄영화는 남성이 주인공이자 가해자고, 여성이 조연이나 단역이자 피해자였는데 이 영화에선 여성이 주인공이자 가해자로 그려지고 있다. 여기서 여성범죄, 여성의 범인성에 대한 정형화된 인식의 변화가 일어나고 있다.

그러나 한편에서는 이 영화가 여성해방주의라는 특성화나 분류에 반대하며, 여성해방주의라는 가치보다 오히려 폭력과 보복에 더 집중되어 있다고 주장하기도 했다. 이러한 시각은 영화의 주인공이 여성이라는 점이 아니라 그들의 잘못된 결정과 행동에 초점을 맞춘 것이다. 주인 공들이 성폭력을 피하려고 살인을 하고, 도둑맞은 금전을 보상받기 위해 편의점에 들어가 강도질을 하고, 단지 사과하지 않는다고 해서 폭력을 가하는 것은 어떤 관점에서도 정당화가 될 수 없는 보복과 폭력이다.

일부에선 두 여주인공이 손을 잡고 차를 몰아 절벽 아래로 돌진하는 마지막 장면이 여성들의 자기발견이라는, 도전적이고 저항적 여정에 대한 궁극적 형벌을 표현한 것이라고 애잔해하기도 한다.

이에 일부는 영화 속 주인공의 자살은 그들의 선택이라고 하지만 많은 사람들이 실제로 평생을 교도소에서 보내기보다는 또는 독극물을 주입하여 사형당하는 것보다는 스스로 선택한 죽음을 선호할 것이라며 여성의 저항에 대한 궁극적 형벌이라는 주장에 반대하기도 한다.

영화 속 범죄 코드 2 :
정당방위는 어디까지 인정할 것인가?

보복이나 복수와 관련하여 보복 그 자체도 잘못이지만 설사 보복이 어느 정도 정당화되거나 용인될 수 있다고 해도 그 또한 비례의 원칙이 적용되어야 한다. 이는 곧 정당방위를 어디까지 인정할 것인가 하는 논쟁으로 이어진다. 자신을 강간하려고 하던 남성을 살해한 행위가 과연 정당방위의 범위에 해당할 수 있는지에 대해서도 의문이 생긴다.

정당방위는 그 사람을 죽이지 않고는 자신이나 목격자나 제3자의 생명이 위태롭고, 살해하는 것 외에는 다른 대안이 없을 때만 인정되는 것이 보편적 범주라고 할 수 있다. 물론 나라에 따라 차이는 있어서 미국은 정당방위를 가장 적극적으로 해석하는 반면에, 한국은 상대적으로 소극적으로 해석하는 편이다.

최근 성폭력 피해자를 피해자라기보다는 강간 생존자rape survivor라고 피해자의 지위에 변화가 일고 있다는 점은 성폭력범죄 피해자의 자기방어 주장에 힘을 실어주고 있다.

델마와 루이스가 첫 범죄에 휘말리게 된 사건이 바로 미수에 그친 강간이다. 하지만 그들은 경찰에 자수하기보단 도주를 선택한다. 아마도 루이스는 정당방위라고 말하기엔 자신의 대응이 지나치게 폭력적이라고 생각했던 것은 아닌가 싶다. 그리고 자기들의 주장을 입증해줄 CCTV도 없고 목격자도 없는 상황에서 남성이 강간하려 해서 어쩔 수 없이 죽였다는 사실을 아무도 믿어주지 않을 것이라고 생각한다. 그것이 다음으로 이어지는 범행의 동기가 될 수 있다.

바로 여기서 우리는 성폭력범죄의 피해자가 자신의 범죄 피해를 입증해야 하는가, 아니면 가해자가 자신의 무혐의를 입증해야 하는가 하는 논쟁에 대해서도 생각해볼 필요가 있다. 대부분의 성폭력은 피해자 진술에 더 무게를 두기 때문에 강간미수범을 살해한 이유와 동기만으로 그들의 정당방위가 인정받기는 어려운 부분이 있다. 하지만 더 이상 법을 어기지 않기 위해서는 자신의 주장을 믿고 당국에 신고했으면 그 후의 불행은 일어나지 않았을 것이다.

영화 속 범죄 코드 3 :
'여혐'과 '남혐'의 대립의 끝은?

1991년에 미국에서 개봉한 「델마와 루이스」는 한국에선 2년 뒤인 1993년에 개봉되었다. 그리고 이 영화로 여성해방주의와 여성운동의 현주소에 대한 전국적 논쟁이 일어나기도 했다.

일부 여성해방주의자들은 델마와 루이스가 전통적 남성 중심의 문화에 대항해서 여성의 진정한 자유를 추구한 것이라고 주장한다. 반면 일부 언론을 비롯한 다른 측에선 남성 폄하와 2시간의 잔인한 폭력으로 얼룩진 영화라고 평했다.

사실 「델마와 루이스」는 많은 물음을 던지고 있다. 이 영화가 여성들에게 적정한 역할 모형을 제공했는가? 여성들을 괴롭히는 남성들에게 대항하는 방식이 폭력적일 수밖에 없었는가? 남성에 대한 무차별적 공격이 정당한 것인가?

최근 사회적 논쟁이 일고 있는 소위 '여혐'과 '남혐'의 논쟁이나 그로 인한 보복범죄, 증오범죄, 표적범죄에 대한 것이 이 영화 속에 내포되어 있다. 이와 관련해 문제의 중심에 선 논쟁이 하나 더 있다면 그것은 바로 데이트폭력 또는 연인폭력이라고 할 수 있다.

일부는 데이트폭력이 아니라 그냥 보복폭력일 뿐이라고 주장하기도 한다. 데이트폭력은 배우자폭력과 가정폭력과도 같은 동일선상에 위치할 수 있다. 폭력은 또 다른 범죄를 양산할 수 있다. 가정폭력을 참다못해 배우자나 부모를 살해하는 존속살인 등이 일어날 수 있기 때문에 폭력에 대응하는 다른 예방 조치가 필요하다.

델마는 전업주부로서 자신을 학대하는 남편으로부터 벗어나고 싶었다. 그리고 루이스는 일상의 무료함에서 탈출하고 싶었다. 그들에게 자동차와 끝없이 펼쳐지는 도로는 자신들을 억압시키는 모든 것에서 그녀들을 해방시키는 통로였다.

그곳은 더 이상 그들이 남자들한테 이용당하지도, 억압을 받지도, 표적이 되지도 않는, 스스로의 삶을 통제할 수 있도록 힘을 주는 곳이기도 하다. 오래도록 그들을 붙잡아두고 망설이게 했던 세상의 제약과 한계도 없는 그곳에서 델마와 루이스는 용기를 내어 강도질을 하고 경찰과 대치를 하고 보복을 행한다.

현대에 와서 여성범죄의 양상이 크게 변하고 있다. 종범인 남성의 지시를 따르거나 독극물의 주입 등의 방식에서 벗어나 남성의 전유물 같았던 총기를 이용하는 폭력범죄의 주범이 되는 것이다. 특히 여성범죄는 바로 여성해방운동과 그로 인한 여성의 사회적 기회의 증대로 인해 비례적으로 증가하고 있다.

한편 「델마와 루이스」는 한국에서 2017년 재개봉이 될 정도로 여성주의를 대변하는 영화로서 깊이 인식되고 있다.

참고 자료

- https://www.readitforward.com/essay/article/the-truth-behind-thelma-louise
- https://en.wikipedia.org/wiki/Thelma_%26_Louise
- https://www.rollingstone.com/movies/movie-reviews/thelma-louise-249732
- https://www.shmoop.com/study-guides/movie/thelma-and-louise/summary
- https://www.theatlantic.com/entertainment/archive/2011/08/thelma-louise-the-last-great-film-about-women/244336
- https://film.avclub.com/thelma-louise-1798167449
- https://nypost.com/2016/04/07/as-a-feminist-film-thelma-louise-fails-miserably
- https://time.com/4344000/thelma-louise-25th-anniversary-feminism-women-gender
- https://jezebel.com/thelma-and-louise-is-even-more-awesome-than-i-remember-1497366305
- https://www.vox.com/2016/5/24/11747604/thelma-and-louise-25th-anniversary-sarandon-davis
- https://emanuellevy.com/comment/20-years-ago-thelma-louise-impact-of-controversial-movie
- https://elephant.art/thelma-and-louise

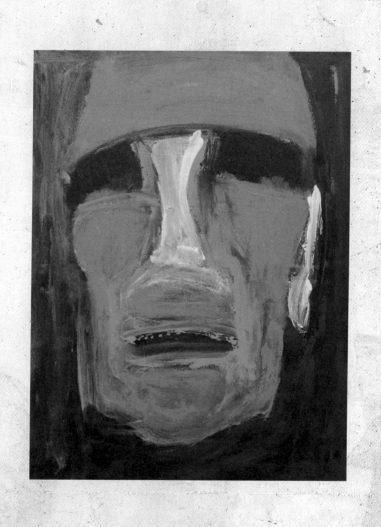

영화 속
범죄 코드를
찾아라

초판 1쇄 인쇄 2020년 6월 24일
초판 1쇄 발행 2020년 7월 13일
—

글 이윤호
그림 박진숙
—

발행인 이웅현
발행처 (주)퍼시픽 도도
—

전무 최명희
기획 · 편집 홍진희
디자인 김진희
홍보 · 마케팅 이인택
제작 퍼시픽북스
—

출판등록 제 2014-000040호
주소 서울 중구 충무로 29 아시아미디어타워 503호
전자우편 dodo7788@hanmail.net
내용 및 판매 문의 02-739-7656~9
—

ISBN 979-11-85330-91-4(03330)
정가 20,000원

이 도서의 국립중앙도서관 출판예정도서목록(CIP)은 서지정보유통지원시스템 홈페이지
(http://seoji.nl.go.kr)와 국가자료공동목록시스템(http://www.nl.go.kr/kolisnet)에서
이용하실 수 있습니다. (CIP제어번호:2020025748)